인도와 IT 혁명

글로벌 문화 네트워크

INDIA & THE IT REVOLUTION

인도와 IT 혁명

글로벌 문화 네트워크

Anna Greenspan 지음
우 광 방 옮김

연세대학교 출판부

역자서문

Preface

다가오는 글로벌 미래에서 보다 큰 도약을 꿈꾸는 소프트웨어 강국 인도는, 격변기를 겪지 않았음에도 불구하고, 오늘날 혁명의 한가운데에 놓여있다. 많은 이들은 인도가 독립을 맞은 1947년도 이상으로 큰 영향을 받고 있다고 주장하기도 한다. 인도사회의 심장부에는 조용히, 그리고 깊숙이 부드러운 드라마가 펼쳐지고 있는데, 이는 날이 갈수록 조금씩 외부로 드러나면서, 육안으로 보기에는 매우 미세한 상승을 보여주고 있다. 이 부드러운 드라마가 21세기에 들어서 인도를 그의 역사에서 가장 큰 변화의 언저리에 놓이도록 하고 있으며, 변화는 이 나라가 경험해온 그 무엇보다도 기본적이고, 혁신적인 21세기 경제로의 가능성을 갖추고 있는 것이다.

현재 인도는 경제 변화의 최고점을 향해 나아가고 있으며, 변화의 속도가 일정하지는 않으나 계속적으로 한 방향을 향해 나아간다는 평가를 받고 있다. 인도는 세계 최대의 민주주의 국가로서

IT 문화와 경제체제의 개방을 통해 사회적 · 경제적 변화의 놀라운 적응성과 안정성을 보여주고, 인도 IT 산업의 글로벌화에 기여하고 있다. 더욱이 인도는 방대한 인적자원, 특히 기술자와 과학자의 수가 많으며, 하드웨어 측면보다도 경제적인 소프트웨어 측면의 우수성이 강조된다는 점이 긍정적인 요소로 평가된다.

이에 더하여 방대한 인도의 IT관련 문화권에 바탕을 둔 IT 지식의 창조와 혁신적 창의력에 의한 과학과 기술의 발전은 끊임없는 IT 문화의 산업화를 촉진시키고 있다. 이는 구체적으로 종종 숫자 '0'의 발견으로 설명되는 그의 전통적 숫자문화의 개발과 종교적 풍토를 바탕으로 한 강한 유대관계를 형성한다.

그동안 기술주도형 변환은 인도에 의해 유도되어 왔으며, 인도의 IT관련 문화는 새로운 소프트웨어기술과 산업화를 위한 미래를 기대하게 하고 있다. 이는 서방의 세계화가 인도에서 출연된 창의력의 불가피한 수용을 요구한다는 것이 최초가 아니라는 것이다. 수세기 동안 인도는 여러 단계에서 저항을 받아왔지만, 역동적이고 방대한 세계화를 생산하는 중심에서 창조적 '공동화'에 기여하고 있는 것이다.

10억 인구를 가진 세계 최대의 민주주의, 확대되는 중산층, 엄청난 영어권 엔지니어 집단의 특징을 지닌 인도와, 지구상에서 가장 큰 미개척 시장의 하나가 된 사이버공간과의 만남은 인도의 글로벌 미래에 엄청난 파급효과를 기대하게 된다. 이제 이 나라는 세계에서 가장 발전한 경제체계의 '후문을 통해 일거리를 빼돌린다(아웃소싱)'는 비난을 받을 정도로, 그의 주변성과 후진적 테두리에서 급격히 성장하는 경제의 표적으로 탈바꿈하는 과정을 보여주고 있다.

인도의 발전 속도는 IT 기술의 그것과 비례하고 있다. 이 나라는 더 이상 미래를 기다릴 여유가 없으며, 차라리 그를 향해 뻗어나가 미래를 포착해야 한다. 이러한 미래에 대한 긍정적 전망은 서방의 시각으로 봤을 때 인도문화는 대단히 흥분되고 이상하리만치 낙관적으로 발전하고 있다.

이 책을 통해 잘 정비된 법치제도, 교육시스템, 인적네트워크, 그리고 풍부한 첨단 과학기술과 IT 문화를 통해 세계적인 경쟁력을 지닌 인도의 글로벌 문화 네트워크가 형성되고, 현재 진행 중인 IT 혁명을 위해 어떻게 적용되는가를 보여줄 수 있기를 희망한다.

번역시 자주 발생하는 용어 통일 문제나 오역 등이 없도록 많은 노력을 기울였으나 미비한 부분이 없지 않으리라 생각된다. 이에 대한 독자들의 기탄없는 지적이나 충고를 바라는 바이다. 이 책이 IT 분야 연구개발과 관련한 모든 분들에게 조금이나마 도움이 된다면 커다란 보람이겠다.

끝으로, 이 책의 번역 업무, 특히 전문용어의 풀이에 각별한 관심으로 지원해준 권정은 씨에게 고마움을 전한다. 정확한 표현이 되도록 도움을 주어 매우 값진 결과를 가져오게 하였다. 또한 연세대학교출판부 담당자들의 성의 있는 지원과 협조에 진심으로 감사드린다.

2007년 3월

우 광 방

차례

Contents

서론 Introduction

1999년 4월, 오리사주(州) 부바네스와르시(市) · 1

1. 서구사상 The Idea of Westernization

글라토우 폴리틱스(Glottopolitics) · 15 | 현대자본주의, 그리고 세계의 서방화 · 21 | 주변 보호 · 27

2. 개막 Opening Up

사이버쿨리 논란(Cyber-coolie) · 38 | 1600년: 대영제국 · 43 | 1947년: 독립 · 47 | 허가통치 · 52 | 1991년: 개혁 · 54 | 영어, 인도, 그리고 IT · 57

3. 동방의 영향 Eastern Influences

1999년 여름: 하이데라바드 외곽의 쥬빌리 언덕 · 62 | 구나스 순환(The gunas revolve) · 64 | 동쪽을 향하여 · 68 | 이웃나라 용 · 71 | 찬드라바부 나이두-안드라프라데시주의 CEO · 82

4. **한계자본주의** Marginal Capitalisms

2002년 6월 14~15일 · 89 | 현대자본주의 이야기: 관료기계의 등장 · 95 | 글로벌족들 · 100 | 인도계 기업인협회(TiE) · 108 | 디아스포라와 개발 · 114

5. **기술우위** The Technological Edge

정부의 방관자 역할 · 129 | 소프트웨어 산업의 세계화 · 134 | Y2K 파동 · 143

6. **주변 경쟁력** Peripheral Competencies

디지털 노동착취공장? · 163 | 격렬한 반동 · 168 | 변화의 혁신 · 173

7. **디지털 배당** The Digital Dividend

인도의 사이버카페들 · 185 | 지역적 콘텐츠 · 189 | 피라미드의 최하층 지원 · 191 | 창조적 파괴 · 199

8. **글로벌 네트워크** Global Networks

2002년 TiEcon, 실리콘 밸리 · 204 | 주류가 되는가? · 206 | 네크워크의 영향 · 212 | 앵글로스피어 · 217 | 세계적 연결 언어 · 219 | 또 하나의 언어 · 221 | 영어의 인도화 · 224 | 기술적 변이 · 227

9. **제로 로고** Zero Logo

인도주식회사(India Inc.)의 브랜딩 · 232 | 글로벌 문화의 흐름 · 237 | '0'의 기원 · 241 | 그리스의 기하학과 인도의 산술 · 243 | 무(無)의 숭배 · 246 | 단일체와 서방 · 249 | 힌두-아랍 숫자의 확산 · 252 | 자본주의, 영(0), 그리고 서방 · 255 | 1999년 9월의 뉴델리 · 259

주석 Note · 260

서론

Introduction

1999년 4월, 오리사주(州) 부바네스와르시(市)

오리사(Orissa)주의 주도(州都)인 부바네스와르(Bhubaneshwar)시는 벵골만 상의 인도 동부 연안에 인접해 있다. 약 7,000개에 이르는 사찰들은 부바네스와르가 고대 왕국의 중심지였음을 말해준다. 오늘날 대부분의 사찰은 밀림으로 뒤덮이고, 고대 왕국은 인도여행책자가 '고색창연한 과거'라 소개하기 좋아하는 관광지 가운데 하나가 되어버렸다. 부바네스와르는 이제 변두리 도시가 된 것이다. 정부는 무능력하고 주(州)는 가난하고 극심한 열대기후에 시달리고 있다.[1] 10억 인구의 1/3이상이 빈곤층이며 식자율이 64%인 오리사주는 인도의 저개발지역 가운데 하나이다. 부바네스와르에는 관광객도 적고 맥도날드나 KFC 따위도 없다. 이곳에서 차가운 코카콜라는 매우 향기롭고 이국적인 맛으로 느껴진다. 그럼에도 인도와 세계로부터 동떨어진 이 오지의 도시에는 지금 사이버 공간이 확산되고 있다.

임시 집단야영지와 그늘에서 잠자는 릭샤(rickshaw, 인력거) 종사자들이 모여 앉은 모퉁이 주변에서 각각 1루피 짜리 사모사스(samosas)와 차이(chai)를 파는 차(茶)노점상과 야채를 실은 수레를 지나면 지역 내 또는 장거리 전화를 할 수 있는 간이 매점인 'STD 상점'을 발견할 수 있다. 그 곳에는 암시장－지하거래와 유사한 디지털 기술시장－에서 구매했을법한 최신형 컴퓨터가 뒷방에 감춰져있는데, 컴퓨터는 아직도 인터넷에 연결되어 있지 않으며, 종업원들은 이제 겨우 가장 기본적인 응용 소프트웨어 사용법을 배우고 있을 뿐이다. 그러나 이는 아직까지 큰 문제가 되지 않고 있으며, 이곳에서도 정보기술이 이제 막 개발되는 인도의 다른 지역과 마찬가지로 컴퓨터 시간에 맞춰 직접적으로 사고파는 미시적 상업문화가 직접 닿아있다. 도로 아래로 훨씬 내려가서 기묘한 조각물과 노인들이 휴식과 잡담을 즐기는 잘 가꾸어진 잔디가 있는 사원을 지나, 이따금씩 나오는 염소와 과일판매상, 야채노점상들이 있는 가게(paan shops)를 지나치다 보면 어느새 전형적인 남아시아 시가지의 풍경이 수많은 소규모 학원들과 소프트웨어 프로그래밍, 네트워크 솔루션, 멀티미디어 설계 전문회사의 광고들로 도색된 간판들로 흐트러진다. 간판에는 이제는 인도의 풍경을 대중화시키는 낯선 이름들도 포함되어 있는데, 이들은 CYBERCOM ... BHARATDATATECH ... INFOTRON ... 등 인도식 영어와 IT의 창의적 혼합으로 만들어진 사이버펑크(cyber-punk, 컴퓨터가 지배하는 미래도시를 묘사한 공상과학소설)의 표식들이다.

발리우드(Bollywood)에서 제작한 최신 영화를 상영하는 낡고 초라한 극장 앞 거리 건너편에는 그럴듯한 컴퓨터 잡지와 신문들로 가득 차있는 신문가판대가 있는데, 거기에는 컴퓨터 교육이 미래의 배우자에게 가장 매력적인 재능 가운데 하나라는 것을 부각시키는 결혼광고가 실려 있다.

시내로 이어지는 대로상에 자리잡은 '가야트리(Gayatri) 결혼상담소'는 IT와 결혼의 만남을 적극적으로 지원하고 있다. 그러나 이 곳은 이러한 간판명을 무시한 채, 그의 명함에 적혀있는 것처럼 신비주의자(occultist)의 사무실로 쓰이거나 점성술, 보석, 탄트라(Tantra), 바스투(Vastu) 등에 관한 조언을 제공하기도 한다. 이 업소의 통상적 업무, 즉 상담 서비스를 제공하고 행운을 점치고 출생차트를 읽어주는 일들은 점성술 소프트웨어와 컬러 출력물들로 늘어가고 있다. 또한 정상업무 이외에도 인터넷과 이메일을 통한 접속이 이루어지기도 한다.

보다 믿을만한 웹과의 연결은 시내로 가는 길에 얽혀져 있는 다양한 사이버카페(cybercafes)에 의해 이루어진다. 이곳은 신형 컴퓨터와 IKEA(실용성과 중저가를 지향하는 스웨덴 가구회사)스타일의 책걸상으로 정돈된 안락한 냉방시설로 갖춰져 있으며, 이따금씩 창밖을 통해 맥 풀린 소들의 우왕좌왕하는 모습도 볼 수도 있다. 부바네스와르에서는 디지털 기술이 정교한 기존 문화를 눈에 보이지 않게 흡수하고 있다. 엄청나게 파괴적인 산업시대의 공장이나 수송망과는 달리, 사이버공간은 '소프트 산업화'의 과정이라 불릴 정도로 서서히 발전하고 있다. 이는 주변거리와 이웃주민들을 통해 조심스럽게 확산되고, 지역시장의 혼돈 속에서도 번영하고 있으며, 단지 통신과 교역의 기존경로가 변경되고 있을 따름이다.

격변의 시기를 겪지 않았음에도 불구하고 인도는 혁명의 한가

운데에 놓여있다: 많은 사람들이 인도는 현재 독립을 하게 된 1947년도 이상으로 큰 영향을 받고 있다고 주장한다. 구르차란 다스(Gurcharan Das)는 그의 저서「인도 해방(*India Unbound*)」에서 인도사회의 심장부에는 조용히, 그리고 깊숙이 부드러운 드라마가 펼쳐지고 있는데, 이는 날이 갈수록 조금씩 표면에 드러나고 있으며 육안으로 보기에는 매우 미세한 증가를 보이고 있다고 하였다.[2] 다스(Das)에게는 이 부드러운 드라마가 21세기에 들어서 인도를 그 역사에서 가장 큰 변화의 언저리에 놓이도록 조성하고 있는 것이다. 이러한 변화는 이 나라가 경험해온 그 무엇보다도 기본적인 것으로서 혁신적이고 활기찬 21세기 경제로 변환시키는 가능성을 갖추고 있는 것이다.[3]

CIO 잡지의 현장보고서를 작성한 쉐릴 벤슨(Cheryl Bentsen) 기자 또한, '인도 해방'이라 지칭하며 이 같은 정서를 공유하고 있다: "인도여행을 하면서 나는 하나의 문장을 수없이 반복적으로 들었다. 작가에서부터 소프트웨어 엔지니어, 영화제작자, 투자은행가, 국회의원, 상가주인, 그리고 심지어는 모페드(moped), 오토릭샤(auto-rickshaw), 흔들리는 트럭, 자동차, 소, 그리고 헐떡거리는 개들로 가득한 방갈로어(Bangaloe) 시내를 운전하는 아주 깔끔하게 차려입은 호텔기사에 이르기까지, 모든 이들이 백미러를 흘긋 보며 '우리의 시대가 왔다!'라고 자랑스럽게 말했었다."[4]

이러한 새로이 찾아낸 신뢰와 고조된 열망은 디지털 기술에 대한 기대와 밀접하게 연결되어 있으며, 수많은 기대와 희망들은 국가로 하여금 산업혁명을 뛰어넘게 하고, 빌 게이츠(Bill Gates)의 말처럼 '소프트웨어 강대국'이 되도록 하는 것이다. 인도 소프트웨어

기업협회인 나스콤(NASSCOM: National Association of Software & Services Companies)의 전 전국연합회 회장 드왕 메타(Dewang Mehta)가 말하기를, "거의 모든 인도인들이 '정보기술' 이라는 새로운 만트라(mantra, 주문)를 외치기 시작하였다."[5] BJP(Bharatiya Janata Party, 인도민중당)의 지도자이자 인도의 전 수상인 아탈 비하리 바즈파이(Atal Bihari Vajpayee)는 그의 만트라를 독창적인 표어로 바꾸었는데, "IT는 '인도의 내일'이다."라고 확신에 찬 목소리로 선포하였다.[6]

이러한 열정적인 첨단기술의 수용은 저개발 빈곤국가를 동정하거나, 또는 그의 정신적 수월성을 강조하는 경향이 있는 인도 전형의 개념들에 대한 도전이 된다. 신(新)인도의 초상이 되기 시작한, 첨단기술전문가의 이미지는 상투적인 코브라 피리꾼과 굶주리는 어린 아이들을 무시하는 것이다. 인도인 '기술 전문가'가 청바지, 패스트푸드, MTV와 너불어, 현대자본주의의 주요 상징 가운데 하나로 자리 잡기 시작하고 있다.

10억 인구를 가진 세계 최대의 민주주의, 엄청난 영어권 엔지니어 집단, 확대되는 중산층의 특징을 지닌 인도와 지구상에서 가장 큰 미개척 시장의 하나가 된 사이버공간과의 만남은 세계화의 미래에 넘치는 파급효과를 가져오게 한다. 그렇다면 이 새로운 인도와 정보시대 에서의 그의 위상을 어떻게 이해해야 하는가?

한 가지 아주 전통적이고 아직도 널리 수용되고 있는 전망에 따르면, 인도의 IT 혁명 참여는 고대문명이 어디에선가 이미 결정된 문화와 삶의 방향을 제시해 준다는 서구화의 과정에 유럽과 미국에 의하여 편입되는 것이다. 새로운 아이콘인 인도 소프트웨어 전문가가 단지 한때는 유럽의 부르주아 계급으로 인식되었던, 동질의 세계단일문화로의 국가성장을 흡수하는 상징에 불과한 것으로 보이기도 했었으나, 이제는 미국의 팝문화와 동등하게 생각되어지고 있다.

인도의 발전이 세계의 서구화에 기초를 두고 있다는 생각은 1장에서 설명되는 바대로 경제적 중심과 주변지역 간의 불평등 관계를 규정하는 이론에 기반을 둔다. 세계조직체계의 변두리에 놓여있는 위상 때문에, 인도는 보다 발전한 서구문화를 아주 애타게 붙들려고 하는 의도를 모방하는 것 같이 보인다. 이러한 사고를 분명히 잠재우는 데에는 3가지 전제가 핵심이 된다. 중심으로부터 세계화가 방사되고, 주변은 상대적으로 후진하고 있으며, 서방국가에 의하여 방향이 정해지는 세계화의 균일화된 힘의 한계적 중요성이 변두리에서 발생하고 있다는 것이다.[7]

1980년대 중반의 인도 방문자들은 중심을 포착하기위해 필사적으로 노력하는 변두리 후진 주변국의 개념을 장거리 전화를 처음 시도한 후에 확인할 수 있었을 것이다. 터무니없이 비싼데다 상대방의 목소리도 겨우 들리는 전화를 걸기 위해 번잡한 전화교환기에서 반나절을 기다려야만 하는 상황은 인도가 현대기술 강국이 되기에는 독립 이후 수세기가 지났음에도 불구하고 대단히 절망적으로 뒤쳐져 있다는 결론을 내리게 한다.

인도의 보호주의적 측면에서(이 책의 처음 두 장의 주제가 되는) 전화시스템은 창피하기 짝이 없이 빈약하다. 대부분의 역사에서 인도정부는 전화를 사치품으로 생각하여 정보통신기반에 가장 낮은 우선순위를 부여했었다. 이러한 무관심은 기존의 전화서비스가 관료적이고 비효율적이기로 유명한, 부패된 대규모 국가독점기관의 손에 놓여있다는 사실로 복합화 되었다.

이 주제를 논하는 「인도 경제학자와의 대화(*Conversation with Indian Economists*)」라는 책에서 바라수브라마니암(V. N. Barasubramaniam)은 다음과 같이 주장하였다: 인디라 간디 수상의 통신부 장관을 지낸 스테판(C. M. Steffan)은 전화시스템의 부적절함에 대하여 의회에서 질문을 받았을 때 불평불만이 가득했다고 한다. 장관은 전화기는 사치품지 권리가 아니며, 전화서비스에 불만족한 인도사람들은 전화기를 반환해도 된다고 하였다.[8]

이러한 사고방식의 결과는 너무나도 예측가능한 것이었다. 수십 년 전까지만 해도 인도의 전화서비스는 지구상 최악이었다.[9] 1980년대에 인도에는 단지 250만대의 전화기만이 있었고, 7억 인구에게는 1만 2,000대의 공중전화가 있었을 뿐이다. 2000년대에 들어와서도 인도의 전화기 대수는 3,000만대 이하였으며, 이는 인구 100명당 2대를 약간 넘는 것이다.[10] 이는 인구규모가 유사한 중국이 2억대의 전화기를 보유하고 있던 것과 대단히 상반되는 것이다.(이 두 거대 인접국 간의 비교는 3장에서 보다 상세히 검토된다.)

그러나 1990년대 후반기에 인도를 다시 찾은 사람들은 전적으로 변화된 상황을 맞이하게 되었다. 이는 대체로 자유주의와 개방화의 새로운 정치에 기인하는 것으로서 배경과 의의에 대해서는 2장에서 설명된다. 가장 뛰어난 변환 중의 하나는 기술분야의 변동이다. 급작스런 창의적 기업가 혁신의 발산에서(이 책에 계속 반복해서 나타나는 예들로서) 보다 발전된 기술 네트워크, 유선

TV 모두가, 동시적으로 전국 도처에서 갑작스럽게 나타나기 시작하였다.

유선TV의 경우, 주정부 관료의 우둔한 무관심은 개인기업의 효율성과 속도로 대체되었고 결과는 확연했다. 전화기가 150년 전인 1851년에 영국의 소개로 처음 인도에 들어온 것에 반하여, 유선TV가 소개된 것은 불과 10여년 전이다. 그러나 21세기의 시작에서 놀랍게도 보다 많은 사람들이 고정된 지상 전화선보다 유선TV 접속이 가능하게 되었다.

유선TV 시장은 1991년에 처음 인도에 소개되었고 같은 해에 인도의 기본 경제개혁이 시작되었다. 동기가 되는 발판은 1차 걸프전쟁이었다. 전쟁이 일어난 지역에서 일하고 있는 친지나 친구들에 대한 우려로 많은 사람들이 스타TV, CNN, BBC로부터의 정보를 얻기 위해 여러 대의 위성TV를 중심으로 모여들었기 때문이다.

수많은 기업들은 지체 없이 기회를 감지하였으며, 그들의 지역사회에 위성TV를 연결하기 위한 치열한 경쟁이 시작되었다. 비록 두르다샨(Doordarshan, 인도의 국영방송국)을 제외하고 인도내부에서의 어떠한 방송도 금지되었으나 수많은 케이블 사업가들이나 케이블 관계자들은 단시간에 이러한 장애를 피해나가는 길을 찾아냈다. 예컨대 인도에서 비디오를 생산한 후 홍콩이나 싱가포르와 같은 아시아의 다른 행선지로 우송하여 그곳에서 인공위성을 통해 전송하는 것이다. 사업가들은 단순히 외국의 필름이나 TV 연속물을 빌리거나 해적판을 구매하여 지역방송으로 내보내려 하였다.[11]

이로써 유선TV는 완전히 통제되지 않은 양식으로 전국에 걸쳐 확산되었다. 이코노미스트(The Economist)지는 「인디아 와이어링(*The Wiring of India*)」이라는 글에서 "허가 왕국(license raj)의 땅에서 어쩌다가 유선의 통제를 망각하였다."라고 하였다.[12] 실리콘 밸리에서 가장 유명한 인도 기업가인 칸왈 레키(Kanwal Reckhi)는 "케이블TV 설치의 전체 공정은 정부의 감시망을 피해 진행되었으며 그들이 깨달았을 땐 이미 5,000~ 6,000만 명의 시청자가 존재하고 있었다."라고 전하기도 하였다.[13]

오늘날 인도 TV는 그의 필름, 신문, 잡지와 더불어 세계에서 가장 역동적인 미디어 가운데 하나가 되었다. 모든 시청자들은 신화적 서사작품에서부터 현대극에 이르기까지 수많은 언어로 여러 방송국을 통해 접근할 수 있다. 인도 MTV에서 발리우드는 그들의 화려한 노래로 히트를 쳤으며, 댄스루틴은 보다 감정을 절제한 독립 팝 비디오들과 경쟁하고있다. 뉴스 채널들은 시사프로그램들로 채워졌으며 진행의 깊이와 논란의 심각성은 '중심부'의 선진사회의 것들과 필적할 만하다.

서방에서 전화와 TV의 개발은 엄격한 선형적 발전형태로 이루어졌다. 각 신규 네트워크는 기존의 것들 위로 차곡차곡 쌓여왔다. 예를 들어 캐나다에서 당신은 집에 유선TV는 설치하고 전화선은 놓지 않는다는 것을 생각할 수 없다.

그러나 '주변지역'에서의 신기술들은 이러한 차분한 경로의 '정상적' 진전이 이어지지 않는다. 대신 그들은 '시대에 걸맞지 않은 파멸'이라 불릴지도 모르는 과정이 순차적으로 이어지는 것처럼 보인다. 예를 들면 개인수준에서는 어떤 종류의 전화도 가져본 적이 없는 사람들이 불현듯 무선휴대전화와 같이 가장 선진화된 통신장비에 접근할 수 있게 되고, 사회적 수준에서는 모든 문화가 선진사회를 '따라잡기'가 아닌 '뛰어넘기'를 시작하는 것이다. 이에 대해 앨런 하몬드(Allen Hammond)와 엘리자베스 젠킨(Elizabeth Jenkins)은 「상층화된 디지털형 개발(*Bottom up Digitally-Enabled Development*)」이라는 글에서 회로망에 연결된 휴대전화와 주컴퓨터의 성장률은 수많은 부유한 국가보다 개발도상국에서 훨씬 더 확대되고 있다고 밝힌바 있다.[14] 우리는 7장에서 디지털 분할이라는 주제에 관하여 이러한 비연속적 성장의 의의를 논하게 될 것이다.

지역정보에 접근하기 위해 IT를 사용하는 인도의 반 문맹 농부들에서부터 기즈모(gismo, 영화 '그램린'에 나온 눈이 큰 동물인 모과이의 극중 이름)에 열광하는 상하이의 10대들에게까지, 기술은 서구사회와는 단순히 비교되지 않는 속도와 강도로 아시아 문화권에 침투하고 있다. DVD 플레이어, 비디오 광고화면, 로봇 애완동물 등과 같은 기술들은 모두 주변국에서 처음 출현하였지만, 놀라운 속도로 전 아시아권에 확산되고 있는 최신 첨단기술인 '무선(wireless) 통신'에서 일어나는 보다 확연한 기술발전은 분명 어디서나 불현듯 나타나는 것이 아니다. 인도에서의 무선의 폭발력은 도처에서 확인되고 있다. 1999년만 해도 휴대폰을 소유한다는 것은 기술전문가 이외의 어느 누구에게도 드문 일이었다. 그러나 오늘날 적어도 그 도시의 중심지에서는 휴대폰이 거의 보편화되었다. 이는 업무적 또는 개인적 네트워크를 유동적으로 만들어 무엇이든 해결되도록 하는 것이 핵심인 국가에서는 거의 필수적이라 여겨지고 있다.

1997년 이후 인도의 휴대폰 시장은 연 145%로 성장하였고, 많은 이들이 이러한 속도가 강화되고 있음을 예측하고 있다. 하이데라바드에서 개최된 IT 포럼에서 연설한 당시 정보통신부 장관 라모드 마하잔(Pramod Mahajan)은 인도의 휴대폰 회사들이 2003년에 2,050만 명의 신규고객을 유치할 것이며, 2005년과 2020년에는 각각 1억대와 5억대의 국내 휴대전화기의 판매가 달성 될 것이라고 예측하였다.[15] 이러한 정부의 논평에는 항상 어느 정도의 불확실성은 남겨져 있으나, 무선은 예측의 신뢰성 부여에서 유리한 주체가 되고 있다.

2003년에는 인도의 민간부문에서 강력한 경쟁이 일어나 세계에서 가장 극적인 가격절하로 이어질 것이며, 릴라이언스(Reliance) 그룹은 인도가 지구상에서 가장 저렴하게 휴대폰을 사용할 수 있도록 해 줄 것이다. 이동통신의 가용성 상승은 휴대폰의 기하급수적인 성장 가능성을 제공하면서, 엄청나게 출현되고 있는 중산층 시장뿐만 아니라 지상선에서 조차 접근할 수 없었던 수백만의 지방의 빈민들에게까지도 전달되도록 하고 있다. 이는 기술이론학자인 오사마 만자(Osama Manza)의 지적대로, 휴대폰은 문맹의 장애에 부딪히지 않고 농촌생활의 견고한 구두(口頭)문화 속으로 깊숙히 연결된다.[16]

경영컨설턴트이자 빈민후원자인 프라하라드(C.K. Prahalad)는 후속 장에서 이러한 '개구리 뜀박질'과 같은 것이 인도의 발전에는 치명적이라고 주장한다. 그는 인도가 범한 가장 큰 오류는 미래를 선형적 · 역사적 시간측상에서 불가피하게 출연하는 다음단계로 가정하는 것이라고 경고한다. 또한 매우 조심해야 할 것으로는 당신이 현재 위치한 곳에서부터 유추해내지 말아야 한다고 경고한다. 그것은 누군가가 현재의 처한 환경에 불필요하게 얽매여 실체가 없는 '가능성의 영역' 내에 묶이게 되는 것이다.[17] 미래를 창조하기 위하여 인도는 과거로부터 탈출해야만 한다.[18]

이러한 것들이 불가능해 보일지라도 국가는 큰 포부로 진행되기를 바라고 있다. 그들이 가능한 것으로 제안 받게 되는 우리들에게는 항상 변화의 진정한 원천을 놓치고 예기치 않은 영역의 언저리에 놓이게 되는데, 이로써 대개의 전체적의 변환이 이러나는 것이다.

가장 성공한 인도의 IT 인물 가운데서 칸왈 레키는 이 주제에 대해 "누가 10년 전 인도에서 세계 정상급의 IT 산업이 가능하리라 생각했겠는가? 누가 계획이나 하려했겠는가? 사실은 나도 자주 웃었더랬다."라고 답했다.[19] 안드라 프라데시(Andhra Pradesh) 주의 전 장관이었던 찬드라바부 나이두(Chandrababu Naidu)의 의견도 이와 같았다. "인도 내의 모두가 우리는 미국도 싱가폴도 아니기에 IT에서 성공하지 못할 것이라고 생각했었다. 그러나 이제는 모두가 우리는 해낼 수 있다고 생각한다."[20]

프라하라드는 "인도는 미래를 기다릴 여유가 없다. 오히려 그를 향해 뻗어나가 미래를 포착해야 한다."라고 충고한다. 이러한 미래에 대한 긍정적 행동은 인도 문화의 발전을 대단히 흥분되고 -서구의 시각으로 봤을때에- 이상하리만치 낙관적인 것으로 만든다.

이와 대조적으로 선진사회는 서구의 문화권 내에 인식될 수 있는 강박적인 냉소주의를 낳게 하는, 이미 일어난 의식이 스며드는 추세이다. 기진맥진한 중심사회와는 달리 주변지역은 과거에 제한적으로 투자되었으며 기술적 시스템에 구체화된 역사적 유물에 보다 덜 구속되었다. 작가이자 인터넷 자문역인 마단모한 라오(Madanmohan Rao)는 말하기를, "미국 무선산업의 문제점 중 하나는 사람들이 이미 훌륭한 지상연결선을 가져 행복해 하고 있다는 것이다. 그들이 무엇 때문에 휴대전화를 필요로 하겠는가?"[21]

나스콤은 2003년 2월 11~14일간 뭄바이의 오베로이(Oberoi)호텔에서 산업전반에 관한 연차 지도자회의를 개최하였으며, '세계화 브랜드로서의 인도 IT', '세계화 IT의 추세' 등과 같은 주제에 대해서도 동시회의를 개최하였다. 포럼의 기조연설에는 아시아, 유럽, 북미로부터 6개국이 참여했으며, 분위기와 어조는 인도 IT 산업의 상승하는 전문성과 일종의 만족스런 성과(5장에 기술됨)를 알리는 것이었다.

아라비안해가 내려다보이는 큰 창문으로 둘러싸인 호텔 최상층의 비교적 작은 방에서는 '역외 아웃소싱'으로 서방국가 청중들에게는 보다 친숙한 산업분야인, 새롭게 출현한 ITES-BPO(IT enabled service-Business Process Outsourcing) 부문에서 제기된 문제와 추세에 대한 분과회의가 열렸다. 여기서 나스콤 회의의 나머지를 채운 진지한 전문성은 흥분의 도가니를 만들어냈다. 매킨지(McKinsey)의 파트너와 GE 사장들이 참석한 분과회의는 청중들로 가득 찼으며 회의 장내의 청중들은 발표를 듣기 위해 까치발을 세워야 했다.

논의된 주제 가운데는 서구로부터 기대되는 보호주의적 영향에 맞서는 전략도 있었다. 당시 외부의 전망에서 이들의 기우는 불필요 이상으로 방어적인 것처럼 보였다.

그러나 1년 후에는 잡지, 신문 기사, 블로그, TV토론 등 모두가 인도로부터의 아웃소싱에 의한 방해를 체험하는 듯 했다. 이제 인도는 그의 주변성과 후진성으로 인한 동정의 대상에서, 급격히 성장하는 경제의 표적으로 탈바꿈한 것이다. 이 나라는 세계 최선진 경제들의 가장 발전된 부문에서부터 일거리를 '탈취'한다는 비난을 받고 있다. 미국에서는 지역 노동시장에 대한 아웃소싱의 파급효과에 관한 주제가 2004년도 대통령 선거에서 가장 중요한 이슈임이 입증되기도 했다.

자유무역에 대한 이러한 열광적인 반응을 완화시키기 위한 노력으로 인도계 미국인 경제학자 자그디쉬 바그와티(Jagdish Bhagwati)는 뉴욕 타임즈의 논설에서 「왜 당신의 직업은 방갈로어로 이동하지 않는가?(*Why Your Job isn't Moving to Bangalore*)」라는 주제에 대해, 이것은 인도가 아니라 미국의 역동적 경제상의 직업시장에 대한 변환에 책임이 있다는 것을 강조하였다.[22] 그러나 이러한 기술 유도형 변환은 인도에 의해 유도되어 왔으며, 그 자신의 IT 산업은 미래를 기대하게 하고 세계화 경제의 첨단에 놓이게 한다. 이 책의 마지막 장에서 보게 되는 바, 이는 서방국가의 세계화가 인도에서 자라나고 있는 창의력의 불가피한 수용을 요구한다는 것이 최초가 아니라는 것이다. 수세기 동안 인도는 여러 단계에서 저항을 받아왔지만, 이제는 역동적이고 방대한 세계화를 생산하는 중심에서 창조적 '공동화'에 기여하고 있는 것이다. 미래는 언제나 변두리(the edges)에서부터 진행된다.

1 서구사상

The Idea of Westernization

자본계급(부르주아)은 모든 제조장비의 급속한 발전과 대단히 용이해진 통신수단을 통해 가장 미개한 이들까지도 포함한 국민 모두를 문명세계로 이끈다. 값싼 상품들은 중국의 만리장성을 무너뜨리는 강력한 무기가 된다. … 이는 소멸의 고통에 선 모든 국가들에게 자본계급형 생산의 채택과 그들이 말하는 문명의 도입, 그리고 그들 스스로 부르주아가 될 것을 강요한다. … 한마디로, 그 자신의 이미지를 본받은 세계를 창조하려는 것이다. 국가가 도시로 하여금 의존케 한 것과 같이, 미개국과 반미개국들은 문명화되고, 농업국은 자본국가에 의존하게 되고, 동방은 서방에 의존하게 되는 것이다.

– 칼 마르크스(Karl Marx)와 프레데릭 엥겔스(Frederick Engels)

「공산당 선언(*The Communist Manifesto*)」

글라토우 폴리틱스(Glottopolitics)

권한이 부여된 매체로서, 그리고 사회변화에 대한 역군으로서 미디어의 사용을 옹호하는 비정부기구(NGO)인 보이스(Voices)는 새천년이 시작된 이래로 방갈로어에서 3시간 정도 떨어져 있는 인도 오지의 벽촌에서 유네스코와 또 다른 NGO와 함께 '마이라다(Myrada)'라고 불리는 실험프로젝트를 진행하고 있다. 이 프로젝트는 지역사회기반 미디어를 위한 발판으로서 음성 생산을 이용한 지역개발지원을 목표로 한다. 이는 인터넷에서 메가폰에 이르기까지 다양한 범위의 수단을 이용하고, 컴퓨터 사용자들에 대한 훈련에서부터 해당 지역에 사용되도록 설계된 음향생산센터의 설치에 이르기까지의 모든 것을 포함한다. 주로 지역의 '자조단체(self-help groups)'로 조직된 참가자들은 현지조달을 일구어 내기 위한 기술력을 제공받게 된다. 예컨대 중요한 자료를 찾기 위해 웹을 검색하거나 광역지역에서 소용될 수 있는 음향형태로 정보를 재포장하도록 하는 것이다. 인도의 허가규정에 따라 지역사회는 그 스스로의 라디오 프로그램 방송을 하지 못하게 되어있기 때문에 지역프로듀서들은 그들이 목표로 하는 청중들에게 접근하기 위해 오디오 카세트나 확성기, 유선망 등의 다양한 저급 기술의 해법을 이용한다. 이러한 방법으로 해당 마을은 그들의 생활에 유용하다고 생각되는 일기예보, 정부정책, 건강문제, 가뭄대책전략 등의 자료에 접근할 수 있다.

프로젝트를 수행하는 재야활동가들은 구성원 대부분이 노무자나 농민들인 오지의 빈곤지역사회에 가장 기본적으로 필요한 것 가운데 하나는 지역언어 미디어라고 한다. 이러한 지역사회 구성원의 대부분은 문맹이거나 반문맹이며, 인도의 두 공용어인 힌두어나 영어로 말하기나 독해력이 불가능하다. 따라서 NGO들은 해당 지역의 원어로 미디어를 조성하는 것이 디지털 디바이드

(Digital Divide, 정보격차)를 줄이고 보다 광범위한 정보에 연결시키기 위한 필수요소라고 믿는다. 따라서 그들은 해당 지역에서 자신들의 욕구를 영어로 표현하는 많은 사람들을 발견하고 적잖이 놀랐다. 보이스의 에쉬시 센(Ashish Sen)은 "지역 언어기술의 필요성을 강조하고 있지만, 지역민들은 유창한 영어구사의 필요성을 아주 강력히 주장하고 있다."라고 전했다.[1] 보이스가 독립 반세기 이후에 발견한 것은, 인도의 빈농들이 개인적 번영의 증가와 외부세계와의 연결을 위해서 국제어인 영어에 대한 지식의 필요성을 인식하고 있는 것이다.

인도에서 산스크리트어(베다스의 언어이자 신성한 만트라가 되는)는 그의 신비력으로 잘 알려져 있다. 일면 영어의 힘은 세계적이다. 인도는 다중언어사회로서 여러 언어가 다양한 기능을 지원하고 있다. 공식적인 '3개 국어 정책'에 반영되고 있는 이러한 사실들은 인도 내에서 생활언어의 중심구조를 형성하고 있다. 이 피라미드에서 가정, 일상생활, 하층계급의 교육에 사용되고 있는 지역언어는 가장 넓은 최하위계층을 차지한다. 뉴델리의 언어인 힌두어(정치권의 위상이 되는)는 중간언어로 자리잡고 있으며, 최상위층은 영어이다. 작가 쿠시완트 싱(Khushwant Singh)은 "만일 당신이 그들이 사용하는 권력의 언어를 무게로 측정한다면, 영어가 다른 모든 인도어를 짓누른다는 것을 알 수 있을 것이다."라고 하였다.[2]

현대 인도에서 교육, 상업, 행정영역에서의 모든 고차원적 활동은 영어로 협의되고 진행된다.[3] 고학력, 특히 사회과학, 그리고 보다 중요한 과학과 기술에서는 숙달된 영어실력을 가지고 있지 않는 한 누구도 의사, 엔지니어, 법률가, 관리, 과학자, 항공조종사 또는 기업체의 CEO가 될 수 없다.[4]

때문에 영어를 사용하는 이유는 발전과 성장, 세계화, 번영, 명예 등과 밀접해 왔다. 세계적인 영어학자 브라 카츠루(Braj Kachru)는 "영어를 아는 이들은 현대화의 상징이 된다."라고 하였다. "영어는 개인의 시각을 세계화하였고, 국제 비즈니스와 기술, 과학, 여행에 대한 언어적 문호를 개방하였다.[5] 이와 관련하여 영어의 뿌리는 식민지 시대에서보다 현대에서 더욱 깊어지고 있다."라고 그는 말한다.[6]

적어도 18세기 초부터 세계무역은 영어와 긴밀히 연결되어 왔다. 오늘날 영어권 또는 비영어권에서는 업무처리와 은행업무시스템에서 링구아 프랑카(lingua franca, 영어 공용어)를 사용한다. 「무엇이 국제언어인가(*What Global Language*)」라는 글에서 바바라 월라프(Barbara Wallraff)는 "영어는 아시아무역그룹인 ASEAN의 비즈니스 언어이며 유럽중앙은행의 공용어이다. 비록 은행이 프랑크푸르트에 있거나, 영국도, 영어를 주로 사용하는 유럽통화연합(EMU, European Monetary Union)의 회원국도 아닌 곳에 소재한다 할지라도 공용어는 영어이다."라고 밝혔다.[7]

세계무역과의 연결보다 중요한 것은 영어가 '실리콘 밸리에서부터 상하이까지 이르는 기술언어'로써 오랫동안 간주되어 왔다는 사실이다.[8] 토마스 에디슨(Thomas Edison)이 축음기를 발명했을 때 뱉은 첫마디인 "하나님이 우리에게 주신 것(*what God hath wrought*)"은 영어였다. 최초의 라디오 방송과 최초의 전화통화 모두 영어로 이루어졌다. 세계에서 가장 큰 다섯 개의 텔레비전 방송국들(CBS,

NBC, ABC, BBC, CBC)도 모든 프로그램을 영어로 진행하고, CNN은 세계뉴스를 영어로 내 보낸다. 2개의 최대 통신서비스(로이터, AP통신)도 영어로 제공되며 세계 우편물의 3/4, 그리고 텔렉스와 케이블도 모두 영어를 사용한다.[9] 세계의 과학기술 학술지의 절반 이상이 영어로 발행된다. UN의 수장은 보이저(Voyager) 1호에서 송출되는 메시지를 통해 원거리의 외계인들을 대상으로 연설하였었는데, "지구의 모든 인류를 대신하여 인사를 보낸다."로 시작한 그의 연설은 영어였다. 마지막으로 가장 세계화된 기술일지라도 공히 반복된 통계로는 인터넷상에서조차 80% 이상의 정보가 영어로 저장되어 있다고 한다.

영어가 국제언어라는 것은 세계인구의 대부분이 영어로 말한다는 것(사실 어떤 통계에서는 90% 이상이라고 한다)도 아니고, 또는 세계에서 가장 널리 사용되고 있다는 것(그 영광은 영어 사용의 약 2배에 달하는 만다린(Mandarin)에게 돌린다)이 아니라 지구상에서 상업, 통신, 과학, 기술에 가장 큰 영향을 미치고 있다는 것이다.[10]

이러한 영어의 수월성은 종종 세계화가 중심부분에서부터 방산되는 과정이라는 증거로 보이기도 하며, 이는 서방세계로부터 서서히 퍼져나가 결국엔 세계를 포용하게 되는 동질적인 단일문화권의 확산을 포함한다. 카츠루는 '글라토우 폴리틱스(glottopolitics, 언어의 정치역학)'라는 말을 사용하여 언어적 · 문화적 식민지화의 전례가 없는 형태로 영어가 불가피하게 연관되어 있음을 기술하고 있다.[11] 비록 글라토우 폴리틱스가 대영제국 전체에 널리 퍼졌었다 해도, 현대 평론가들은 일반적으로 미국의 영향을 대상으로 삼고 있다.

벤자민 바버(Benjamin Barber)는 그의 널리 알려진 「맥월드를 향한 성전(*Jihad versus McWorld*)」에서 지구 전체를 단순한 통일체로 만들기 위해 무섭게 돌진하는 경제력과 기술력을 경고하고 있다. 유사한 성격의 평론가들은 강화되고 있는 세계문화의 동질성을 염려하면서, 세계에서 유일하게 막강한 힘을 유지하고 있는 언어인 영어가 TV시트콤, 광고, 할리우드 영화 등을 통해 크게 전파될 것을 걱정한다. 토머스 드 퀸시(Thomas de Quincy)의 표현을 빌리자면 '여행의 목적지에 닿기 위한 급행 길 … 아론의 지팡이(Aaron's rod)처럼, 다른 모든 언어를 잠식하기 위한 궁극적 사명을 향한 질주'인 것이다.[12] 바버가 쓰기를,

> 영어는 문화, 과학, 기술에서와 마찬가지로 예술, 상업, 방송, 금융에서도 세계 주요 국가 간의 언어가 되고 있다. 음악방송에선 영어로 노래하고, 외치고, 랩(rap)을 하며, 프랑스 영화광고도 이제는 흔히 영어로 제작되고 있다. 새로운 정보시대의 비평가들은 CNN과 BBC 월드서비스의 패권을 영어로 공격한다. 소말리아(Somalia)의 지도자와 아이티(Haiti)의 부관들은 미국을 비난하고 있으나 미디어는 이들을 위한 방송을 영어로 진행한다.[13]

따라서 바버는 영어는 우위의 언어이자, 문화적 저항과 의견이 되고 있다고 하였다. 영어는 반항적인 십대들뿐만 아니라 오래된 국제 사업가들에게도 새롭게 떠오르는 단일문화인 '맥월드(McWorld)'가 되고 있는 것이다.

현대자본주의, 그리고 세계의 서방화

지구가 중심에서 외부로 발산으로 상승하는 균일 글로벌 문화에 삼켜지고 있다는 현시대의 불안감은 세계화가 '지구의 서방화'를 내포한다는 오래되고 굳어진 개념에서부터 비롯된다. 이러한 개념은 매우 친숙하고 널리 확산되어있기 때문에 많은 사람들에게 의심없이 받아들여지고 있다. 오늘날 아시아의 공상과학소설에서의 풍경과 비유가 되는 것이 서방에는 실제로 존재하지 않는다는 사실에도 불구하고, 중국 상하이의 고층건물에서부터 일본과 홍콩의 초현대적 네온(neon)거리에 이르기까지 근대적 '서방화'의 모든 현대적 표식과 표현은 수많은 사람들에게 보편화 되고 있다.

서구사상은 칼 마르크스와 막스 베버의 현대적 저술에 그 이론적 근간을 두고 있으며 이들은 자본주의의 원천이 유럽과 미국의 역사, 문화와 긴밀히 연관되어 있다고 주장한다. 이들 현대자본주의 이론가들은 서방에서 일어난 자본주의 시스템은 우연이 아닌 필연으로 얻어진 것이라고 주장한다. 왜냐하면 오직 서방문화만이 자본주의를 뿌리내리는데 필수적인 내부적 역동성을 지배하기 때문이라는 것이다. 마르크스와 베버에 의하면 자본주의란 서방세계의 역사에서 직접적이고 불가피한 산물이다. 서방시스템 분석가 사미르 아민(Samir Amin)은 자본주의에 의해 생산된 사회주의는 점진적으로 현대세계(말하자면 자본주의)가 형성되어 있지 않다는 의미에서 유럽의 역사는 예외적이라고 결론짓고 있다. 여기서 부정할 수 없는 사실은 다른 곳에서는 태동될 수 없었기 때

문이라는 것이다.[14]

이러한 현대 이론가들에게 기술진보와 자본주의 경제학은 인도와 같은 곳에서 자생할 수 없는 것이었다. 만일 인도가 현대화되었다면 이는 곧 '서방화'를 의미할 것이다. 동양에서 자본주의는 전통문화를 포섭함으로써 확산된다. 즉 경제적, 문화적으로 외국인 투자와 이질적인 생활방식을 강요하는 외부 침략자로서 활개를 치게 되는 것이다.

몇몇 이론가들은 마르크스, 베버와 같이 자본주의 경제에 서구문화를 연결하는데 영향을 끼쳐왔다. 베버는 '자본주의는 왜 서방의 도시들에서 시작되었는가?'라는 질문에 "서방의 도시는 세계의 모든 도시 가운데 특별하다 … [왜냐하면] 기독교의 주요 무대가 되어 왔기 때문이다."라고 답했다.[15] 베버에 따르면 자본주의는 서방의 것인데, 그의 정신이 기독교 전통에 얽혀진 믿음, 실천, 윤리관에 해당되기 때문이다. 기독교, 또는 보다 구체적으로 청교도는 자본주의적 생활방식에 경제적, 윤리적 행위를 발전시키도록 한 최초의 종교였다. 베버는 이를 '청교도 윤리관'이라 부르며, 그의 유명한 작품 「청교도 윤리관과 자본주의 정신(The Protestant Ethic and the Spirit of Capitalism)」에서 이러한 종교적인 처세행위(life-conduct)의 결정이 대단한 자본주의 정신을 형성한다고 밝혔다.[16]

베버의 작업은 현대 경제뿐만 아니라 서방 문화의 정의에도 영향을 주었다. 그에 따르면 청교도 윤리관은 무엇보다도 '각성(覺醒)'에 달려있다.[17] 그의 선각(先覺)인 유대교와 같이 기독교는 물활론적(animistic)인 힘으로 마수(魔手)를 소멸시키고, 영혼을 빼내며,

물체를 떼어내는 대형 구마(驅魔)에 의존한다는 것이다. 그에 따라서 마법사를 불법화하고 그의 힘과 귀신을 찬양하는 세상을 책임지는 예언자를 내세웠다.[18] 이제는 초법성의 일신론적 통치에 의해 포착된 신성함은 일상생활에서 물러나게 되었다. 마법세계에는 처음으로 초월법(transcendant law)에 따라 측정되고 정량이되고 통제될 수 있는 합리적이고 지성적인 우주관이 발생하는 것이다.

마술과 마찬가지로 유대-기독교(Judeo-Christian) 전통은 신비주의로부터 거리를 두어 마술을 멀리하였을 뿐만 아니라, 베버가 '훌륭한 예언자'라고 칭한 성직자와 무아(無我)의 관계로 규정지워진 형태도 멀리하였다.[19] 이러한 상태에서 개개인들은 신이 창조한 세계로부터 도피하려고 하기 때문에 환희와 소유가 비판받았다. 대신 요구되는 것은 이 이상 신의 그릇으로서 역할하지 않으나 대신 그의 '도구'가 되는 특사의 예언자가 되는 것이다.[20] 조심스러운 절제로서 밀사의 예언자는 법의 증여자로서 신을 맞이한다. 그는 신의 도구로서 일하면서 신의 뜻에 따라 생명을 가꾸도록 자신의 추종자들을 가르친다.

결과는 베버가 고행이라는 용어를 따서 이름 지운 '활성화된—또는 속세의—고행' 풍조로서, 이는 관조적인 '속세로부터 묵상적 탈주'를 내쫓고 대신에 '속세에서의 작업'에 전념하는 것이다.[21] 활발한 고행이 후견인 또는 감시자의 역할을 맡겨둔 채 노동활동을 통해 세상을 변환시키는 것이다. 활발한 수행으로 인해 경제활동이 종교적 생활에 대한 장애가 되지 않도록 하는 대신 성직의 의무를 다하도록 하는 것이다.[22]

베버에 따르면 동방의 종교들은 일반세상을 불안정하고 모욕된 것으로 취급하는 경향이 있기 때문에 활동적인 수행관행과는 근본적으로 다르다. 동방문화는 세계의 변화를 추구하기 보다는 그로부터 자유롭게 되는 것을 목적으로 한다. 이 신비한 '묵상적 탈주' 에 대한 열망은 경제생활의 관점에서 우주적이고 긍정적인 결함으로부터 멀리 달아나고자 하는 욕망이 되는 불변의 세계질서에 대한 신념을 조성한다. 이러한 이유로 베버는 동방의 문화가 자본주의 성립이 필요로 하는 역동성을 보유하지 아니한 정적인 사회 형성을 한다고 믿었었다. 경제적 윤리뿐만 아니라 종교적 태도조차도 형식을 갖추도록 한 자본주의는 그 자체의 문화를 도입할 수밖에 없었으며, 말하자면 서방 기독교 문화가 그와 더불어 확산될 수밖에 없었던 것이다.

'서방화' 의 개념은 또한 칼 마르크스에 의해 제시된 변증법적 역사이론의 중심이 된다. 잘 알려진 대로 마르크스의 역사적 물질주의는 다른 조직 또는 생산의 여러 형태의 연속적 개발에 기반을 둔다.[23] 「정치경제의 비판에 대한 기여*(Contribution to a Critique of Political Economy)*」의 서문에서 마르크스는 서방역사를 고대, 봉건, 그리고 부르주아의 세 가지 단계나 형태로 분류하였다. 이들 세 단계는 마르크스에 대해 역사적, 변증법적으로 모두 관련이 되는데 이러한 각각의 연속 형태는 최종적인 것에 대한 내부적 반론에서 시작된다. 그가 쓰기를 "생산의 새로운 우위적 관계는 그들 존재에 대한 물질적 조건이 구사회의 틀 속에서 성숙하기 이전에는 결코 구시대의 것을 대체할 수가 없다."[24] 죠셉 슘페터는 이를 다음과 같이 요약하였다: 생산양식 그 자체는 스스로의 원리를 가진다. 말하자면 그들은 자신들의 작업이 생산되도록 그들에게 전승된 필요에 따라 변한다는 것이다.[25] 그리하여 마르크스주의에 따라 고대의 필요성은 필연적으로 봉건적 방법을 제시하게 되고, 봉건주의는 부르주아에게 길을 열어주게 된다. 결국 자본주의는 역사의 변증법적 전개의 불가피한 산물인 것이다. 마르크스는 말하기를 "제품 스스로는 생산과 교환의 형태에서 일련의 혁명이 되는 긴 개발과정의 것이다."[26]

마르크스에게 있어 이 '일련의 혁명들'은 유일무이한 서방의 것이다. 변증법적 서열은 외부로부터 부여되지 않는다면 다른 어느 곳에서도 발생하지 않는다. 마르크스는 동방을 가리켜 정적인 사회라고 주장하고, 자신의 글을 통해 "아시아적 형태의 생산"이라 특성 지으며 다른 사회의 형태와는 전혀 다른 사회시스템이라고 하였다. 마르크스는 서방형태의 생산은 변증법적이고 역사적으로 연관되는데 반해 아시아적 형태는 지리적으로만 특정지어진다고 하였다.

인도의 경우, 그의 아시아적 형태의 생산이란 우위구조의 체계화된 생산이 이루어지는 자족공동체 촌락이라고 마르크스가 분석하고 있다. 이들 촌락에 대한 그의 분석은 세 가지 주요한 서로 상관되는 주제에 집중되고 있다. 첫째, 촌락들의 노동력은 카스트에 기반을 두어 고도로 규범화된 구조를 통해 분할되고 있다. 이 엄격한 체계화는 해당 지역사회의 노동 분할을 조정하는 자연법이 불가항적 권위를 행사하는 상황을 낳게 한다.[27] 따라서 이는 변경할 수 없는 노동 분할을 조성하게 되고, 새로운 지역 공동체가 형성될 때마다 즉시 조정되는 계획과 기법으로서 사용된다.[28] 둘째, 이들 자족촌락은 생산제품의 대부분을 공동체 자체에서 직접 사용하며 상품의 형태를 택하지 아니한다.[29] 이들 촌락에서 상품이 되는 것은 오로지 잉여물이며, 이는 임대형식으로 국가에 직접 지불하게 된다. 마지막으로, 아시아적 형태는 토지의 개인재산 부재에서 비롯된다. 마르크스가 엥겔스에게 쓴 편지를 보면 "이는 동방의 천국에 대한 진정한 열쇠이다."[30] 왜냐하면 자본주의체제는 사유재산 없이 일어날 수가 없기 때문이다.

이러한 세 가지 요소들에 의해 인도의 촌락이 일정한 균형 상태를 유지할 수 있음을 보장한다. 내부적 계급투쟁의 갈등이 없기때문에 촌락들은 계속해서 동일한 구조에 따라 스스로를 재생산하고 있다. 마르크스에게 이러한 단순함은 아시아적인 불변성의 비밀을 보여주는 것이다. 동방에서는 역사의 기조를 형성하는 물질적 과정들이 국가수준에서 발생하게 될지도 모르는 어떤 정치적 혼란속에서도 불변으로 남게 된다. 마르크스는 "그 사회의 경제적 요소들의 구조는 정치적 하늘의 폭풍우에 의해 손상되지 않은 채 잔류한다."고 하였다.[31]

정치적 변동이 지상에서의 경제구조에 대한 내부적 역동성을 변환시키는 것이 아니라는 사실은, 마르크스에게는 아시아적 생산양식이 지구의 역사 밖으로 떨어지는 것을 의미한다. 마르크스는 결론짓기를 생산수준에서의 어떠한 변동이 없기 때문에 아시아적 형태에 기조를 둔 사회들은 변화가 없고 비변증적이며 역사적 시간외(外) 적이다.[32] 그는 "인도사회는 전적으로 역사적이지 않으며 적어도 알려진 역사가 없다. 우리가 그의 역사라고 부르는 것은 계속적인 침략자가 저항도 변환도 없는 사회에 수동적으로 제국을 설립한 역사를 이야기하는 것이다."[33]라고 하였다.

본질적으로 서방의 역사나 문화와 연결시킨다 할지라도, 현대 자본주의 이론가들은 서방사회체제는 그 시작에서부터 세계화 풍토에 영향을 받았다고 말한다. 특히 마르크스는 글로벌 확장에 대한 요구가 부르주아사회에 내재하는 특성이었다고 주장하였다. "그들의 생산을 위한 상시적인 시장확장의 필요는 전 세계의 지상위로 부르주아들을 내려앉게 하고 있는 것이다. 이는 어디에서나 자리 잡게 되고, 어디에서나 안정되고, 어디에서나 연관을 맺게 된다."[34]

자본주의에 대한 이러한 이미지는 중세의 악몽(Gothic nightmare)의 특징을 가지고 있다. 이는 마르크스의 글에서 마법사의 통제로부터 풀려나 '내세(來世)'의 주문(呪文)에 의해 불러들여진 막을 수 없는 주체들처럼 보인다.[35] 그것은 늘 밖을 향해 성장함으로써 마치 뱀파이어(Vamprire)와 같이[36] 살아있는 노동자들의 영혼을 빨아들이면서 세계를 포섭한다. 이러한 이미지에 따라 자본주의는 그 자신의 본래 이미지에서 우주를 재형성하게끔 되어 있다. 이러한 이미지는 서방의 것이다.

●주변 보호

서방의 외부인 주변의 언저리에서, 서방화라는 주제는 발전이라는 사상을 지향하는 것이며, 이는 곧 서방의 '사상'을 지향하는 것이다. 이들 개념간의 강력한 연계는 이미 19세기 후반기에 잘 설정되었다. 당시 마르크스는 서방, 특히 영국의 산업화 경험은 경제성장과 기술발전을 희망하는 모든 사회가 따라야 할 모델로 믿어졌었다고 기록하였다. 이러한 형태의 역사적 진보는 일반적으로 일련의 절차나 단계를 통해 점진적으로 펼쳐지는 '시간의 화살표'를 따른다고 폭넓게 믿어졌었다. 이는 이미 산업혁명에 의해 전개된 강력하고 광범위한 변화를 통하여 유럽 내에서 밝혀졌으며, 그 가운데서 봉건제 농업사회는 제조업 및 공장생산으로 교체되었다. 개발은 '따라잡기' 게임이었다. 어디에서든지 이는 서방모델의 모방으로써 일어날 수 있었다. 마르크스는 자본론 제1권의 서문에서 "산업적으로 보다 발전된 국가는 오로지 그 자신의 장래 이미지가 미 개발된 것으로 보이는 것 뿐이다."라고 하였다.[37]

1960년에 출간된 로스토(Rostow)의 「경제성장의 단계: 비공산주의 선언(*The Stages of Economic Growth: A Noncommunist Manifesto*)」은 개발의 선형모델 가운데 가장 영향력 있는 이론들을 포함하고 있다. 로스토는 모든 사회들은 결국 서방모델을 묘사하거나, 적어도 수용하고자 하는 일련의 개발단계를 거치게 된다고 하였다. 이 책은 모든 사회는 선진개발국가로 성숙되어감에 따라 경제발전의 5단계를 경험하게 된다고 주장한다: 전통, 도약을 위한 사전준비, 도약, 성숙을 위한 추진, 대량소비 시대.[38] 로스토는 영국에서의 경험을 토대로 이 5단계가 경제발전의 기반이 되도록 하였다. 임마뉴엘 왈러스틴(Immanuel Wallerstein)에 따르면, 이는 "현대 산업시대의 진화론적 경로로 출발하기 위한 첫 번째 단계로 정의됨으로써 매우 중요한 사례가 되었었다."[39]

그러나 2차 세계대전 이후의 기간동안, 이러한 선형 경제성장의 개념에 근본적으로 도전하는 새로운 이론이 나타났다. 자칭 세계체제이론(World-system Theory)이라는 이 이론은 성장하는 동안 마르크스주의이론과는 달리 그의 역사보다는 '질의 경제'에 초점을 맞춰왔다. 세계체제이론은 두 가지 주요 목표의 제시로 발전을 수용하는 개념에 도전하였다.

첫째, 국가상태에 기반을 둔 어떠한 분석도 거부하였으며, 대신에 자본주의는 시작부터 세계체제였다고 주장하였다. 세계체제이론에 대하여 자본주의의 출현은 유럽의 대양 지배, 그리고 식민지주의의 반상과 동일연장선 상에 있었다. 이 같은 이론에 대한 보다 열성적인 지지자 가운데 하나였던 사미르 아민은 "유럽 자본주의 사회의 결집과 유럽인들의 세계정복은, 동일한 개발의 두 가지 차원으로서, 서로간의 특권을 유지하기 위해 그들을 분리하는 이론들은 불충분하고 왜곡되어 있을 뿐만 아니라, 솔직히 비과학적"이라고 밝혔다.[40] 세계체제이론에 따르면, 자본주의는 국내시장 내에서는 결코 개발될 수 없다. 이러한 즉시적 설정에서부터 고유문화와 이종(異種)의 사회구조는 단일세계경제를 포용하는 국가의 경계 너머로 흘러넘치게 된다. 세계체제이론의 권위자 임마뉴엘 왈러스틴에 따르면 "자본주의는 세계경제시장에서부터 오는 것이지, 국가로부터 오는 것이 아니다."[41]

둘째, 세계체제이론은 자본주의를 개발의 특정단계로 보려 하지 않았다. 개발지역과 저개발지역 간의 역사적인 동시성을 지적하면서, 불평등이라는 것이 자본주의체제 그 자체의 불가피성에 기인함을 강력히 주장하였다. 저개발이라는 것은 단순히 세계 경제발전에 의해 구제되는 일시적 단계도 아닐뿐더러 세계 경제의 고정된 특성은 더더욱 아니다. 이 이론이 경제적 후진성은 뒤늦은 시작의 문제가 아니라 그 과정에서 생산되는 조건, 그리고 자본주의의 상승에 따른 결과 그 자체라고 주장하였다.[42]

따라서 세계체제이론에서는 제3세계의 모든 국가들이 서방국가를 따라잡는데 실패한 것이 우연이 아닌 것이다. 자본주의의 바로 그 구조자체가 이들 국가들을 불가피한 빈곤과 결코 끝나지 않는 경제적 의존의 길로 밀어 넣은 것이다.[43] 서방세계를 모방하는 만큼 발전할 것이라는 그릇되고 위험한 사회적 신념을 지닌 제3세계 국가들에게는[44] 현대 세계체제의 장을 조성하는 것이 중심과 주변 간의 차이를 빚는다는 근본적으로 정반대의 개념을 인식하는데 대한 거부감이 뿌리내렸다. 아민이 말하기를, 글로벌 자본주의의 성장은 점진적으로 체제의 심장부에서 성장하는 양극화를 조성하고, 자본주의 세계는 여전히 벌어지고 있는 격차를 줄일 수 없는 완전히 개발된 중심부와 주변영역으로 확고히 하며, 실제로 존재하는 자본주의 내에서 이러한 갈등을 낳게 한다. 이는 또한 자본주의체제의 틀 안에서 엄청난 반론이 되고, 이는 우리 시대의 주요하고 가장 폭발적인 반론이 되는 것이다.[45]

이러한 개념은 저개발 주변국에서는 오래가지 않는다. 아프리카, 라틴아메리카, 아시아의 수많은 국가들은 세계 속에서의 그들의 지위에 실망했으며, 그들 자신의 빈곤이 세계 시장에서의 서방의 우위와 연결되어 있는 것은 아닌지 의심했다. 이러한 의심은 '종속이론(Dependency Theory)'을 강화시켰다: 종속이론은 중남미에서 시작된 세계체제이론의 하나로서 1960년대에 제3세계를 휩쓸었다. 종속이론에 따르면 저개발은 원자재와 제조물품의 수출 간의 구조적인 불평등으로 인한 직접적인 결과이다. 불공정한 세계무역은 선진세계의 제품가격은 계속 상승시키는 반면, 제3세계에서 생산되는 농산물이나 원자재의 값은 계속 하락 시킨다. 이러한 교역의 불평등 조항으로 인해 빈국들은 부유한 국가에 항구적으로 종속되는 것이다.[46]

세계체제이론과 종속이론 모두에서 성장단계에 대한 역사적 개념은 공간적으로 약어만 변환될 뿐 그다지 소멸되는 것 같지는 않다. 이러한 공간적 약어변환을 통해 글로벌한 현대적 개념이 출현하였다. 경제를 세계화 측면에서 바라보았을 때, 이 이론가들은 그러한 각 단계들이 다른 지리적 영역에 동시적으로 나타나는 것을 볼 수 있었다고 주장한다. 이러한 차이는 우연히 생산되기는커녕 자본주의체제에 통합된 부분이었다. 노동의 국제 분할에 수반되는 기능인 자본주의는 구조적 · 체계적으로 상호 연관되는 중심지역과 주변지역으로 세계를 분할한다. 세계이론은 '주변이 없이는 중앙이 없다'고 하되, '자본주의의 발전 없이는 모두가 없다'고 주장한다.[47]

인도에서는 이러한 개념이 대영제국의 행적에 관한 널리 수용된 가정을 강화함으로써 특별히 설득력이 있어 보인다. 대영제국은 노동의 국제 분할을 조성함으로써 운영되었는데, 생산된 제품은 중심부문에 의해 생산, 수출되는 반면, 식민지 또는 주변지역들은 산업기반의 유지에 필요한 자원을 중심부에 공급하였다. 2차대전 이후의 기간 동안 서방이 아시아와 아프리카 국가들에게 탈정치화를 강요했음에도 불구하고 이러한 교역구조는 유지될 수 있었고, 그로써－대단히 의심스러우나－서방의 부는 보존되었다. 보다 많은 선진국들이 끊임없이 제품을 수출함으로써 이득을 취한 반면, 저개발 국가들은 이들 제품의 수입을 도맡으면서도 원자재를 수출하였다. 결국 자본주의체제는–식민지기 이후에는 더욱 더–주변지역의 희생을 업고 계속적으로 서방 중심에 우호적이었다.

장외, 변두리, 또는 양극단에 존재하는 것으로만 이해되었던 '주변국'은 일반적으로 공간적인 명칭으로 사용되었음에도 불구하고, 지정학적 범위에서의 정확한 위치는 분명치 않은 것이 사실이다. 서방보다는 동방이, 북방보다는 남방이 더욱 관련된다 해도 주변지역은 끊임없이 이동하고 어느 곳에서나 출현할 수 있는 것이다. 예를 들면 이제는 흔히 미국의 '내부적인' 주변국이라 일컬어지고 있는 것처럼 말이다.

그러한 이분법들은 주변국이 공간적 명칭의 의미를 가진다 할지라도 그것의 시간적 함축의 포로로 남는다는 것이다. 세계의 주변국이라는 개념은 일방적으로 인정된 역사적 진보의 개념에 이의를 제기하려는 시도에서 비롯되었으나, 여전히 고유의 발전 가능성을 가지고 있으며 끊임없이 이어지는 시간을 특별한 개념으로 삼거나 강조한다.

어느 특정 지역으로부터 탈영토화(deterritorialized)된 주변 국이 여전히 어느 정도의 지리적 영역이 과거에 묶여있음이 논의되었을 때조차 그들의 발전은 뒤처져 있었기 때문에 그들은 중심국의 '후면'에 붙들려 있었던 것이다. 그들의 성장이 비록 현대 세계화구조에 의해 저해받는다 하더라도 주변지역은 여전히 주로 유럽이나 북미에 위치한 선진국들을 보다 미개한 형태로 구현되어 있는 것으로 간주된다.

주변국의 위치에서 새로이 독립한 국가들은 자신들이 절망적인 상황에 빨려들었음을 인식하게 되었다. 여전히 서방국가를 뒤쫓는 것이라 여겨지는 발전은, 그들이 원자재의 수출에서 선진 제조업으로, 최종적으로 서비스업 등으로 한 걸음씩 내딛을때마다 그들의 산업화 경로에서는 보다 선진화된 국가들을 모방할 것을 요구하게 하였다. 그러나 동시에 종속이론은 세계 자본주의체제의 경제적 제국주의는 이러한 순차를 거치는 발전이 그들에게는 불가능하다고 하였다.

그들이 생각해낸 해법은 이러한 구조적 불평등을 막아내고 외부로부터 국가를 보호하는 것이었다. 이를 위해 대규모 국가투자의 이익이 되도록 하는 외국자본을 강력히 제한하고, 외국수입품들을 지역생산제품으로 교체하는 수입대체정책 등의 접근방식을 제안하였다. 목표는 자율성이 작동할 수 있는 폐쇄경제를 조성하여 불공정한 세계 교역으로부터 벗어나는 것이었다. 주변국은 세계 시장에서 가해지는 희생으로부터 스스로를 보호하기 위한 경계를 설정하기 위해 급히 서둘렀다.

인도에서는 이러한 개념들이 국가 설립자들에 의해 전적으로 수용되어 왔다. 간디가 펼친 '인도 철수(Quit India)' 운동의 가장 강력한 요소 가운데 하나는 스와데시(swadeshi, 자신감)였다. 간디는 경제적 자유가 인도의 수많은 촌락이 보여준 자신감에서 비롯된다고 믿었다. '기초물품의 단순가내생산, 마을의 자급자족, 그리고 모든 가정에서의 방적작업'을 주장하면서,[48] '고유의 기술과 재료, 기능들을 사용하는 자급자족마을의 비전'을 전파하였다.[49] 그가 가진 소박했던 과거에 대한 향수가 그로 하여금 전통으로의 회귀를 촉진시킨 것이다. 그는 "수직방직기와 맨손으로 방아 찧기, 옥수수 빻기, 전통적 기름짜기 등 … 쟁기, 물레바퀴 등의 고전물품들은 우리에게 지혜와 번영을 가져다준다. 우리는 점차 과거의 검소함으로 돌아가야만 한다. … 철도, 전화, 병원, 법률가, 의사 등 모두가 돌아가야 한다. …"라고 말했다.[50]

간디는 대부분의 생활에서 카디(khadi, 손으로 만든 인도의 옷)를 거의 광적으로 착용함으로써 그와 같은 자신의 이상(理想)에 대한 헌신을 표현하였다. 간디에게는 인도를 경제적 노예상태로 만드는 이유로, 섬유가 대단히 풍족한 나라가 영국 스스로의 산업화를 이끌었던 맨체스터의 공장들로부터 의류를 수입하고 있다는 사실보다 더 분명한 것은 없었다. "왜 식민지인 인도가 맨체스터로 면을 수출하고, 그것을 다시 고가의 의복형태로 수입해야 하는가?"[51] 그는 도무지 이해할 수가 없었다. 간디는 그의 추종자들에게 물레를 돌리는데 시간을 좀 더 할애할 것과 오직 방직 천으로 제작한 검소한 옷만을 입도록 독려하였으며 서방세계를 여행할 때에도 그러한 옷을 입도록 하였다. 이 스와데시의 상징이 갖는 근본적 중요성은 돌아가는 물레바퀴가 인도의 국기에 표시되어 있다는 사실로도 명백한 것이다.

네루(Nehru)는 간디의 인도판 러디즘(Luddism, 1811~1816년간 영국에서 일어난 기계파괴 운동)에 반대의견을 내세웠으나, 그의 독립자존 경제를 위한 의지에는 공감하였다. 그러나 네루에게 자족성의 꿈은 지역촌락에 대한 의존을 통해서만이 얻어질 수 있는 것이 아니었다. 대신 그는 국가 지원의 유도로 이루어질 수 있는 신속한 산업화 프로그램을 조성하였다.

이에 네루는 '기술비약'을 통해 성장의 어느 단계를 뛰어넘음으로써 개발공정을 가속화하여 국가를 지름길로 이끌 수 있다는, 2차대전 직후 표면화된 국가간섭주의라는 개념의 영향을 받았다. 이 이론은 당초 전쟁에서 파괴된 주축 국가들과 연관이되어 발생한 것이었다. 개발의 선형단계이론의 주창자 가운데 하나였던 알렉산더 거센크론(Alexander Gerschenkron)은 「역사적 경제적 후진성(*Economic Backwardness in Historical Perspective, 1951)*」이라는 유명한 글에서 "독일, 러시아, 프랑스, 일본 등의 '후발주자'들이 저 개발 단계에서 국가의 대규모 간섭을 통해 산업화를 가속화시킬 수 있었다."라고 썼다. 이 개념은 1950년대 후반에 새롭게 떠오른 개발경제분야에서 채택되었으며, 국가 간섭을 통한 '추적'원리는 후발주자에 뿐만 아니라 인도와 같은 보다 훨씬 뒤떨어진 후발주자에게도 매우 절실한 것이 되었다.[52]

네루는 국가주도형 산업성장모델의 관념에 매력을 느꼈는데, 이는 기술발전에 대한 욕망에 서구제국주의 식민지기 이후의 의혹이 더해지고, 자유시장과 세계 교역의 개방적 흐름에 대한 그의 좌파적 혐오가 결합된 것이었다. 네루는 국가의 지도자적 역할을 하는 기업가들과는 우호적이었으나 비즈니스 세계에 대해서는 염증을 느끼고 있었는데, "나에게 이익에 대해서 말하지 말라. 이는 더러운 것이다."라고 말하곤 했다.[53]

네루의 개인부문과 세계 교역에서의 이익에 대한 의구심은 간디의 영향, 카스트(Caste)에 대한 편견의 양산, 하버드와 케임브리지에서 받은 교육, 점진주의자들(Fabians)과의 만남 등 여러 줄기로부터 영향을 받은 것이다. 구르차란 다스는 '케인즈의 거시경제학과 스탈린의 공공투자정책, 그리고 간디의 지역개발 간의 지식 합작'으로서의 혼합된 결과물을 기술하고 있다.[54] 결과물은 정부가 경제지배적 고지를 장악하고, 그 가운데 시장기능이 부분적으로 허용된 '레닌주의 경제'였다.[55]

전후 기간 동안 네루의 아이디어는 전 개발세계에 걸쳐 일반화되었다. 그러나 인도의 다소 특유한 점은 이론의 구현에 대한 순수성과 영구성이다. 아시아, 중남미 국가들이 그들의 문호를 개방하기 시작했을 때 인도는 개방의 문을 더욱 굳게 걸어 잠갔다. 부의 창출을 넘어서는 부의 분배와 시장 전체에 걸친 계획에 역점을 두었던 네루 체제는 그의 딸 인디라에 의해 더욱 강화되었다. 인디라 간디(Indira Gandhi) 정부는 통제를 강화하였으며 보다 관료적이고 권위적이었다. 은행을 국유화하고 외국자본을 거부하였으며 국내기업 앞에 보다 많은 장애물을 설치하였다.[56] 참으로 그것은 네루의 초기 정책 태도라기보다는, 오랫동안 그릇되어 온 인도의 경제 역사에 대해 보다 철저하게 비난받았던 경로변경에 대한 인디라의 완강한 거부였었다. "현대 인도의 비극은 1950년대에 잘못된 경제모델을 채용한 것이 아니라, 1965년 이후에 그 방향을 되돌려 놓지 않았다는 것이다."[57]

1960년대 후반, 1970년대, 그리고 1980년대 후반에 인도는 세계무역으로부터 더욱 더 멀어져갔다. 그러나 이러한 비난의 대상에 네루와 그의 가족들만이 해당되는 것은 아니다. 인디라 간디는 계엄령 이후 권력 밖으로 밀려났고 그 자리에 자나타당(Janata Party)이 들어섰다. 1977~1980년간의 짧은 통치기간 동안 그들은 인도 사상 가장 악명 높고 극단적인 보호주의 사례를 만들어냈다. 국내 우량기업들과의 기술공유를 거부한 외국회사들이 추출된 것도 이 시점이었다. 그 해 IBM과 코카콜라는 짐을 꾸려야 했는데, 그의 신성시되고 빈틈없이 보호되었던 운영방식의 공개를 거부한 대가였다.[58] 이러한 금지령들은 이후 10년간 계속되었다. 1989년 후반에 이르러, 인도를 떠나 네팔로 향한 여행자들은 인도의 보호주의로 인해 코카콜라와의 활발한 교역을 펼치게 되면서 많은 이득을 얻고 있는 수많은 네팔 청년들을 만날 수 있었다.

인도 내의 이러한 거물급 세계 브랜드의 부족은 닥쳐오는 맥월드에 대항하여 자국문화를 수호하려는 국가의 냉혹성의 신호였다. 독립 이후 40년 동안 인도는 세계의 서구화로부터 그의 문화와 경제를 보호하기 위해 경제를 폐쇄하는, 내부지향적 국가의 모델이 되었다.

2 개막

Opening Up

자존(self-reliance)이란 교역을 의미 한다 …

– 만모한 싱(Manmohan Singh)

「경제의 핵심 고지(*The Commanding Heights*)」에서 인용

사이버쿨리 논란(The cyber-coolie debate)

2003년 11월. 지난 수개월 동안 인도와 관련된 세계 자본주의 문화와 경제에 대한 생생한 논의가 「타임즈의 문학 부록(*Times Literary Supplement*)」 페이지를 들끓게 하고 있었다. 논란은 수잔 손탁(Susan Sontag)이 쓴 「인도로서의 세계(*The World as India*)」라는 에세이에서 촉발되었다. 그녀는 과열된 공론과는 거의 동떨어진 주제였던 문학번역에 초점을 두며 상당히 모호한 주장을 펼쳤다. 9/11사태 이후 미국에 대해 신랄하게 비판했던 손탁은 그 글 가운데서 다소 놀랍게도 "겉보기엔 내가 시민으로 있는 거대하고 특

유한 초강대국의 힘이 현 세계를 지배하고 있다."라고 쓰며 영어에 대한 자신의 자긍심을 고백하고 있다.[1] 손탁은 이 '새로운 국제언어'에 대한 자신의 칭송은 마음속으로부터 우러나온 진실된 것이라고 고백했다. "나는 매일같이 앉아서 글을 쓰는 동안, 내가 사용할 수 있는 특권을 얻게된 천년의 언어의 풍요에 놀랄 따름이다."[2]

손탁은 그녀 자신이 원어민임에도 불구하고 영어를 국가적 · 민족적, 또는 순수한 언어로 보지 않는다. 대신에 그녀는 영어의 비순수성을 칭찬한다. 영어의 혼용성을 좋아한 그녀 이전의 많은 사람들처럼, 손탁은 그녀의 입장을 증명하기 위한 예로써 인도를 꼽았다. 그녀는 특히 "현재의 인도경제에서 대단히 중요한 부문인 수십억 달러의 소프트웨어 산업에 의해 번영하는 기업들"이라고 묘사한 바 있는 콜센터(Call Center)에 주목해야 한다고 이야기한다.[3]

또한 그녀는 최근 인도가 적어도 큰 부분에서 그 나라의 영어지원에 기인하여 콜센터와 백오피스(back office, 후선업무)의 폭발적인 상승세를 경험했다고 기록한다. 이코노미스트지는 「아웃소싱 인도(*Outsourcing India*)」라는 글에서, 세계 일류기업들은 높은 임금을 지불하며 많은 필수 업무들을 수행하고 있지만 정작 그들의 핵심능력에 대해서는 '주변적'이라고 호소한다. 이러한 작업에 대한 주요한 요건은 지능적인 영어구사인력인데 인도에서는 부유한 외국에서 받는 임금의 아주 일부만으로도 풍부한 인력을 구할 수 있는 것이다.[4]

인도 비즈니스계에서 'IT 응용 서비스'라 불리는, 인도의 영어구사인구가 가지는 엄청난 잠재력에 대하여 MIT컴퓨터과학연구소의 마이클 더투조스(Michael Dertouzos)는 이코노미스트지에서 다음과 같이 설명하였다: 인도에는 현 GDP의 두 배인 1조 달러를 벌어들이는 연소득 2만 달러의 영어구사인력이 5,000만 명 존재하는데, 이들은 시공간을 가로질러 제공되는 사무업무를 진행시키고 있다.[5]

물론 이러한 전망들은 고도로 낙관적인 것으로서, 기술 유토피아식의 후선업무 수행에만 집착하는 국제노동부가 제시한 최근의 사례에 불과하다.

뉴델리에서 활동중인 평론가이자 학술연구자인 하리쉬 트리베디(Harish Trivedi)가 손탁의 논문에 반향을 보이는 것은 정확히 이러한 배경 때문이었다. 트리베디는 「성난 답변(*angry rejoinder*)」[6]에서 손탁은 현재 미국의 신식민지화에 대한 자각이 없고, 과거 영국의 식민지화에는 눈감아버렸다며 비난하고 있다.[7] 그는 문화적 · 경제적 제국주의를 촉진시키는 영어와 콜센터를 비난하면서 손탁의 열정을 나무랐다. 트리베디는 전형적인 인도식 영어의 창조성을 이용하여 콜센터 근로자들을 '우리의 글로벌 시대의 사이버쿨리'[8]라 칭하면서, 그들을 디지털방식의 스웨트샵(sweatshop, 저임금 장시간 노동으로 제3세계의 노동자를 착취하는 공장)에서 혹사당하는 수벌로 표현하였다. "그들은 사탕수수농장이 아닌 깜빡거리는 화면에서 일하면서 밤새 가혹한 감시를 당하며, 잘못된 억양을 사용하거나 요령을 부릴시 이는 임금삭감과 직결된다."[9]

트리베디에게는 이러한 경제적으로 합의된 '잔혹한 착취'가 영어와 인도의 관계에 뒤얽혀있는 것이다. 그는 가장 중요한 질문으로 "진정으로 영어가 우리를 계속 지배하도록 하여 서방의 영어 사용자들의 수족으로 남아 값싸고 자잘한 아웃소싱이라도 떨어지길 바라는가?"라고 하였다.[10] 그에 따르면 세계 영어는 세계 자본주의와 마찬가지로 '인도로서의 세계'보다는 오히려 '(하나의 큰) 미국으로서의 세계'를 만들어 내고 있다.[11]

몇 주 후, 아프라팀 바루아(Apratim Barua)는 독자란의 답장을 통해 트리베디의 '식민지기 이후의 광분'을 타일렀다.[12] 독립인도에 태어난 바루아는 트리베디의 언어 민족주의에 대해 다소 공감은 하고 있다. 그는 "단일 '민족'어의 의미는 전혀 다른 국민국가들이 민족 · 언어 · 국경을 함께 가졌던 19세기 유럽 국가주의에서 비롯되었다. 이러한 형태의 인종국가주의는 여러 언어집단으로 구성된 인도에는 결코 적합하지 않았다."라고 밝혔다.[13] 그는 희생자를 이용하는 대신, 인도에서 이룩한 영어의 성공을 언어와 국가에 있어 고조되는 세계시민주의(cosmopolitanism)에 귀착시킨다. 바루아는 "영어는 다른 언어와 마찬가지로 인도의 언어이다. 이는 오랫동안 통치자의 언어이었으나 독립인도의 탄생을 통해 우리 모두가 역사를 통해 이루어 낸 것이 되었다."라고 하였다.[14]

바루아는 트리베디의 '사이버쿨리 논쟁'에 대하여 그 표현법은 감탄할만하나 결코 그 논리를 수용하지는 않겠다고 하였다. 그는 해당 논쟁이 모순에 기초한다고 주장한다. "스웨트숍의 노동자들은 엄청난 경쟁으로 인해 쉽게 교체될 수 있기 때문에 가혹하게 착취당하고 있다. 여기서 '영어는 좁은 상류층에 한정된 지식인의 언어'라는 트리베디의 주장은 힘을 잃는 것이다."[15]

트리베디는 또 다른 힐책으로 이에 답한다. 그는 자신의 학생이기도 했던 바루아가 기원과 역사에 대한 약간의 존경심이라도 보여야 한다며,[16] 인도의 정복과 통치를 단한번의 클릭으로 삭제되는 스팸메일처럼 취급해서는 안 된다고 하였다.[17] 인보킹 루쉬디에(Invoking Rushdie)는 바루아를 '스스로 한밤중의 어린이라고 밝히는 자'라고 평한다.[18] 그는 아직도 자신의 출생의 어두움이 그의 시야를 좁히고 있음을 두려워한다는 것이다. 트리베디는 바루아가 어서 빨리 식민지기 이후의 선명한 빛에 눈뜨기를 희망한다며 편지를 끝맺었다.[19]

이 열정적이고 흥분된 교신은 작가이자 사업가인 구르차란 다스(Grucharan Das)로부터의 또 다른 편지를 낳게 했다. 바루아와 같이, 그 자신 또한 수많은 콜센터와 연관되어 있는 다스는 "인도의 성공은 믿기 어려울 정도의 영어구사능력으로 글로벌 경제 내에 콜센터 및 다른 서비스들을 제공하여 이루어진 수확"이라는 손탁의 찬사를 지지하며,[20] 트리베디의 '사이버쿨리'를 실로 이상야릇한 표현이라며 무시한다. 그는 IT기반 서비스는 인도에 엄청난 규모의 일자리를 창출했으며, 그로인해 직원들은 세계 최상의 브랜드들과 업무를 수행할 수 있는 매우 역동적인 기회를얻게되어 글로벌 경제에서의 경력을 쌓게 하는 신기술을 습득하고 있다고 피력하였다.[21]

그러나 다스의 경제론 역시 문학적인 것이었다. 그는 "논쟁의 근원은 영어의 소유권이다. 오늘날 자신에 찬 인도 젊은이들은 영어를 하나의 특기로 여기면서 윈도우즈(Windows)나 청구서 작성법 등을 배우는 것과는 다르게 취급한다. 그들은 영어를 사용할 때 자신들이 영어를 소유하고 있다고 느끼고 있다.[22] 이와 반대로 하리쉬 트리베디의 신식민지(neocolonial)의 영어는 영미(Anglo-American)의 깃발을 날리고 있다."라고 썼다. 다스에게는 이러한 사이버쿨리 발상이 식민지에서 해방시켜주는 것인 반면, 트리베디는 식민지기 이후에 집착하고 있는 것이다. 그는 "그래서 도대체 쿨리가 누구란 말이냐?"라고 묻는다. "이는 바로 영어에 대하여 자유도를 가진 확신에 찬 콜센터의 젊은이들이 아닌, 식민지기 이후의 개혁 이전에 존재했던 인도의 구시대 언어영역에서의 생각이 남아있는 하리쉬 트리베디이다."[23]

이러한 논쟁은 적어도 지난 반세기 동안 인도에 영향을 끼쳤던 아이디어의 접전이라 할 수 있다. 그 초기에는 스스로 문호를 폐쇄하고 자주적인 언어를 보호함으로써 독립인도의 서구화를 가로막고 끊임없는 제국주의의 침략으로부터 시장을 보호하고자 하였다. 이러한 전략은 결국 언어와 경제 부문 모두에서 실패하고 중단되었다. 현대 인도의 사이버문화는 다스가 명명한 '비식민지화의 사고'를 통해 세계의 문화와 시장을 향해 스스로를 개방함으로써 번영하고 있다.

●1600년: 대영제국

인도의 영어가 통치(Raj)의 유산이라는 것은 의심할 바 없는 사실이다. 영어는 미국의 매사추세츠(Massachusetts)에 도달 된것과 같은 방법으로 뭄바이에 도착했었다: 「새로운 언어 질서(*The New Lignuistic Order*)」라는 글에서 죠수아 피쉬맨(Joshua Fishman)은 "영국 선상에서 매사츄세츠로 왔던 것처럼 뭄바이에도 왔다. 마이크로소프트와 디즈니에서 일어나는 모든 대화에 영어가 광범위한 세력을 미치는 것은 영국에 의한 수백 년간의 식민지기가 그

원천이 된다.[24] 브라 카츠루(Braj Kachru)에 따르면, 통상적으로 인도-아세아대륙에서 영어의 뿌리를 추적하기 위해서는 엘리자베스 1세 여왕이 인도와 동방과의 교역에 독점권을 부여한 런던시의 몇몇 상인들에게 헌장을 수여한 날인 1600년 12월 31일로 거슬러 올라간다.[25] 교역이란 통신 없이는 불가능한 것이기에 동인도회사(East India Company)는 그 시작에서부터 영국 상인들과 인도 교역자 간의 소통을 가능케 할 수많은 통역자를 필요로 하였다. 회사는 이러한 기본적 필요를 만족시키는 정도 외에는 원하는 것이 없었으므로 언어를 보다 널리 확산시키려는 아무런 노력도 하지 않았다.

따라서 당시 인도에서 영어의 첫 단계는 영어교습의 대부분이 선교사들 몫이었다. 초기에는 현지인들이 영어교습을 외국이 신들과 조상들을 모독하는것으로 받아들여 어려움을 겪기도 했으나, 선교사들은 현지인들의 개종을 실시하고 영혼을 구하기 시작하였다. 이 같이 영어지식은 항상 궁극적인 목표를 위한 기본으로 보왔다. 그러나 결국 동인도회사가 순수한 상업적 역할에서부터 식민지 통치의 권력과 책임을 갖도록 변화하면서, 영국은 보다 정식 영어학습의 필요성을 인식하였다. 이 시점에서 선교사들의 목표는 대영제국의 보다 넓은 정치적 관심과 융합하였다.

영국의 뚜렷한 목적은 토마스 바빙톤 맥커리(Thomas Babington Macaulay)에 의해 명확히 제시되었는데, 그는 1830년대에 인도에 왔던 대영제국의 관리로서 동인도회사 최고위원회의 위원이었다. 맥커리는 아대륙 전체에 걸친 영어교육을 통해 통치자와 피통치자 간의 통역을 맡을 수 있는 영어구사가 가능한 인도인 계층을 조성해야한다고 주장하였다.[26] 그는 한 유명한 선언에서 완벽한 식민지 주체로서의 이러한 통역자들에 대한 비전을 요약하였는데, 자신의 욕망은 인도인의 피와 피부색을 가지면서, 맛, 의견, 도덕, 지식 등에 대해선 영어로 표현할 수 있는 신분계층을 조성하는 것이라고 하였다. 1835년에는 맥커리의 「인도교육의 요점(Minute on Indian Education)」, 윌리엄 벤트닉(William Bentnick)의 「특별 법령(Special Ordinanace)」과 함께 인도의 각 학교 및 대학의 영어교육 개설을 이끌어냈다. 2년 뒤인 1837년에 영어는 정부의 공식어가 되었다.[27]

영국통치기간동안 인도에서 영어는 결코 널리 확산되지 않았으며, 통치(Raj)의 정점에서도 영어구사자는 인구의 약 2%에 불과했다. 그러나 카츠루(Kachru)는 "체계적이고 구조적인 엘리트주의를 통하여 영어는 사회적, 행정적으로 지배적 역할을 행사하기 위한 수단이 되었으며, 법률시스템, 국가 미디어, 그리고 주요한 직업들에서도 마찬가지였다"고 하였다.[28] 이 같은 방법으로 영국 통치기는 통치자와 피통치자 간의 통역을 하는 맥커리의 '완충' 계급이 역할 할 수 있게 되었고, 유일하게 영어를 구사할 수 있는 인구를 조성하도록 관리되었다.

"피와 피부색은 인도인이지만 취향은 영국인이다"라는 맥커리의 꿈은 영국이 영어를 가르친다는 것은 언어뿐만 아니라 문화에도 투영될 수 있다는 것을 분명히 해 주었다. 카츠루는 식민정책을 통해 영어는 문명과 빛의 도구로 간주되었고,[29] 이러한 도구의 준비는 식민지화의 기여로써 새롭게 취득한 식민지 주민들의 복리에 대한 의무라고 생각하였다.[30] 영어는 종교, 상업, 정치에 서방의 가치를 수반하고, 이러한 가치들은 영어를 통해 대륙에 입성

하게 된다고 인식되었다.[31]

식민지 개척자들은 인도인들을 영국에 충성하도록 변환시키기 위해 영어가 영국의 문화적 방식을 제공하기를 희망하였다. 그러나 영국인들 스스로조차 이러한 개혁이 역효과를 가져올 수도 있다는 위험을 인식하고 있었다. 사실 영어가 한가지 문화를 가졌다면 영국의 역사를 들여다 볼뿐이거나, 또는 미국혁명의 보다 적나라한 사례로서 이것이 1783년 이후의 독재통치에 대한 수동적 수용의 하나가 아니었음을 인식해야하는 것이었다. 영어학습은 언제나 반란을 수반하는 위험이 따랐다.[32]

이는 1800년대 후반에 현실로 나타났다. 1898~1905년 동안 인도의 총리였던 커존(Lord Curzon) 경은 만일 영어교육실험이 완벽하게 성공한다면 그것은 잘못된 방향으로의 성공일 것이라면서 실험의 실패를 두려워하기도 했다. 그는 이 실험은 잘못되었으며 그 결과는 재난이 될 것이라는 확신을 숨기지 않는 의견을 내기도 하였다.

> 에라스무스(Erasmus)는 종교개혁을 일으킨 달걀을 부화시킨데 대해 비난받았다. 그는 "그렇다. 그러나 나는 암탉의 알을 낳았고, 루터는 싸우는 수탉의 알을 낳았다."라고 답했다. 이것은 내가 대체적으로 믿는 인도에서의 수많은 영어교육비평가들의 관점이다. 그들은 그것이 그릇된 규제와 훈육의 역효과, 불만족, 그리고 어느 경우에는 충성치 못한 형태의 사고와 성격을 낳게 한다고 생각하고 있다.[33]

물론 영어가 영국연방 인도의 인구 가운데 '불충성한' 자들에게도 기여한다는 우려는 충분히 근거가 있었다. 인도인들이 언어와 친숙해지기 시작하면서, 그들은 영국통치의 부당함에 관심을 가지도록 하기 위해 영국인의 언어를 사용함으로써 식민지 통치자들을 비꼬기 시작했다. 메시지가 전달하는 것과 전달된 메시지가 어떻게 받아들여지고 사용되는가에는 항상 차이가 있으며, 그러한 공백은 종종 불온세력들에게 도움을 주기도 한다.[34] 비베카난다(Vivekananda), 타고르(Tagore), 간디(Gandhi)는 모두 영국 제국주의의 잔혹한 이면을 전 세계에 밝히기 위해 영어구사에 숙달하였다.[35] 유명한 네루의 「운명과의 시도(*Tryst with destiny*)」에서부터 인도헌법에 이르기까지 인도는 외국의 통치와 식민지의 언어가 국가의 자유와 독립의 언어로 흡수되고 변화하였다.

1947년: 독립

'인도 철수' 운동으로 영어를 그의 원어민들에게 되돌려준 사실에도 불구하고, 주권만료와 더불어 인도에서는 영어가 그 나라의 토착언어의 하나로 교체되었다. 영어는 강력하고 어두운 유산을 보유하였다. 억압과 반란의 상징으로 비난받은 그의 사용은 불가피하게 반국가적, 반인도적인 것으로 간주되었다. 이 정신에 입각하여 네루는 1세대 내에서는 영어가 인도에서 결코 사용되지 않을 것이라고 확신 있게 선언하였다.[37]

간디 역시 '언어의 의문'은 '민족주의의 의문'[38]으로 이어진다고 주장하였으며, 인도의 힘은 영어를 제거하고 본래의 국가언어를 설정하는데 달렸다며 힘주어 말했다.[39] 진정한 교육은 외국의 매개체로는 불가능하다[40]는 확고한 신념을 가진 간디는 "자녀들의 발육을 위해 그의 모국어가 아닌 다른 언어를 강요하는 것은 조국에 대한 죄"라고 간주하였다.[41] 그는 수많은 지식이 영어로 전달된다는 것은 그들을 노예화시키는 것이므로,[42] 우리가 영국인 탈취자의 정치적 통치를 성공적으로 소멸시킨 것과 같이, 문화 탈취자인 영어도 소멸시켜야 한다고 주장하였다.[43]

이러한 탄탄한 견해에도 불구하고, 국가의 창시자들은 영어는 실용적 필요에 의해 계속해서 사용되어야 하고, 특히 정부운영에서 적어도 대체될 원어로 평활한 변환이 이루어지도록 하기에 충분하게 사용되어야 한다고 인식하였다. 이에 따라 1947년도 헌법은 영어를 두 번째 공식 언어로 인정하게 되고 제343조에 다음과 같이 명시하였다: 영어는 시행 직전에 존재했던 국가의 모든 행정적 목표를 수행하기 위하여 헌법의 시행일로부터 15년간 계속 사용될 것이다.[44]

그러나 15년의 기한이 만료된 1963년에 통과된 법률에 따라 영어에서 힌두어로의 이전은 계속해서 지연되었다.[45] 이러한 연기는 1967년도에 공용어법(Official Language Act)의 개정을 통해 헌법에 추가되었다. 이 개정안은 영어가 힌두어와 같은 위상을 차지하며 이 두 언어는 그의 법적 위상을 지역 언어로서 공유하게 된다는 내용을 담은 '3개 국어 정책'으로 알려져있다. 3개 국어 정책으로 인해 인도에서 영어는 명백히 합법화된 것이다.

독립 초기의 영어는 그의 특권적 위상을 보유할 수는 있었으나, 이를 대체하게 될지도 모르는 언어에 대한 격렬한 반대 또한 존재했었다.

인도는 복합 언어들로 휘청거렸다. 1961년의 인구조사에 따르면 총 1,652개의 모어와 4개의 언어족(인도-유럽어, 드라비다어, 남방어, 중국-티벳어)이 집계되었으나, 인도 헌법 제8조는 인도어로서 18개의 언어만을 인정하고 있다.[46] 이러한 광범위한 문화적 · 언어적 다양성으로 인해 국가는 일체화를 위한 연결 언어가 필요했다. 이 언어는 무엇보다도 국가 정책을 집행하고 전인도인의 입학시험의 공정성을 보장하기 위해, 그리고 대학과 연구소들이 정보를 공유하고 교류의 흐름을 용이하게 하는데 기여할 수 있어야 했다.

영어가 이런 역할에 가장 잘 적응된다는 이유는 그것이 서방의 근원으로부터 근절되고 분리되었기 때문이다. 영어는 이제 서방의 수월성과의 외적 협력이 아닌 문화적 중립성으로 수용되고 있다. 카스트제도 고유의 관례, 종교, 영역 등의 지역적 편견에 비교적 자유로운 영어는 여타 토착어들과는 달리 어느 특정 지역이나 주민, 종교, 인종들과 연관되지 않는다. 영어를 사용함으로써 사람들은 그의 이익과 불이익을 공유하기 때문에 동등해지는 것이다.[47]

이는 결정적으로 인도의 또 다른 공용어이자 유일한 후보 언어인 힌두어에는 적용되지는 못했다. 사실 독립인도에는 힌두어를 구사하지 않는 남방에서 일어난 힌디에 대한 강력하고 때로는 난폭한 반란이 있었다.

남방은 자신들의 지역언어와 오래되고 풍요한 전통을 가지고 있었으며, 힌두어는 단지 또 하나의 지역어로만 간주되었었다. 국가의 공용어가 되기 위한 제반 조건이 강력한 저항을 맞게 된 것이다. 남방 지역민들은 힌디의 입성이 오로지 아리안(Aryan) 북방이 드라비디안(Dravidian) 남방을 보다 억누르는 우세통치를 가일층 체계화하는데 도움이 될 뿐이라고 하였다. 그들은 힌디 엘리트, 특히 모든 인도어 시험이 중요한 교육과 공직분야에서 힌디 사용자들에게 부당한 이득을 줄 것을 우려하였다. 그들은 자신들의 모국어에 대한 자존심과 충성심, 힌디 제국주의로 간주되는 것에 대한 철석같은 저항에 의하여, 그리고 체제가 바뀌지 않는 이상 영어구사능력이 좋은 전문직종, 정치가, 학생들, 그리고 다른 모든 것에 대한 확실한 보장이 된다는 사실에 의하여 힌디의 설정을 반대하고 영어를 계속 유지하도록 후원하였다.

1956년에 타밀문화아카데미(Academy of Tamil Culture)는 체나이(Chennai)에서 연방언어전체회의(Union Language Convention)를 개최하였다. 연사들은 신(新)힌디의 위험에 대해 경고하면서, 이에 대한 반대는 불가피한 국가의 해체를 낳고 소수언어의 궁극적인 파괴를 가져오게 한다고 하였다.[48] 회의는 힌디에 대한 그 들의 분명한 반대와[49] 영어를 대체하는 어떠한 언어도 정당화할 수 없음을 주장하는 선언문을 채택하였다.[50] 이 같은 입장은 1958년 3월에 개최된 전인도언어회의(All-India Language Conference)에서 더욱 강화되었으며, 힌디 주창자들은 힌디가 비(非)힌디에게는 외국어로 보인다고 역설하였다.[51]

네루는 1959년 9월 5일 록 사바(Lok Sabha)에서 언어 문제에 대한 연설을 통해 남부에서 커져가는 소요와 힌디 옹호자들의 융통성 없는 태도에 대한 자신의 실망감을 나타내었다. 그의 목표는 힌디가 그들의 의사에 반하여 부담을 지우지 않을 것임을 남방부의 주민들에게 확신을 주자는 것이었다. 그는 "영어는 공식어인 힌디에 대해 준언어로서 교습되며, 영어가 준언어로서 얼마나 지속되어야 하는가는 오로지 힌디를 사용하지 않는 사람들에 의해서 결정되어질 것이다. 나는 힌디를 원치 않는 주에 대해 강제하고 싶지는 않다."라고 하였다.[52]

1963년에 정부는 공식언어에 관한 법률의 개정으로써 이러한 확신을 지원하는 듯 했다. 개정안은 '영어는 아마도 힌디에 보조적으로 사용되도록 지속될 것이다'라는 내용이었다. 이 개정안의 어휘는 불확실한 것이었다. 특히 '아마도'라는 말은 불분명하고 다양한 별개의 해석을 낳을 수 있다는 의미가 있었다. 따라서 1964년에 네루가 사망하였을 때 널리 알려지기로는 힌디를 강력히 강요하지 않은데 대한 개인적 주장은 공식화 시키지 않도록 하였다. 네루 집권 이후의 정치적 상황은 1965년 1월 26일부터 힌디가 인도의 유일한 공식 언어라고 하는 사고를 유리하게 하는 근간이 이루어지게 하였다.[53]

이 시점에서 힌디에 대한 남부의 반대는 타밀 나두(Tamil Nadu)에서의 광폭한 언어 소요를 일으켰다. 체나이에서 일어난 시위에서 소요집단은 "Hindi never, English ever. (힌디는 사라지고, 영어는 영원하리라)"는 펼침막을 들고 있었다. 지역 정치가들은 서 있는 채로 불태워졌으며 2개월이나 지속된 소요로 인해 66명이 사망하였다. 결국 정부는 영어는 연방의 모든 공식목적을 위하여, 그리고 의회에서의 업무체제를 위하여 힌디와 함께 계속 사용되어질 것이라고 하였다.[54] 마침내 3개 국어 정책의 타협이 이뤄진 것이었다.

허가통치

네루와 간디는 둘 다 토착어 사용의 촉진을 통한 국가 독립을 주장하였다. 정확하게 공통적인 맥이 그들의 경제정책을 통제하고 있었다. 즉, 서구의 제국주의로부터 국가를 보호하려는 의지는 인도 토착경제의 독립, 자율성, 그리고 자존의식을 촉진시켰다.

언어와 경제 영역 모두에서 여러 가지 기조상의 요소들은 이러한 이상주의와 수반되는 보호주의적 사고를 파괴시켰다. 현실주의적 타락은 애당초 매우 격렬한 저항을 추구하는 외부세력에 대하여 인도 스스로가 개방적임을 확신시켜 주었다.

네루가 초기에 꿈꿨던 것은 자본주의와 공산주의 모두에서 유추되는 보다 우수한 혼합경제의 조성이었다. 그러나 산업화의 국가통제에 대한 그의 이상적 주장은 구르차란 다스에 따르면 두 세계의 가장 나쁜 특성인 사회주의의 통제와 자본주의의 독점 및 로비와의 혼합이었던 것이다.[55] 네루의 희망과는 달리 혼합경제는 해방의 힘이 되어 주지 않았다. 이것이 작동될 수 있는 길은 '허가통치(Permit Raj)'로 알려진 영국의 통치제도를 교체하는 것 뿐이었다.

인도의 국유회사들은 비대해진 관료주의와 엄청난 부패로 인해 전통적인 효율성이 방해 받고 있었다. 나라는 금지령으로 유명하였다. 허가통치에서 이러한 경제에 대한 회초리는 생산, 투자, 외국무역의 모든 단계를 휩쓸어버린 복잡하고 비이상적이고 도무지 이해하기 힘든 통제 및 허가시스템을 통한 규제였다.[56] 이러한 양식과 과도한 부담때문에, 예컨대 2,000만 달러 이상의 가치가 있는 어느 회사는 이사회 임원들에게 정부에 의한 평가를 위하여 모든 주요한 결정을 내어주게 됨으로써 숨 막힐 듯 답답한 분위기를 조성하였다.[57] 아래의 글에서 다스는 카프카적(Kafkaesque, 부조리하고 악몽 같은)인 허가시스템을 상세히 설명하고 있다.

> 기술개발사무국에서 근무하는 저임금 하급 엔지니어들로 구성된 미숙한 집단들은 부적절하고 비조직적인 정보를 기반으로 운영되고 있으며, 분명한 판단기준 없이 한시적 기준으로 수천 개의 지원서를 처리하였다. 하급 엔지니어들은 신청서에 대한 면밀한 평가에만 수개월을 소요한 뒤에야 마침내 행정책임자의 승인을 받기 위해 평가된 신청서를 제출하였다. 그 부서는 똑같은 자료의 평가에 다시 수개월을 소모한 후 부처 간 심사위원회에 해당 신청서를 제출하였다. 기업가적 실제는 무시한 채 정확한 우선순위를 거치지 않고 위원회의 기준에 따라 처리되게끔 한 것이다. 일단 심사위원회를 통과하면 최종승인을 위해 장관에게 제출되었다. 장관의 승인 후 투자자들은 자본재승인위원회에서 기계수입의 승인을 받아야 했다. 만일 외국의 동업자가 관여한다면 외국의 독립적인 위원회로부터의 동의를 얻어야만 한다. 만일 여기에 정부기관으로부터의 재원이 필요할 경우, 같은 절차가 새로이 반복되어야만 했다. 결과적으로 엄청난 지연이 발생하고 때로는 수년이 소요되기도 하며 부패의 기회는 누적되어만 가는 것이었다.[58]

'허가통치'는 관료, 기업가, 그리고 정치가들의 상호보완적 그룹에 의해 지원받는,[59] 편협한 시스템으로부터 혜택을 받는 체제이다. 이는 시간이 흐름에 따라 마치 암세포처럼 국가 전체로 확산되어 갔으며, 모든 경쟁으로부터 보호받게 된 기업들은 혁신의 필요성을 느끼지 못한 채 인도의 고객들만이 불량제품과 느리고 실망스런 서비스를 감수해야만 했다. 국제교역과 깊은 반목으로 결탁되어 우수한 인적재능에도 불구하고 인도의 기술 성장은 계속 느리게 진행되었다.

그러나 이 모든 것의 저주는 사회주의자의 개발지향정책이 도움을 제공하고자 하는 이를 위해서는 전혀 실효를 나타내지 못하는데 있었다. 독립 이후 수십 년 동안 인도는 제3세계의 사고와 경제정책을 포용했던 모든 국가와 마찬가지로 지독한 가난에 얽매이게 되었다. 1990년대 초반에 인구의 30% 이상은 빈곤수준 이하의 생활을 하고 있었고, 어린이들의 68%만이 초등교육을 받고 있던 이 나라는 세계에서 가장 높은 문맹률과 유아사망률을 기록하고 있었다.[60]

1991년: 개혁

1991년 당시 인도가 추모하는 수상이었던 네루의 손자 라지브 간디(Rajiv Gandhi)가 자살폭단에 의해 사망하였다. 라지브의 부인 소냐(Sonia)가 스스로 선거포기를 선언함으로써[61] 국민회의당(Congress Party)은 새로운 지도자를 찾기 위해 네루 왕조가 아닌 인물들을 탐색하였다. 국민회의당은 나라시마 라오(Narasimha Rao)를 선택하였는데 이는 그가 여러 자질을 지녀서가 아니라, 오히려 능력의 부재로 인해서였다. 쉽게 말해 라오는 70세의 둔한, 누구에게도 위협을 줄 가능성이 없어 보였기 때문에 선택된 것이었다.[62]

많은 이들은 라오정부가 단명하기를 기대함과 동시에, 임기 동안 주요 업적을 이루어놓으리라는 생각은 하지도 않았었다. 그러한 라오정부가 현대 인도역사에서 가장 중요한 사건의 논쟁을 주관하게 된 것이다. 구르차란 다스에 따르면 "나라시마 라오는 1991년 중반에 시작된 경제혁명이 1947년에 자하라 네루가 시작했던 정치개혁보다 더 중요한 것이라고 말했다."[63]

인도의 경제개혁은 위기에 의해 촉발되었다. 사담 후세인이 쿠웨이트를 침략했을 때, 이어서 일어난 유가상승은 인도 경제의 느린 반응에 기인한 함몰을 갑작스러운 대격변으로 돌변시켰다. 초기 라오정부 때만 해도 정부는 근본적으로 파산상태에 놓여 있었다. 외환재고액은 2주분의 수입으로까지 감소하였다. 국가의 금화예금의 일부가 런던으로 수송되어 IMF로부터 22조 2,000억 달러의 긴급융자를 제공받게 되었다.[64] 비거주 인도인(NRI, Non-Resident Indians)들은 인도은행으로부터 모든 돈을 인출하였다. 당시에는 급속한 자금 반출을 목적으로 해외에 주재한 인도대사관들이 음해를 당할지도 모른다는 논의가 긴박하게 진행되기도 하였다.

심도 있고 극적인 변화가 예고되었다. 다행히 행운과 통찰을 통해 라오는 만모한 싱(Manmohan Singh)을 재무장관으로, 치담바람(P. Chidambaram)을 상무장관으로 임명하였다. 싱은 임명된 후 "인도는 수많은 분야에서 새로운 지식을 필요로 한다. 구시대적 사고방식은 우리를 어느 곳에도 당도하지 못하게 할 것이다."라고 주장하였다.[65] "나는 침략적, 강압적, 비효율적인 정부가 어떻게 기업가적 정신을 제거하고 모든 새로운 아이디어를 죽이는 대신 아무것도 보여주지 않는가를 확인하였다."라는 치담바람의 비

평 또한 완전한 과거와의 차단을 구현하는데 준비가 되었음을 의미하고 있었다.[66]

6월 하순의 어느 날 저녁, 정부는 일련의 회의를 개최하고 싱과 치담바람, 그리고 새로 임명된 다수의 고급관료들이 자신들이 인계받은 경제적 재난에 대해 함께 연수받도록 하였다. 목적은 국가를 전혀 다른 방향으로 이끌어나가기 위한 성공적인 시스템을 조성하자는 것이었으며, 이에 대한 유일한 해법으로 나라를 외부에 개방하고, 최종적으로 자유화와 개혁의 과정으로 밀고나가야만 한다는 데 의견을 모았다.

인도 내에서의 이러한 개혁과정은 점진적인 변화를 통해서가 아닌 급작스럽고 폭발적인 변환으로 도처에서 일어났다. 인도의 경제개혁은 수개월이나 수주, 또는 수일 내에 이루어진 것이 아니다. 그러나 라오정부는 하룻저녁에 그 나라의 전통적인 '허가통치'와 수입허가를 제거해 버렸다. 수년에 걸처조성된 법규와 규정들은 강력한 비공개회의에서 모두 파헤쳐졌으며, 끝없는 금지령과 수개월의 지연, 그리고 인도 정부가 수세기에 걸쳐 조성했던 혼란과 고통, 부패는 단 몇 시간 만에 제거되었다.[67]

라오는 즉각 피할 수 없는 변화에 대한 연구를 준비해야 했다. 그는 정부를 인수한 다음날 전국방송을 통해 "급속한 산업화의 길을 열기 위해 모든 장애물을 제거하기로 했다."라고 선언하였다. 다스는 "그와 즉시 해당 기간에 정부는 거의 매주 새로운 개혁을 공포하였다."라고 기술하였다.[68] 뉴스는 국내외적으로 엄청난 흥분을 자아냈다. 이코노미스트지는 인도를 '고삐 풀린 호랑이'로 표현하면서, 머리기사를 통해 "적어도 인도는 과대 선전에 부끄럽지 않게 행동하고 있다."고 하였다.

독립 이후 40년이 훨씬 지나서 이 나라는 마침내 힌두 성장률(약 3.5%)이란 오명을 떨쳐버리고 세계에서 가장 빠르게 성장하는 경제국의 하나가 되었다. 중국과 더불어 5% 이상의 고정 성장률을 유지할 수 있는 국가 가운데 하나가 된 것이다. 개혁은 또한 인도의 역동적인 중산층을 급속히 증가시켜 인구의 약 20%에 이르게 하였다.

그러나 무엇보다 중요한 것은, 비즈니스월드지에 따르면, 1991년에 일어난 일련의 사건들이 국가로 하여금 넘치는 확신을 갖도록 하면서 비즈니스 세계를 전수하고 그의 모토 활동을 관장하게 되었다는 점이다.[69] 이는 국가의 태도에 '구조적 변위'를 낳게 하였으며, 제3세계의 사고의 틀을 빛나게 하고, 세계 교역의 흐름에 참여하고 경쟁토록 한 것이다. 첨단기술세계만큼 이 같은 사실을 확연히 보여주는 것도 없을 것이다.

영어, 인도, 그리고 IT

200년 동안에 걸쳐 인도에서 영어는 현대기술의 언어였다. 작가인 부르데(Burde)와 크리슈나스와미(Krishnaswamy)는 "인도에서 영어는 기교와 과학 그리고 기술적인 것을 강조하는 것이다. 여기서는 본질적으로 인간의 언어가 아니다."라고 하였다.[70]

영어, 현대화, 그리고 기술발전 간의 이러한 협력은 영국 통치기간 중에 시작되었다. 그의 영향력은 인도에 있는 영어 학자들이 해당 국가의 언어침투 제2단계로 간주하였던 1980년대까지 침투

되었다. 그들이 현대과학에 접근하기 위해 그들 스스로가 영어지침서로 질문하기 시작하던 때였다.

라자 라모한 로이(Raja Rammohan Roy, 1772~1833)는 이러한 영어 지지자 가운데 가장 우수한 인물 중 하나였다. 자신의 국가가 뒤처져 있다고 간주되는 것이 '무지와 지적 침체'임을 자각하면서, 로이는 시간의 필연성은 케케묵은 미신의 거부이며, 커다란 도약은 서방의 현대 언어, 문학, 그리고 과학과 함께한다고 믿었다.[71] 그는 유럽인들을 초청하여 인도인들에게 수학, 자연과학, 화학, 해부학, 그리고 다른 유용한 과학을 교육해 줄 것을 요청했으며, 유럽의 원어민들은 이를 완벽하게 수행하였다. 그의 견해는 1823년 12월 11월에 애머스트(Amherst) 경에게 보낸 항의편지에 극적으로 요약되어 있는데, 이는 산스크리트(Sanskrit) 지역의 캘커타 학교의 설립을 기념하는 자리에서 발표되었다. 그는 여기서 국가가 지원하는 교육이 동양적 학습에 초점을 맞추어야 한다는 개념에 대하여 강력히 반박하였으며, 유럽의 과학과 문학에 집중하는 학교를 요구하였다. 로이는 또한 젊은이들의 마음속에 이 사회의 소유자 또는 사회에 소용가치가 없는 문법의 정확성 및 철학적 구분의 짐을 지우는 것은 어리석은 일이라고 주장하였다.[72] 로이의 노력은 마침내 캘커타의 프레지던시 대학(Presidency College)의 설립으로 이어졌다.

20세기 후반에, 네루 역시 기술적 과학(techno-science)과 현대성 모두를 영어와 연계시켰으며, 언어가 외부세계와 인도의 연계를 보전하기 위해 유지되어야 한다고 강력히 주장하였다. 그는 "영국이 떠난 다음 영어를 폐기하는 것은 기술세계로의 창(窓)을 폐쇄하는 것이다.[73] 영어는 우리들에게 현대세계에 대한 주요 창구이기 때문에 중요한 것이다. 우리는 감히 창을 닫을 수 없다. 만일 창을 닫는다면 우리들의 장래는 대단히 비참해 질 것이다."라고 주장하였다.[74]

오늘날, 이러한 영어와 교역 및 기술의 흐름 간의 연계는, 다른 곳과 마찬가지로, 인도에서 영어가 IT 언어이기 때문에 보다 강력히 강화되고 있는 것이다.

정확한 통계적 정보를 제시하기는 극히 어려우나, 모든 분석가들은 인도 내의 영어구사인구는 전체의 약 5%를 맴돈다고 주장한다. 이 수치가 사소하게 보일지도 모르나 인도의 인구규모를 고려한다면 대단히 방대한 것으로서, 인구의 5%는 대략 5,000만 명에 해당되며 이는 추정에 따르면 전체 영국 국민보다 많은 숫자이다.[75] 더욱이 인도의 영어구사인구에는 그 나라에서 가장 잘 교육 받은 자들이 포함되며, 그들 다수는 영어가 교육과 시험의 유일한 수단으로 유지되는 과학과 공학부문의 학위를 취득하려 하고 있다.[76] 이러한 복합요소들이 인도로 하여금 지구상에서 두 번째로 방대한 영어 공학자 집단의 거처가 되도록 하는 것이다.

인도의 영어구사능력은 IT 세계에서 엄청난 우위를 보여주고 있다. 첫째, 적어도 역사적으로 영어는 디지털 기술에 우월한 언어였기 때문이다. 전통적으로 가장 일반화된 아스키(ASCII) 부호는 256개의 글자를 나타낼 수 있는데, 전 세계 PC의 대부분에, 그리고 유닉스(UNIX)와 도스(DOS) 운영시스템[77] 모두에 사용되고 있다.[78] 전체가 아닐지라도 유럽의 문자를 다룬다는 기본적인 수준에서 컴퓨터는 인도 고유의 언어로는 읽어 낼 수가 없다. 더욱이 컴퓨터는 기계코드로 명령을 내리고, 단지 0과 1로서 나타내며, 프로그래밍 언어-인간-기계 간의 인터페이스로 구성되어, 주로 영어로 기반이 잡히고 있다. 이러한 언어는 일반적인 영어와는 많은 차이를 가진다. 영어 사용자들은 프로그래밍에 있어 특정 혜택이 없으며, 오히려 잘 알려져 있는 언어로 다른 의미를 적용하게 된다. 그러나 수많은 프로그래밍 언어는 PRINT, READ, STOP과 같은 친숙한 단어들을 사용하는데, 그러한 모두가 영어로 표현된다. 이로써 거의 모든 매뉴얼, 웹페이지, 인터넷 커뮤니티들이 프로그래머의 지원을 위해 영어로 설계되고 있으며, 오늘날까지도 영어가 그의 주요한 위치를 차지하고 있는 것이다.

보다 일반적으로, 인도의 언어적 이점은 완전하게 영어로 이루어져 있는 과학기술세계를 향한 과학자와 공학자들의 직접적인 침투를 돕고 있다. 대부분의 과학서적 및 학술지들은 영어로 쓰여 있으며 세계 과학자의 2/3이상이 영어로 읽는다.[79] 인도인 학생과 연구원들은 자신들의 언어 능력을 통해 번역을 기다리지 않고 각 분야의 최신 발전을 읽고 기여할 수 있는 것이다. 영어지식은 또한 그들이 해외에서 맞이하는 과학과 기술공동체 내에서 비교적 쉽게 동화될 수 있도록 해외를 여행하고 또 이동할 수 있게끔 하고 있다.

이러한 용이한 통합은 전체적으로 IT 산업의 핵심이 된다. 대규모 영어구사 능력의 공학자들은 지역회사들이 보호주의 장벽을 무너뜨리자마자 지체 없이 오로지 한 가지 공통언어로만 가능한 방식으로 글로벌 비즈니스에 참여하고 있는 것이다. IT의 매개체인 인터넷은 여전히 전적으로 영어로 되어 있다. 약 2억 명으로 추정되는 인터넷 사용자들 가운데 35% 이상이 영어로 대화를 하고 있다.[80] 웹을 사용하는 숫자는 이보다 더 극적이다. 3,130억 개의 웹사이트 가운데 68.4%가 영어로 되어 있다. 두 번째로 큰 언어부류는 일본어이나 그 비중은 단 5.9%에 불과하다.[81]

소프트웨어 산업에서의 바디쇼핑(body shopping)을 통한 아웃소싱, 국외 아웃소싱 개발, 콜센터 설립 추세 등은 기술적으로 숙련되었을 뿐아니라 영어구사 또한 가능한 엄청난 인도인 그룹들을 오래도록 활용하고 있다.

여기서 트리베디와 같이, 인도의 IT 부문 성장이 영어와 깊이 관련되어 있다는 사실은 국가의 첨단기술에의 참여가 오래도록 진행중인 서구화 과정과 가장 밀접히 연관되어 있음을 보여주는 것이라고 주장하는 자들이 있다. 그러나 영어가 IT와 같이 서방과 물샐틈없이 밀접하게 연결되어 있는 것은 아니다. 일단 개방이 되면 세계화 네트워크는 주변으로부터 스며들어가는 독창적 변화에 의해 상당히 -아니면 그보다 훨씬 더 크게- 영향을 받게 될 것이다.

3 동방의 영향

Eastern Influences

세계 역사를 통틀어 어느 곳에서도 그토록 급속하게 중산층을 생성하고 그토록 많은 이들이 빈곤으로부터 구출된, 그러한 종류의 경제성장을 본 적이 없었기 때문에 사람들은 이를 두고 아시아 경제의 기적이라 부르는 것이다.

– 다니엘 예르긴(Daniel Yergin)

「경제의 핵심 고지: 새로운 게임의 법칙(*Commanding Heights: The New Rules of the Game*)」

1999년 여름: 하이데라바드 외곽의 쥬빌리 언덕

L&T 인포시티(Inforcity) 출신의 부본부장 하리하란(S. Hariharan)은 중후한 검정색의 광택나는 책상을 등지고 완벽하게 배선(配線)된 사무실에 앉아 있다. 사무실은 벽돌과 유리 창문으로 둘러친 거대한 원형건축물인 사이버타워(Cybertowers) 1층에 자리 잡고 있다. 길 건너편 찻집에는 사람들이 낡아빠진 걸상에 앉아 차이를 마

시고 있는데 사이버타워는 마치 사막의 신기루처럼 보인다. 황폐한 환경 속에서 비정상적으로 솟아올라 있는 모습이, 안드라프라데시(Andhra Pradesh)주의 바렌(barren)언덕이라기보다는 홍콩이나 싱가포르의 공상과학소설에 나오는 풍경의 한 장면 같다.

그러나 하리하란은 외견상의 부조화는 개의치 않는다. 그는 기업체의 신뢰를 강조하는 태연한 어조로 인도의 장래를 조성하는데 있어 자신들 회사의 역할에 대해 간략히 소개하곤 한다. 그는 마칠 즈음하여 우리들의 안내자 역할을 맡길 부하직원을 호출하였다. 건물은 채 완성되지 않았으나 각 층의 대부분은 이미 입주가 완료되었다. 승강기가 올라가면서 첨단기술로 세계에서 가장 유명한 다국적기업인 마이크로소프트, 오라클, GE 등의 몇몇 사무실을 지나친다.

관람은 건물의 옥상에서부터 시작된다. 여기서부터 사이버타워는 보다 광활하고 훨씬 야심찬 계획의 첫 난계에 불과하다는 것이 분명해진다. 안내자는 관목(灌木)들과 기묘한 암석들이 어우러진 데칸고원을 응시한 후, 먼 곳을 가리키며 확신에 찬 음성으로 "호텔은 저기에, 쇼핑단지는 저기에, 그리고 병원은 저기에 … "라고 말한다.

공사는 이미 시작되었으며, 이는 가장 기상천외한 형태로 이루어지고 있다. 비록 최첨단 기반구조와 떠올릴 수 있는 모든 편의시설로 이루어진 자립형 인포시티의 조성이 목적이라 할지라도, 고급 첨단기술(Hi-Tec) 도시[1]는 전형적인 인도의 저급기술로 건설되고 있다. 크레인과 불도저는 어디서도 볼 수 없다. 대신 지상에서는 근로자들이 대나무 비계(飛階, 건축 공사 등에서, 높은 곳에서 일을 할 수 있도록 긴 나무나 쇠파이프 등으로 가로 세로 얽어서 만든 시설)로 조심스럽게 균형을 잡고 있으며, 지하에서는 남자들이 단순한 도구를 이용하여 손으로 바위를 부수면 여자들이 부서진 돌들을 머리에 이어 나르고 있다.

거의 파라오(Pharaonic) 규모의 대형 프로젝트는 확실히 인상적이나 시간적 부조화의 느낌에 틀림없이 충격을 받게 된다. 어떻게 이토록 원시적인 장소에서 그토록 미래지향적인 것들이 출현 될 수 있는가? 가장 대표적인 개발도상사회 같은 인도는 오래된 과거가 아주 먼 미래와 쉽게 혼합되고 있어 일종의 시대착오적인 문화를 가지게 된다. 이곳의 시대는 종종 뒤섞이고 있으며, 변화는 드물고 점진적인 단계를 통해 일어나고 있다. 차라리 거리 한편의 찻집에서 반대편의 사이버타워로 눈 깜짝할 사이에 순간이동하는 것이라하는 편이 맞을 것이다. 이곳 '주변지역'에서는 미래란 느리고 안정적인 개발공정을 통해 출현하는 것이 아니라, 비연속적 도약을 통해 순간적으로 도달하게 되는 것이다.

● 구나스 순환(The gunas revolve)

「요가: 불멸과 자유(*Yoga: Immortality and Freedom*)」라는 책에서 메르시아 엘리아데(Mercea Eliade)는 '물질(prakriti, 프라크리티)' 또는 '원초적 실체'는 세 가지 형태의 존재를 가지며, 세 가지 다른 방법으로 주장할 수 있다고 기록하면서 인도의 구나스(Gunas, 산스크리트어로서, 정신과 물질이 결합할 때 생기는 세 가지 속성) 교리를 설명한다. 이러한 '존재의 형태' 또는 구나스는 사트바(sattva, 선면성과 지능의 형태), 라자스(rajas, 기동력과 정신력의 형태), 타마스(tamas, 정적 관성과 심리적 장애의 형태)이다.[2] 이들 세 가지 형태의 구나스는 어떤 주어진 시간과 장소에 동시적으로 존재한다. 그러나 그다지 동등하지 않은 비례로, 하나의 구나스가 항상 우월하게 나타난다. 그러나 그런 우월성이 오래도록 이어지는 것은 아니다. 힌두철학의 기본원칙 가운데 하나는 '구나스는 순환된다'는 것이다.

1991년의 개혁 이후 10년간 인도에서는 회복의 기세가 일어났는데, 이 나라가 최근 경험하고 있는 성취, 역동성, 그리고 성장기간 모두가 지난 10년에 걸쳐 발생한 단순이동의 결과로 보았다. 이러한 현실과 함께, 역동성(momentum)이 상실되고 정체기에 접어들고 있다는 느낌인 애매한 기우가 존재하였다. 샘 피트로다(Sam Pitroda)는 2003년의 TiEcon 뉴델리회의에서의 연설에서 청중들을 향하여 "왜 우리는 보다 빨리 성장할 수 없는가?"라는 질문을 던졌으며 모두가 이에 관심을 보였다고 하였다.[3]

이러한 우려의 분위기는 이 나라가 일찍이 1990년대 중반부터 강요해왔던 7~8%의 성장률이 최근 들어 5% 미만으로 쇠퇴한 사실에 비롯된다. 더욱이 모두가 또 다른 상승작용이 필요하다는데 동의한 상황에서 차세대 개혁은 그들에게 알려진바대로 오랜동안 기대해왔던 것이나, 정부는 이러한 공정을 착수하는 용기를 가지고 있다는 어떠한 징조도 보여주고 있지 않았다.

전반적인 인상은 개혁과정은 정체되어 있으며, 인도가 21세기에 접어들면서 운명적으로 네루가 내걸었던 회합의 약속을 충족시키지 않고 있다는 것이었다.[4] 스리 오로빈도(Sri Aurobindo)가 '음흉하고 육중한 관성(慣性)의 신령'이라 일컬은 타마스(Tamas)가

또다시 자리를 차지하기 위해 위협하고 있었다.

2003년에 인도를 여행하면서 이러한 추세를 저지하고자 노력하는 계속적으로 강력하고 확연한 역추세를 확인하게 되었다. TiE와 연합으로 진행된 비즈니스월드의 원탁회의에서 사회자 토니 죠셉(Tony Joseph)은 말했다:

> 인도는 고조된 기대로 가득 찼던 두 시기를 가졌었다. 첫 번째는 독립심이 왕성했던 1950년대 초기였다. 당시에는 누구도 50년 후에 인도가 선진국이 될 것임을 믿어 의심치 않았었으나, 잘못된 모퉁이를 택하여 눈 먼 길로 들어서게 되었다. 두 번째 기간은 사회주의의 마수에서 풀려난 90년대 초였으나 곧 통일을 맞게 되었다. 오늘날 나는 또 하나의 고조된 기대로 가득 찬 시대에 접근하고 있다. 나는 인도에서 보다 고도화된 성장수준을 지향하는 국가적 신뢰가 감지되고 있음을 확신한다.[5]

이러한 새로운 기대의 물결에는 주로 미국 사업가의 선두 집단이 앞장 서고 있다. 맥킨지의 관리책임자 라자트 굽타(Rajat Gupta), 교수이자 비즈니스 자문가인 프라하라드(C.K.Prahal-ad), 기업가이자 엔젤 투자가인 칸왈 레키(Kanwal Rekhi) 등 모두가 현대의 인도 발전에 적극적으로 참여하고 있다.

이들은 자주 전국을 순회하고, 회의에 참석하며, 방송매체에서 연설하고, 산업체와 정부에 자문을 하면서, 만트라의 효과가 나타날 때까지 계속해서 동일한 메시지를 반복하고 있다. 이들은 급속한 전진은 인도를 위해 불가피한 것이라고 주장하면서, 이 나라가 실로 번영하기 위해서는 연평균 10%의 성장률 달성은 당연한 것이라고 믿고 있다.

이러한 목표를 달성하기 위해서 국가는 수많은 극단적이고 원대한 변화를 채택해야만 할 것이다. 이들은 기술정책(합리적인 과세, 수입관세 제고, 노동법 개혁)에서부터 부패방지와 같이 널리 퍼져있는 문화적 변환에 이르기까지 변화가 있어야만 한다고 역설한다. 아직도 보다 많은 변화가 요구되고 있음에도 불구하고, 그것들이 점진적으로 일어나지는 않을 것이라는 광대한 신념이 존재하고 있다. 인도의 차세대 개혁은 도래하고 있으며, 이전 세대의 것과 마찬가지로 복잡하고 혁명적인 단계를 거치며 나타날 것이다.

TiEcon 뉴델리회의에서의 연설에서 프라하라드는 "인도는 부유한 국가이지 빈곤국가가 아니다."라고 하면서, 자신의 견해를 단일 이슈에 초점을 맞추어 설명하였다. 그는 많은 이들이 공통적으로 인도가 자원제한으로 인해 어려움을 겪고 있다는 불만을 가지고 있다고 하였다. 그러나 인도는 무엇을 어떻게 해야 할지를 아는 것 이상으로 많은 자원을 가지고 있다. 예컨대 이 나라의 쌀 재고량은 전 세계의 교역량보다 많고 보리의 재고량은 전 세계 교역량의 3배가량 된다. 문제는 자원의 결핍이 아니라 잘못된 분배와 낭비이다. 그가 주장하기로 모든 국민은 이 같은 문제와 이에 대한 해답을 모두 알고 있다는 것이다.[6]

프라하라드에 따르면, 누군가는 그가 보이지 않는 장벽의 저 편에 존재하는 부유하고 번영된, 전혀 다른 나라인 일종의 가상적 인도를 불러일으킨다는 인상을 받는다고 한다. 그러나 이는 때때로 불가능하리만큼 멀리 있는 것 같아서 이러한 가상 인도는 오로지 한꺼번에 손에 잡힐 때만 명백해질 수 있음을 감지하게 된다.

만일 이것이 일어난다면, 즉 구나스가 또다시 순환하게 된다면 인도는 또 다른 심오하고 극적인 비연속적 단절을 경험한 후 단 수년만에 다시 튀어오르게 될 것이다.[7]

동쪽을 향하여

물론 급속한 발전을 위한 모델은 10%의 성장률이란 유례를 찾아볼 수 없는 서방에서 생기는 것은 아니다. 굳이 지역을 따지자면 인도의 성장률이 지수적으로 폭발할 수 있다는 확신은 동아시아의 사례들의 충격에서부터 비롯된다.

의심의 여지없이, 인도의 동방에 인접한 국가들은 개혁의 첫 번째 물결에 영향을 주었다. 1987년에 그들 지역을 방문한 만모한 싱은 인도와 놀랍도록 비교되는 상황을 확인한 후 충격을 받았다. 그 지역을 방문하고 인도와의 비교는 놀라운 것임을 그가 확인한 것 때문에 충격을 받았다. 반세기 이전만 해도 동아시아 국가들은 오늘날의 아프리카처럼 빈곤했었다. 대만의 부모들은 굶주림으로부터 벗어나기 위해 자식들을 팔기도 하였고, 1960년대 초반의 한국의 GDP는 인도보다 낮았으며, 일본의 GDP는 세계 2차대전 직후보다 훨씬 낮았었다. 그러나 1990년대 후반에 이들 지역은 완전히 새로 태어났다. 일본은 세계에서 가장 부유한 국가 가운데 하나가 되었으며, 대만과 한국의 1인당 국민소득은 적어도 인도의 10배 이상이 된 것이다.[8]

흔히 말하는 주변국에 위치한다는 사실에도 불구하고 외부세계를 받아들이는 개방태도 덕분이었다. 동아시아의 국가들은 보호적 테두리 속에 갇혀 있기보다는 친밀한 연계를 추구하여 세계 교역의 흐름에 직접 참여하는 것을 목표로 하였다.

그들은 저비용의 제조업에 초점을 맞추었으며, 특히 1960년대 이후 전자제품에는 대량 생산에 집중하였다. 인도와는 달리 자족을 목표로 하지 않고 오히려 외국의 투자를 환영하고 장려하기도 하였다. 예를 들어 대만의 TV산업은 필립스나 미쯔비시와 같은 회사로부터의 투자로 가능하게 된 것이다. 이러한 방법으로 아시아의 호랑이들은 저가 제품의 생산 · 수출이 기반이 되는 수출중심개발모델을 기초로 성장패러다임을 조성하였다.

기본적으로 이러한 모델들은 기술적 발전이 서구의 원형과 일련의 개발단계의 분석을 통해 진행된다는 일련의 개발단계의 분석을 통해 진행된다는 현대적 개념에 도전하였다. 동아시아 국가들은 세계가 글로벌화 됨에 따라 상호 연결된 병렬개발이 모방과 추종의 단계를 교체하고 있다는 인식과 더불어 변화하기 시삭하였다.[9] 그들의 발전이 느리고 점진적인 역사적 시간의 단계에 부합한나는 시각을 거두어 들임으로써, 그들은 이러한 새로운 글로벌 동시성의 이점을 활용할 수 있었다. 국가간섭보다는 세계 교역에 더욱 의존하는 전략을 채택함으로써 아시아는 오늘날 서방을 따라잡기보다는, 오히려 그들과의 경쟁을 추구하고 있다.

그들의 성공은 엄청났다. 아시아의 호랑이들은 숙명적인 빈곤에서 탈출하였을 뿐만 아니라 오늘날 미래의 첨단에 자리 잡고 있다. 서방세계에서는 아직도 환상의 영역에 존재한다고 볼 수 있는 최신 로봇에서부터 무선통신까지 이르는 상품들의 동방에서는 이제 막 눈을 뜨고 있다. 오늘날 첨단기술회사들이 새로운 제품을 미국에 소개하기에 앞서 동경이나 홍콩의 거리에서 시험해 보는 것은 일반적인 사례가 된다.

아시아는 지구상에서 가장 큰 생산인구를 가지고 있다. 그들의 도시들은 웹상인[10]들의 놀라운 활동으로 고층건물과 미래지향적 장치들을 결집시키고 있다. 이러한 요소들은 가까운 미래가 아시아에 속한다는 확신과 결합되고 있다. 하이데라바드에서 열린 인도 IT 포럼에 참석한 싱가포르의 장관인 타르만 샨무가라트남(Tharman Shanmugaratnam)은 이 점에 대하여 다음과 같이 지적하였다. "지난 세기에는 어느 아시아의 도시도 디지털 경제에서 선두주자로 나서지 않았다. 수많은 아시아인들은 지도자였으나 미국도시에서 생활하고 있었다. 그러나 이제 부턴 아시아의 도시들인 방갈로어, 하이데라바드, 싱가포르, 상하이에 속하게 될 것이다 …"[11]

샨무가라트남이 외교관으로서 하이데라바드에서 발표하고는 있었으나, 사실은 인도가 아시아에서 진행 중인 상승세에 참여하는 정도는 아직 불확실했다.[12] 그러나 아시아의 열망을 성취하기 위한 주장과 역할이 결정적이고, 다가오는 '아시아의 세기' 에서 인도가 그 전망의 방향을 주도하게 될 것임은 의심의 여지가 없을 것이다.

여러 세기를 통해 이 나라의 방향은 서방을 향해 정해져 있었다. 이는 부분적으로 최근의 두 통치적 침략의 물결인 무굴(Mugals)과 영국이 서방으로부터 들어온 것이었기 때문이다. 그러나 인도의 서방에 대한 환상은 독립과 함께 소멸되지 않았다. 반대로 독립인도의 엘리트와 지식인들은 유럽에, 최근에는 미국에 완벽하게 초점을 맞추었다. 이것이 비즈니스를 위한 것이라고 교육 받았기 때문이다. 결과는 이웃집에서 일어나고 있는일에 대한 완전한 망각이었다.[13] IIT의 아난드 파트왈단(Anand Patwardhan) 교수에 따르면 이것이 바로 인도에 있어 아시아 호랑이들의 상승이 총체적 경악으로 다가오게 된 원인이다. "갑자기 우리들은 환상적인 무엇인가가 일어나고 있음을 깨닫게 되었다." 그러나 파트왈단 교수는 인도가 이제 막 마음속에 동방을 향한 형체를 가지고 있을 필요성을 경제뿐만 아니라 문화적측면에서도 인식하기 시작한 것에 대해 낙관하고 있다. 그는 "나의 희망은 다음 세대에는 이러한 재발견의 과정, 즉 태국, 캄보디아, 베트남, 그리고 동남아시아 전체가 재발견의 과정을 거치게 된다는 것을 깨닫게 되는 것이다."[14]

이웃나라 용

인도에서 훨씬 동쪽을 바라보면 거대한 이웃의 상승세를 직면하게 된다. 아시이 호랑이의 출현이 보호주의 개발모델에 도전하게 될지라도 그들이 보여주는 사례는 인도 내부에는 부적절한 것으로 간과되기 쉽다. 「90년대에 들어선 인도(*Indians coming into the 90's*)」에서 칸왈 레키가 설명하기로 "당신들은 한국, 대만, 말레이시아, 홍콩 등을 군소국가라고 생각해 왔다. 그러나 이 거인들이 어떻게 발전했는가? 중국이 10%의 성장을 보여주기 시작할 때까지 우리는 '글쎄요'라는 말조차 꺼내지 못했다."[15] 인도에 있어 유일한 개발의 실제 모델은 중국뿐이다. 마단모한 라오는 주장하기를 "너희가 10억 인구의 국가일 때, 유일한 벤치마크는 또 하나의 10억 인구의 국가가 될 수 있을 것이다."[16]

따라서 중국의 성장이라는 단순한 사실이 인도를 일깨우는 역할을 하는 것이다. 라오는 "중국은 묘한 매력을 지니고 있다. 모든 국민들이 우리와 비슷한 처지의 나라가 매우 빠르고 찬란하게 성장하는 것을 보며 모두가 매료되고 있기 때문이다."라고 하였다.[17] 이는 게으름이 정체된 인도를 환기시키기 위해 최선을 다하고 있는 칸왈 레키와 같은 이들이 왜 모든 연설마다 중국을 언급하는 지를 말해주는 것이다.[18] 프라하라드에 따르면 중국이 보여주는 메시지는 분명하다. "이제 더이상 우리가 10%로 성장할 수 없다고 말할 수 없는 것은 중국과 같은 나라가 20년 동안이나 그의 가능성을 보여주고 있기 때문이다.[19] 경제학자 스리니바산(Srinivasan)은 "급속히 성장하고 빈곤을 축소하려는 중국의 역량이 그들이 할 수 있는 것을 왜 우리는 할 수 없는가라는 질문을 인도 내부에 강요하게 된다."라고 말한다.[20]

2003년에 이르러 인도내부에서는 이러한 메시지가 서서히 이해되기 시작하였고, 중국이 모두의 입에 오르내리게 된다는 사실에 대한 인식이 생겨나기 시작했다. 신문기자, 잡지논설위원, 정부관리, 개인 사업가들 모두가 이웃나라의 용에게 사로잡혀 버렸는데, 통계를 들여다보면 그 이유를 알 수 있다. 1940년대 후반, 중국과 인도 모두가 현대시기의 시발점에서 두 나라는 개발을 비교할 수 있는 수준에 놓여있었다. 아마르티아 센(Amartya Sen)이 쓰기를 "두 나라는 높은 사망률, 영양실조, 그리고 문맹률을 가진 세계 최빈국들이었으나,[21] 60년이 지난 후 중국은 한 세대를 앞서게 되었다."[22] 2002년에 중국은 기아선상 이하 수준에서 생활하는 인구가 4천만명이었던 반면, 인도는 4억의 인구가 고통받고 있었다. 전화통신부문에서는 인상적인 성장이 있었음에도 불구하고 휴대폰 보유량에 있어 인도는 중국의 2억대와는 비교조차 되지 않는 단 1천만 대를 보유하고 있을 뿐이었다.

문화적 · 역사적 보고(寶庫)로는 두 나라 모두가 풍요로웠으나 중국이 연평균 8천600만명의 관광객을 유치한데 반해 인도는 260만명에 그쳤다. 영아사망률은 두 배 이상의 차이를 보였는데 출생아 1천 명당 인도는 71명, 중국은 30명이었다.[23] 세계 교역 점유율은 중국이 5.4%인 반면 인도는 단 0.63%이었고, 세계 GDP 기여도도 인도의 1.3%에 반해 중국은 3.2%로서 두 배 이상 차이가 났다. 수출 격차는 거의 10배가 되기도 하였다. 인도 44억 달러, 중국 421억 달러. 이 모든 것 가운데 가장 분명한 것은 외국인 직접투자인데, 인도가 3억 5천만 달러를 유치하는 동안 중국은 105억 달러를 유치하였다.[24]

이러한 누적 격차에 대해 통상적으로 인용되는 것으로는, 중국은 인도의 1991년 보다 12년이나 앞선 1979년도에 개혁을 시작했다는 것이다. 그러나 인도 내에는 자유화 과정에도 불구하고 격차가 계속 확대되어 왔으며, 이는 좁혀지기는 커녕 기하급수적으로 벌어지게 될 것이라는 일반화된 두려움이 상존한다. 이는 만일 중국이 10%의 성장을 지속하고 인도의 성장률이 5% 범위 내에 머물게 된다면 엄연한 사실이 될 것이다.[25]

따라서 중국은 변명들을 일축하고 좇아야 할 긍정적 모델을 제시해주는, 인도의 개발을 위하여 중요한 동기로 작용한다. 이것이 제시하는 교훈은 다양하다. 가장 기본적인 것 가운데 하나는 기반

구조의 중요성이다. 중국에서는 전기, 교통, 통신이 모두 평활하고 효율적으로 제공되고 있다. 반면 인도는 움푹 패인 도로의 구멍들이나 계속되는 단전(斷電)으로 고민하고 있다. 예를 들면 뉴델리는 통상 하루에 두 번 정도는 암흑으로 뒤덮인다. 이러한 차이만으로도-생활의 질을 언급하지 않더라도-생산성과 외국투자에 큰 영향을 받게 되고, 또한 일반수준의 경제적 자유도 이외에도 두 나라간의 공백에 대한 가장 중요한 단일 요인이 될 것이다. 또 다른 중요한 차이점은 중국의 성장 중국 GDP의 35%를 차지하는 제조업이 크게 기여한다는 것이다. 반면 인도의 제조업은 정부관리들에 의해 조정되고 있으며 GDP의 15%만을 차지할 뿐이다.

이러한 교훈들 가운데에서도 목적을 달성하는 징조가 나타나고 있다. 인도정부, 특히 일부 주에서는 이와 같은 성장의 다른 모든 요소들에 대하여 그의 핵심적 중요성을 인식하고 기초기반구조에 보다 많은 관심을 보이기 시작하고 있다. 동시에 국내의 수많은 제조업에 대하여 그 중요성을 새로히 강조하고 있는데, 이를 후원하고 추진될 수 있도록 하는 개혁을 위한 노력이 활발하게 촉진되고 있다. 국가는 중국의 센젠(Shenzhen)과 같은 지역을 모방한 경제특구를 조성하고 이 지역에서 제조업 부문에 주력하고 있다. 「극동경제 이코노미 리뷰(*Far East Economic Review*)」에 발표되기를 이들 지역은 후한 세금감면, 간소화된 관세 및 외국투자의 절차, 개선된 기반구조, 그리고 비상시에는 관료행정의 지원 등을 적극 제공하고 있다고 한다.[26]

그러나 이와같은 특수한 이슈의 중요성에도 불구하고, 보다 긴요한 것은 중국의 엄청난 성장이라는 단순사실이며 인도는 이 모두가 한꺼번에 일어났다는 사실을 스스로 인정하고 받아들이고 있다. 비즈니스월드지는 예로써 중국 내에서 전국적 무선통신 기반구조의 95%가 3주 내에 모두 설치되었다는 사실을 들었다.[27] 이의 사실여하를 막론하고, 그것이 엄청나건 또는 기본적이건 간에 갑작스러운 도약이 태생하는 변화의 가능성을 인도에 인상 깊게 심어주게 된 것이다. 이러한 신념이 나라를 놀라게 하였으며 다음 세대가 인도를 위한 기회의 창이 된다는 인식을 키워나가는데 도움이 되고 있다. 이 나라의 위대한 개혁가 중 한사람인 샘 피트로다는 "누구든 이를 의심하는 이들은 중국이 과거 20년 동안 무엇을 해냈는지 자세히 알아보아야만 할 것이다."라고 말했다.[28]

2002년도 세계경제성장의 15%와 세계수출성장의 60%를 기여했던 중국은 약간의 기우와 적의(敵意)를 갖게 하기도 한다. 세계 교역의 기우와 경쟁의 우려는 중국으로부터 몰아치는 값싼 물품의 홍수가 지역 산업체를 말소한다는 우려를 키우고 있다.

그러나 이에 반해 적어도 아시아내에서는 계속 증가하고 광범위하게 확산되고 있는 인식은, 이러한 관심에도 불구하고 글로벌 경제(특히 정보화 시대에서)는 훨씬 적은 고유의 구조적 불평등, 그리고 보다 많은 상호의존과 비제로섬 게임(non-zero sum game)으로 간주된다는 것이다. 이러한 견해를 가진자들에게 중국의 성장은 축하받아야 하는 것이기도 하다. 니란잔 라자드하이크샤(Niranjan Rajadhyaksha)는 중국의 공격에 대한 이야기는 멈추고 중국의 기(氣)에 관한 이야기를 시작하자고 제안하면서 이제 때가 되었다고 이야기 한다.[29]

라자드하이크샤의 지적대로 인도는 중국 경제변화의 이점을 이용하여 잘 자리를 잡아야만 한다. 중국은 미래 성장의 불을 지피는 국내시장에 관심을 집중시키고 있다.[30] 이는 2,440억 달러의 수입을 소비하는 확장된 신중산층이다. 인도가 보다 중요시 해야 할 점은 중국의 성장이 전자부문의 제조 및 운영으로 인해 훨씬 활발히 이루어지고 있다는 것이다. 동시에 자체인구는 분명한 IT 소비자들이기도 하다. 특권층의 한 자녀 세대가 비디오게임, 인터넷, 휴대전화 등과 함께 성장하고 있다. 약 3천만 명을 거느린 중국 IT 시장은 2003년에 이르러 아시아태평양지역에서 일본 다음으로 큰 규모가 되었다.

이러한 모든 하드웨어는 소프트웨어를 필요로 하기 때문에, 인도의 소프트웨어 회사들은 이미 시장에 보다 적극적으로 접근하려는 노력의 일환으로 상하이 등의 지역에 개발센터를 설립하고 있다. 그들의 희망은 중국과의 관계를 의심과 경쟁에서 상호이득과 협력으로 변환하는 것이다. 낙관적인 시나리오는 아시아의 거대한 두 나라가 상호보완적인 기술력을 제공함으로써 디지털 경제의 장래를 발전시키는 것이다. 이러한 비전에 따라 중국은 세계 제조업의 중심지가 되고, 인도는 세계 소프트웨어 및 서비스 중심지가 되어 서로의 동반자로 떠오를 것이다. 중국의 주룽지 총리는 2002년에 인도를 방문했을 때 "당신들은 소프트웨어에서, 우리들은 하드웨어에서 최상을 달리고 있다. 우리가 이들을 통합한다면 세계 제일이 될 수 있다."라고 말한바 있다.[31]

중국의 성장은 인도에 하나의 사례 및 기회를 제공한다. 그러나 아직도 인도뿐만 아니라 세계 전체를 위한 중요하고 문제시되는 질문이 남아있다. 바로 민주주의인 인도가 중국과의 경쟁에서 실패한 책임을 져야 한다는 것인데, 이는 중국의 개발 속도와 범위가 그의 권위주의적 통치의 효율성에서 비롯된다는 일반적인 억측들로부터 일어난다. 정치적 자유란 통상적으로 경제 성장의 속도를 지연시킨다고 믿어진다. 나스콤의 서닐 메타가 말하기를 "경제적, 사회적, 정치적 자유를 동시에 누릴 수 없다는 것은 널리 알려진 사실이다." 정치적 자유의 대가가 경제적 성장을 저하시킨다는 질문에 대해 메타는 "경제 성장이 낮아지는 것이 아니라 성장속도가 느려질 뿐이다."라고 한 치의 의심도 없이 답했다.[32]

보편적 세계관에서 경제적 재현은 정치적 자유를 선행한다. 그러나 인도의 경우는 반대이다. 인도는 자본주의에 앞서 민주주의를 부정하였으며 이는 특이한 현대화 여정을 탄생시켰다.[33] 인도 민주화의 강도와 활력은 전세계로부터 찬사를 받고 있다. 디니엘 예르긴(Daniel Yergin)과 조셉 스태니슬로(Joseph Stanislaw)는 수상작「경제의 핵심 고지(*Commanding Heights*)」를 통해 다음과 같이 지적하였다:

> 민주주의를 향한 인도의 헌신은 20세기 후반의 최고의 성취 가운데 하나로 남는 것이다. 그의 자율성과 독립된 사법기관, 언론의 자유 등은 장기간에 걸친 독재와 인종차별전쟁, 정치적 알력에 뒤엉킨 지역이나 개발세계의 대부분이 처한 정치적 현실과 극명하게 대조가 되는 것이다.[34]

그럼에도 불구하고 인도는 이제 그가 누렸던 자유에 대해 상당한 대가를 지불하고 있는 것처럼 보인다. 자유로운 정보의 흐름과 의사표시에 대한 동등한 권리를 갖는 정치적 자유는 숨겨진 대가를 지니고 있다. 일반적으로 표현의 자유는 발전을 불가피하게 늦춘다고 믿어진다. 중국 정부는 도로건설의 필요성을 느낄 때 곧바로 진행할 수 있었다. 만일 같은 사항을 인도가 원한다면 협의와 해결을 통해야만 한다는 주장에 맞닥뜨렸을 것이다. 인도 내에서 자유에 대한 이러한 대가는 '민주화 세금'이라 불리고 있다.

그러나 쉽게 이해하기 어려운, 개념에 대한 어떠한 진실이 있을지도 모른다. 권위주의적인 통제는 신속하고 효율적인 변화를 구현시킬 수 있는 것처럼 보인다. 그럼에도 불구하고 이러한 형태의 사고는 이상주의에 대한 단순한 호소도 없이 아마르티아 센(Amartra Sen)이 동의한 것과 같이 충분한 결함이 된다. 중국이 매우 잘 진행시켜 온 수많은 분야에서 인도의 기록이 형편 없다는 사실은 정치적인 권위주의에 의한 의도의 좋은 이유가 되지 않는다.[35]

첫째, 민주화 세금이라는 개념은 중국의 가장 큰 약점(억압적이고 권위주의적인 정권)이 가장 큰 강점(활동적이고 비교적 개방된 경제)이 되는 반면, 인도의 가장 큰 강점(정치적 개방성과 개인의 자유방위)은 가장 큰 약점(폐쇄적이고 권위주의적 경제)이라는 것이다.

둘째, 정보의 자유로운 흐름과 자유표현의 권리가 민주화의 실제 문제를 소외하는 발전에 영향을 주게 된다는 주장은 정치적 자유가 아닌, 인민주의가 된다. 자유교역을 열렬히 지원하는 정부라 할지라도 모든 민주정부는 투표권과 특정이권을 보장받도록 하기 위해 경제적 자유를 정례적으로 희생하고 있다. TiEcon 뉴델리 2003에서 인도의 정보통신부 장관인 샤아(Shah)는 이에 대해 분명히 밝힌 바 있는데, 한 청중이 왜 개혁이 보다 빨리 일어날 수 없는지를 물었을 때 그는 "좋은 경제가 항상 좋은 정치와 일치하는 것은 아니기 때문"이라고 답했다.[36]

민주주의에서는 '왜 나쁜 경제가 좋은 정치와 동등한가'가 이 시대의 가장 중대한 이슈 가운데 하나이다. 여지없이 해답은 부분적으로는 자유화와 개방의 과정에 있어서 패자는 불가피하게 승자보다 훨씬 더 심각하게 영향을 받기 때문이라는 것이다. 예컨대 인도에서의 전력개혁은 나라가 상시적 출력량보다도 성장에서 보다 큰 장해를 입게 되기 때문에 전체인구에 극적인 이득을 얻게 되는 것이다. 그럼에도 불구하고 이 같은 개혁에 대한 언급은 때때로 고도의 지원 또는 무상의 전기공급을 받는 자들로부터 맹렬한 비난과 반항을 받게 된다. 이러한 이슈의 중요성을 알리기 위해 구르차란 다스는 자신의 저서 「코끼리 패러다임(The Elephant Paradigm)」에서 인도의 변화에 대한 현대적 갈등에 대한 대책추구를 설명하면서 마키아벨리의 「군주론(The Prince)」에서 한 구절을 인용하였다:

> 변화의 시도보다 더 준비하기 어렵고, 성공에 대해 불안하며, 진행이 위험한 것은 없다 ... 혁신자들은 구시대의 통치하에서 번영을 누렸던 모든 자들과 적이 되고, 오로지 새로운 통치하에서 번영하는 자들로부터만 미온적인 지원을 받게 될 뿐이다.[37]

만일 들어 본적이 있다면, 이는 아마도 왜 민주주의 정부가 그토록 경제적 자유를 매도(賣渡)하려고 하는가에 대한 극히 드문 이유가 될 것이다. 그럼에도 이러한 매도의 노력 없이는 개혁이란 불가능한 것이다. 이러한 이유로 칸왈 레키는 "인도는 아직 개혁의 시작 조차 하지않았으며, 성장이 좋은 것이라는 자체를 말하기조차 합당치 못한 상태이다"라고 주장한다.[38]

인디아 투데이(India Today)의 논설위원인 타블린 싱(Tavleen Singh)은 이 주제에 대해 자주 기고하였는데, 그는 「실패한 자유(*A Freedom Foiled*)」라는 제목의 글에서 민주화 세금이라는 개념에 대해 맹렬히 비난한 바 있다. 싱은 인도의 지도자들은 개혁을 강력히 주장하고 있으나 국민들에 의해 저항을 받고 있다라고 하는 이러한 사고를 비판 한다:

> 민주주의란 국민의 의사에 관한 것인데, 도로 건설에 대해 언제 국민들이 반대하겠는가? 어느 고장에서든 학교나 보건소의 건립에 대한 반대를 들어 본 적이 있는가? 일반 국민들이 현대화 수준의 보건시설 대신 돼지와 같은 삶을 살도록 강요받기를 요구한 적이 있었는가?[39]

이러한 문제를 고려해 보았을 때 나라시마 라오의 지도력은 덩샤오핑(Deng Xiaoping)의 것과 비교가 된다. 덩샤오핑은 중국의 개혁에 있어 가장 책임 있는 개인이었다. 이를 수행하기 위해 그는 거대한 공산당 조직으로 하여금 그의 이념과 편견을 포기하도록 확신시켰을 뿐만 아니라, 과거 30년 동안 마오주의(Maoist)에 젖어있던 전 국민의 일상생활을 변화시키기 위해 노력하였다. 이를 위해 그는 부분적으로 홍보운동을 이용하였는데, 이 운동의 표어였던 “개혁은 중국의 2차 혁명이다. 빈곤은 사회주의가 아니다. 부유해지는 것은 영광이다.”는 전 세계적으로도 잘 알려진 것이다. 오늘날까지도 중국 공산당은 다른 어느 나라의 정부보다 훨씬 더, 예컨대 수많은 TV 보도와 신문기사를 통해 세계화와 WTO의 이득에 대한 홍보를 추진하고 있다.

반면 라오는 그의 활동과 개혁을 소개하려고 노력하지도, 보호하지도 않았다. 다스(Das)가 쓰기를 라오 스스로도 자신의 혁명을 믿지 않는 것처럼 말하였다고 한다.[40] 관리들이나 정치가들 중 어느 누구도 실제로 변화에 대해 열정적이지 않았다는 것은 분명했다.[41] 90년대가 인도경제에 있어 가장 좋은 시기였고, 라오의 개혁이 우수한 도시경제의 성장, 그리고 자신감과 흥분감을 일으켰다는 사실에도 불구하고,[42] 정부는 그 성공을 이용하는데에는 완전히 무능력했다.[43] 인도에서는 누구도 개혁을 축하하지 않았다. 라오는 당당히 서지 못하였으며 역사적 성취에 대한 신용도 얻지 못하였다. 국민들은 그의 당을 축출시키는 결과로써 그에 답하였다.[44]

중국의 성장이 인도에게 보여준 가장 심도 있고 핵심적인 질문은 궁극적으로 이러한 차이점 때문이다. 민주주의가 보호주의와 인기주의로의 변화가 어떻게 다수의 대화로 소수가 이득을 보게 하는가? 권위주의적인 공산당 정부가 시장기반 경제의 이득을 소개하려고 노력하는 것과 비교된다. 중국의 공산당이 민주적으로 선출된 정부보다 개혁에 성공한 이유는 신속하고 지속적이며 경제적 확장에 정치적 기반을 둔 정부 때문이었다.

●찬드라바부 나이두-안드라프라데시주의 CEO

인도를 대조의 땅(land of contrasts)이라 부르는 것은 진부한 표현이다. 그러나 거대한 관념을 포용한다는 것은 그 진부한 문구의 힘이다. 만일 인도가 규정을 입증하려면 그것은 그 규정에 대한 예외를 보여주려는 경우가 된다. 민주주의와 자본주의, 그리고 정치적, 자유와 경제적 자유 간의 관계가 가장 문제시 되는 것처럼 보이는 곳이 바로 인도이다. 그러나 자유와 경제성장의 기조 상에 확고하게 그의 권력을 자리 잡게 하고 민주적으로 선출된 정치가의 가장 강력한 예를 찾아보게 되는 곳 역시 인도이다.

찬드라바부 나이두(Chandrababu Naidu)는 1985년에 테루가데삼당(Teluga Desam Party)의 사무총장이 되었으며, 그로부터 10년 후 안드라프라데시주의 수석장관으로 선출되었다. 그 때 이후로 그는 자신의 나라, 특히 수도인 하이데라바드를 초고속 성장도시로 만드는데 최선을 다했다.[45]

나이두의 전략은 경제가 정치를 촉진하는 상황을 조성하는 것이었다. 그는 자신의 경제적 비전을 계속해서 현실에서 이행하는 한 국민들이 자신을 지지해 주리라는 신념을 가지고 있었다.[46] 나이두는 확신과 방향이 실제로 작용할 수 있느냐에 기조를 둔 개혁주의 활동을 어떻게든 보고자 하였다. 개발에 대한 그의 원리는 고도로 효율적인 것으로서, 그들은 인기주의가 아닌 현실주의에 적용하였다.[47] 안드라프라데시는 세계은행의 융자를 즉각 협의한 첫 번째 정부가 되었으며, 이의 투자 회수와 개인주의로의 방향을 유도하였다. 정부가 정한 목표는 9~10%의 GDP 성장을 달성하는 것 이었다.

나이두는 그 첫 번째 단계가 개혁을 설명하기 위해 노력해야 하는 것임을 아주 일찍이 인식하였다. 내셔널지오그래픽 잡지가 실은 세계의 도시들에 관한 글에서 하이드라바두(Hyderabad)는 높이 평가되었으며, 나이두의 장관 모한티(Mohanty)는 이러한 홍보작업에는 우선적으로 시각적 처리가 요구된다고 설명하였다.[48] "그리하여 정부는 무엇이 일어나고 있는지를 보여주기 위하여 하이데라바드를 변화시켰다."라고 모한티는 말한다.[49]

나이두의 팀들은 기초 인프라구조의 정립에서부터 도시의 녹화사업, 도시서비스의 혁신에까지 이르는 광범위한 작업에 착수하였다. 이를 위해 연회장, 야외극장, 운동경기장의 건설을 포함하여 수많은 위락시설 프로젝트에 투자가 이어졌다. 대부분은 주로 민영기업을 통해 이루어졌으며, 모든 작업의 목적은 인도에서 필요한 것은 돈이 아니라 개혁임을 보여주는 것이었다. 모한티는 제3세계의 대도시는 부의 저장고이며 안드라프라데시주는 다른 주보다 부유하지는 않으나 통치가 매우 잘 되어있음을 보여주는것이라 했다.[50]

하이데라바드의 외적인 변화는 국민들의 마음에 엄청난 변화를 불러 일으켰다. 미국으로 옮겨간 인도의 비즈니스맨들과 10년 전까지만 해도 하이데라바드에 살 것이라고는 꿈조차 꾸지 않았던 이들이 그 도시로 되돌아오고 있었다. 이러한 낙관은 생활의 모든 요소로 확산되었다. 쥬빌리(Jubilee) 언덕에 새롭게 건설된 운동경기장 안에서 농구코치는 다가오는 국가시합을 위해 자신의 팀을 훈련시키고 있다. 그에게 경기전망을 물어보자 그는 확신에 찬 목소리로 "JP팀은 지난 5년 동안 놀랄 만큼 성장하였다."라고 답한 뒤 "존경스런 수석장관의 가공할 만한 지도력으로 인해 모든 것이 개선된 것에 감사한다."라고 덧붙였다.[51]

나라 전체에 요동치고 있는 나이두의 개발전략은 어떠한 고도의 성장부문에 초점을 두고 경제를 촉진하자는 것이었다. 특히 그는 IT 부문에 맹목적으로 전념하고 있다. 랩탑(laptop) 장관이란 별명이 붙은 나이두는 자신의 모든 아이디어를 파워포인트로 발표하고, 직원 모두에게 정기적으로 화상회의를 가질 것을 강요하는 것으로 유명하다. 그의 정부는 소프트웨어를 장려하는 것은 물론, 아웃소싱을 위해 용이한 장소를 제공하는 친 IT 정책을 마련하도록 하였다. 나이두는 해당 산업체의 요구에 따라 IT회사의 직원들이 24시간 작업할 수 있도록 기존의 법을 조정하였으며, 훨씬 논란의 여지가 있는 여성들도 저녁에 자유롭게 작업할 수 있도록 노동법을 개정하였다.

방갈로어의 성공을 재현하는 것이 목표였던 나이두는 하이데라바드를 그 나라의 가장 중요한 IT센터 가운데 하나로 만드는데 성공하였다. 1998년에 나이두는 마이크로소프트로 하여금 안드라프라데시주에도 센터를 설립하도록 확신시키고자 할 때에 이상적인 작전을 조기에 훌륭히 해냈으며, 그 후 하이데라바드의 소프트웨어 수출산업은 연평균 140% 이상 성장하였다. 나스콤은 인도 내에서 하이데라바드가 최상의 IT 목표가 되도록 하였다. 나이두가 1999년에 재집권에 성공한 뒤 말하기를 "미래는 우리의 것임을 의심치 않는다. 모든 출발준비를 마친 안드라 프라데쉬는 곧 초강력 정보기술을 가지게 될 것이다."[52]

IT를 향한 나이두의 집념은 외국자본을 유치하고 소프트웨어의 수출을 확장하는 것 이상으로 확대되었다. 그는 또한 전자정부의 구현에 앞장섰으며, 대시민 서비스를 제공하기 위해 IT를 사용하는 이니셔티브의 주체를 개발하였다. 여기에는 다음이 포함된다: 판매등록을 자동화하여 처리시간을 10일에서 1시간으로 단축한 CARD(Computer Aided Registration Department), 운전면허와 차량등록을 위한 전산화 서비스인 FAST(Fully Automated Service for Transport), 총 7억 6,500만개의 인적사항을 담은 방대한 데이터뱅크로서 카스트증명서와 같은 중요 문서를 인쇄하는데 사용되는 MPHS(Multi-Purpose Household Survey), 출생증명서와 토지장부의 인쇄, 전기사용료 및 세금의 납세, 증명서나 면허증, 허가증의 신청 등을 원스톱으로 처리할 수 있는 대국민 서비스인 e-Seva가 있다.[53] 이 모든 서비스는 타타(Tata) 컨설턴트 서비스와 안드라프라데시주 정부 간의 공동프로젝트로 조성된 AP 온라인인 http://www.aponline.gov.in/ 상에 강조되고 있다.

전자정부가 전 세계에 확신되고 있을지라도, 국민들이 엄청난 시간과 경비를 지출해야하는 인도보다 더 중요하게 역할 하는 곳은 없을 것이다. 요금을 지불하고, 면허증이나 비자를 얻고, 기차표를 구매하고, 은행에 예금하기 위해 길게 줄을 서서 기다리고, 이 사무실에서 저 사무실로 수많은 관리들과 대화하고 옮겨다니는 일 등의 모든 것들은 업무시간의 낭비가 된다. 동일한 서비스를 IT를 통해 신속하고, 단순하게, 그리고 저렴하게 제공받는다는 것은 내셔널지오그래픽이 쓴 바와 같이 "제1세계에서는 오래된 작업이라 일컬어지는 것들이 여기서는 혁명적인 것이다." 이렇듯 혁명적인 잠재력은 전자정부가 부패에 대항하게 되면서 더욱 강조되었다. 기술은 부패를 위한 가장 좋은 해법이라고 주장한 모한티는 "너희가 인적기반 업무들을 제거하는 순간, 수많은 부패도 함께 제거될 것이다."라고 하였다.[54] 한편 또 다른 측면에서 전자정부는 IT와 전혀 친숙하지 않은 인구의 대부분을 접속하고 교육 받도록 하는 이득을 얻게 된다.[55]

그러나 나이두의 비전의 중심점은 의심할 여지없이 첨단기술도시의 오로지 일부분인 도시구역, 바로 사이베라바드(Cyberabad)이다. 나이두의 목표는 세쿤데라바두(Secunderabad)와 하이데라바두 두 도시를 보완하는 제3의 극점으로서, 그 주의 수도인 사이베라바드를 만들어내고자 하는 것이다.

1999년에 쥬빌리 언덕을 지나쳤을 때만 해도 사이버타워는 우거진 관목들과 무우석(無隅石)들이 가득한 지역에 우뚝 선 단일 현대건물이었다. 그러나 2003년에 돌아와 보니 사이버타워는 단지 개혁의 제1단계였을 뿐이라는 것이 분명해졌다. 14개월 만에 100%의 입주율을 달성함으로써 사이버타워는 이제 마이크로소프트, 인포시스, 오라클, GE, HSBC의 본고장이 되었다. 개혁의 제2단계로서 2002년 7월에 완공된 사이버게이트웨이(Cybergateway)는 8에이커의 대지 위에 건설된 86만 6,000 스퀘어피트의 복합건물이다. 이곳에는 이제 GE, 오라클, 델, 사티암(Satyam), 마이크로소프트, 그리고 STPI의 사무실이 있으며 역시 100% 입주율을 보이고 있다. 이제 막 시작된 제3단계는 L&T 인포시티와 싱가포르 소재의 아센다(Ascendas)의 합작투자로 시공된 사이버펄(Cyber Pearl)로서 2004년 1/4분기에 완공될 것으로 기대되고 있다.

이러한 대규모 프로젝트는 여타의 개인회사, 교육기관, 그리고 이 지역에 널리 펼쳐져있는 복합위락시설의 주체들로 보완되고 있다. 프로젝트의 여성에는 최근 개장된 인포시스 캠퍼스와 사티암 콜센터, 전국가경기가 개최되는 운동경기장, IIT의 캠퍼스, 이 나라에서 가장 권위 있는 IT 교육 및 훈련센터과 함께, 세계 최고의 국제비즈니스스쿨들－켈로그, 왈튼(Wharton), 런던비지니스스쿨 등－을 본뜬 대학들이 포함되어 있다. 이들 교육기관은 본래 뭄바이에 설립될 계획이었으나 나이두로 최종 결정되었다. 이 여정은 무역박람회와 산업체 행사의 유치를 목적으로 하는 대규모 전시관 및 컨퍼런스 센터인 하이텍스(Hitex)에서 끝나게 된다.

이러한 변혁의 마지막 순서는 호텔, 아파트, 위락단지 등이 포함된다. 파이프라인에 예정된 프로젝트들은 하드웨어단지, 바이오테크놀로지단지, 하이테크시티, 그리고 4차선으로 연결된 국제공항을 포함한다. 2008년도 올림픽 유치에 성공한 베이징에 자극을 받은 나이두는 2012년 올림픽을 유치하기 위한 구상을 하고 있다는 소문이 있다.

하이데라바드에서 가장 유명한 장소는 '차르미나르(Charminar)'라는 1591년에 건설된 이슬람 기념관으로서 절묘하게 조각된 첨탑으로 이루어져 있다. 도시 중심에 자리 잡은 이곳은 수세기에 걸쳐 확연하게 변화된 재래상점가의 좁은 거리로 둘러싸여 있는데, 수세기에 걸쳐 사이버타워의 지붕으로 분리되는 것처럼 보인다. 그러나 오늘날에도 지금의 사이베라바드로의 통로에 자리 잡은 수크(souk, 무슬림 국가의 노점 따위)를 방문하는 사람들이 남아 있다. 이는 순수한 미래에 대한 충격이자, 동방의 여느 다른 도시에서와 마찬가지로 그 어떤 것이든 가능하다는 것을 하이데라바드 에서도 느낄 수 있도록 하는 것이다.

4 한계자본주의

Marginal Capitalisms

모든 문화적 진화는 새로운 방황의 시대와 함께 시작된다.

– 칼 버커(Carl Bucher)

「부족들(*Tribes*)」에서 인용

2002년 6월 14~15일

세계 최대라고 인정받는 기업가회의에 참석하기 위해 실리콘 밸리에 있는 웨스틴 산타클라라에 수천 명이 모여들었다. 양일간 발표자, 패널 참가자, 대표사절단들은 최신 기술경향에 대한 전망을 발표하고, 혁신의 기회와 도전, 그리고 IT 경제의 세계화로 인해 일궈지는 실질적 문제들을 논의하였다.

기조연설자로는 세계에서 가장 부유한 소프트웨어 회사들 중 하나인 인포시스의 창업자인 나라야나 머시(Narayana Murthy)와 선(Sun)의 공동창업자인 비노드 코슬라(Vinod Khosla), 그리고 벨리에 있는 주요 벤처투자회사인 클라이너 퍼킨스(Cleiner Perkins), 스탠포드대학의 두 명의 노벨상 수상 교수인 마이론 숄스(Myron Scholes)와 마틴 펄(Martin Perl), 백악관 자문위원 글렌 허바드(Glenn Hubbard), 정신적 지도자인 디팩 초프라(Deepak Chopra) 등이 예정되었다. 패널석은 마이크로소프트, 선, IBM, GE 등과 같은 회사의 임원들로 채워졌고, 청중들은 광범위한 기업가 및 전문가들로 구성되었다. 병행트랙(Parallel tracks)으로 진행된 회의는 신규회사에서부터 세계적 기업에 이르기까지 다양한 규모의 회사들에 의해 이루어졌으며, 특별주제그룹(SIG: Special interest groups)들은 소프트웨어, 네트워킹, 생명공학 등과 같은 주제에 초점을 집중하였다.

기술거품이 터진 후 1년, 그리고 9/11사태와 월드콤의 대실패로 촉발된 엔론(Enron) 스캔들이 발생된 지 10개월 만에 열린 회의에서 경제 불황의 그림자는 지워져있었다. 수많은 대표들은 첨단기술 붐의 정점에서 수백만 달러의 협상들이 세계 구석구석에서 이루어지던 전년도와 비교해가며 경기 하향추세의 분위기를 언급하고 있었다.

그럼에도 불구하고 적어도 제3자의 견지에서 이 행사는 엄청난 촉발적 에너지와 전염성 짙은 기업가 정신으로 충만해 있었다. 경기 침체기에도, 실리콘 밸리는 교외의 조립식 단지 같은 느낌을 주는 장소임에도 불구하고 신비한 매력을 지니고 있다. 즉 이곳이야말로 세계 역사상 여전히 가장 강력한 경제가 되는 최첨단임을 의미한다. 여기에 참석한 CEO와 CTO, 벤처 투자가, 기업가, 전문가들은 미국의 기술경제력을 공상과학소설의 영역으로 나아가게 하는 네트워크 내의 허브가 되고 있다.

인상적인 것은 이 행사가 세계 경제의 중심이 되는 서방세력의 심장부에서 일어나고 있지만 이 자리에 모인 모든 이들은 미국을 자기 집처럼 생각하고 있다는 것이었다. 비록 참석자들 가운데 백인들은 거의 보이지 않았으나 그들은 '내부자'로 간주될 수 있는 것이다.

회의는 TiE(The Indus Entrepreneur)[1]라고 불리는 조직에 의해 주관되고 있다. TiE는 1992년에 소규모의 성공 기업가들 고급 전문인력들, 그리고 기업임원들이 공항에서 인도의 고위관리가 탑승한 항공기의 연착을 함께 기다리던 도중에 창설의 계기가 마련되었다. 그들은 개인적으로는 각각 활발히 활동하고 있었으나 집단적 세력을 갖지는 못했다. 다른 민족집단과는 달리 밸리의 인도인들은 웹을 형성하지 않았기 때문이다. 이 들은 자신들의 경험과 친분관계를 공유할 수 있는 격의 없는 회합의 공간을 마련하는데 동의하였다. 분명 초기의 목적은 전체가 이득을 볼 수 있는 공동제 네트워킹을 위한 시발점으로써 그들의 공통문화를 사용하자는 것이었다.

지난 10년 간 TiE는 놀라운 성과를 거두었으며 미국, 캐나다, 싱가포르, 말레이시아, 두바이, 파키스탄, 그리고 물론 인도를 포함한 34개 지역에서 8,000명 이상의 회원을 모집하였다. 밸리에서의 융성한 기업가 정신의 주요 촉진제로 인식된 TiE는 다른 인종 그룹에게도 적용되어 유럽과 아시아에서 실리콘 밸리의 마법을 재현하는데 정기적인 조언을 해주기도 하였다. 그 조직이 이루어진 후 수조원에 달하는 비즈니스와의 연계가 조성되기도 하였다.

TiE 회원의 대부분은 하트셀라법(Hart Cellar Act, 개정이민법)이 미국의 이민형태에 극적인 변화-혁명적이기까지 한-를 일으켰던 1965년 이후의 기간에 미국에 온 1세대 이민자들이다. 그 이전에는 미국은 원적국에 따른 극소수의 할당량에 의해 외국인의 입국을 제한했으며[2] 이러한 시스템 아래에서 극소수의 인도인만이 입국이 가능했었다. 그러나 1965년의 이민법에 따라 법령은 자유화되고 이민인원의 할당이 제거되었다. 하트셀라법은 미국의 이민자 수를 증가시켰을 뿐만 아니라 특수 기술 소유자나 가족관계에 기초를 둔 할당인원 제한정책을 폐지 시켰다. 이러한 행정적 변환의 결과로서 인도출신의 이민자 수는 1950년대에 2,000명 이하였던 것이 1960년대에 3만 명, 1980년대에는 25만 명까지 증가하였다.[3]

1990년대에 서방세계의 기술인력이 부족해지자 미국정부는 직업적 기량을 기준으로 허가하는 사증의 발급을 연간 5만 4천명에서 14만 명까지 거의 3배가량 증가시켰다.[4] 코드명 H1-B로 알려진 이 사증은 특히 실리콘 밸리에서 첨단기술부문의 성장과 일치하였다. H1-B 사증[5]은 회사로 하여금 해외에서 미국으로 들어와 작업할 수 있는 고용인을 모집할 수 있도록 하였다. 1990년대에 걸쳐 10만 개의 H1-B 사증이 컴퓨터 프로그래머 및 엔지니어에게 제공되었고 사증 수령자의 절반가량이 인도출신이었다. 1989년에 미국 정부는 2,100명의 임시 직업허가를 인도인들에게 승인하였으며 10년 뒤인 1999년에는 5만 5,000명이 허가를 받았다.[6]

이들 새로운 이주자들은 대부분 IT분야에서 근무하였으며, 캘리포니아에서 일어나던 첨단기술의 골드러쉬(gold rush)에 참여하기 위해 해당 주로 모여들었다. 라켈 콘라드(Rachel Konrad)는 「꿈을 좇으라(*Chasing the Dream*)」라는 제목으로 작성한 첨단부문에 종사하는 외국인근로자들에 대한 특별보고서에서 H1-B 파워의 진원지는 실리콘 밸리인데, 이는 지난 10년 전 LA에서 시작나팔이 울린 이후 해당 주에서 가장 큰 인도계 미국인 엔클레이브(enclave, 소수의 이문화(異文化) 집단의 거주지)가 되었다고 하였다. 31만 4,819명으로 이루어진 실리콘 밸리의 인도촌은 지난 19년 동안 97%나 증가하였다. 캘리포니아주의 산호세(San Jose)에는 다른 37개 주보다 더 많은 인도인들이 모여 있으며, 산타 클라라(Santa Clara) 카운티의 인도 인구는 231%로 폭증하여 현재 전국에서 3번째로 인도인이 많이 거주하는 카운티가 되었다.[7]

「실리콘 밸리의 신이민자 경험(*Silicon Valley's New Immigrant Experience*)」이라는 제목의 보고서에서 안나리 색스니언(AnnaLee Saxenian)은 그때 이후 자주 회자되는 문구를 만들었다: "지역 기술자들이 실리콘 밸리가 ICs로 조성되었다고 주장할 때, 그것은 집적회로(Integrated Circuit)가 아니라 인도인과 중국인(Indian and Chinese) 엔지니어들을 의미하는 것이다."[8] 통계치는 변하지만 이러한 매력적인 표어들은 대체로 유지된다. 중국과 인도에서 온 이민자들은 전체 아시아출신 공학 인력의 74%를 차지한다. 1998년에 그들은 실리콘 밸리의 전체 신규기술계회사의 1/4에서 고위급 임원으로 근무했으며, 이들 이민자 운영회사들은 총 168억 달러 이상의 매출과 5만 8,282개의 일자리를 조성하였다.[9]

실리콘 밸리는 인도인 소유이거나 인도인으로부터 후원을 받는 4,000억 달러의 가치를 지닌 회사들과 더불어, 30만 명의 우수한 인도인 기술전문가조직을 가지고 있다고 전해진다.[10] 신경제의 조성을 목표로 하는 인도잡지 '비즈니스월드(Businessworld)'는 전체 창업의 40%가 인도인들에 의해 진행되고 있다고 추정한다.[11] 또 다른 보고서는 실리콘 밸리 공학자의 약 1/3은 인도의 후예들이며, 1990년대 후반에는 밸리에 있는 첨단기술회사의 7%, 즉 774개의 회사들이 인도인 임원들에 의해 운영되었다고 주장한다. 실리콘 밸리의 가장 큰 벤처투자회사 가운데 하나인 클레이너 퍼킨스 코필드와 바이어(Kliner-Perkins Caufield & Byers)는 자신들의 고객명부에 올라있는 회사들 중 40%가 인도 출신에 의해 창업되었거나 운영되는 곳이라고 하였다.[12]

이 '황금의 디아스포라(Golden Diaspora)'의 거물들에는 1997년에 설립되어 MS에 4억 달러에 매각된 핫메일(Hotmail)의 창업자인 사비아 바티아(Sabeer Bhatia), 모든 인터넷 유통량의 30%를 처리하는 광섬유네트워크를 가진 인기 높은 웹사이트인 야후, 핫메일, 아마존 등을 지원하는 엑소더스(Exodus)의 창업자 찬드라스카(Chandrasekhar), 펜티엄칩의 대부라 불리는 인텔의 비노드 다암(Vinod Dham), 시카모어 네트워크(Sycamore Network)의 공동창업자이자 39억 달러의 재산으로 포브(Fobes)지에 이름을 올린 구루라흐와 데쉬판데(Gururaj-Deshpande), 선 마이크로시스템(Sun Mycrosystems)의 창업자 비노드 코슬라, 자신의 회사인 정글리(Junglee)을 버츄얼데이터베이스 기술 전문기업으로 만들어 아마존닷컴(amazon.com)에 1억 8,000만 달러를 받고 매도한 라케쉬 마투어(Radesh Mathur), 그리고 1998년에 지역네트워크를 위한 광고판을 제작한 엑슬론(Excelon)이라는 회사를 노벨사(Novel)에 매각한 칸왈 레키가 있다. 특히 현재 실리콘 밸리에서 50개가 넘는 창업 활동에 참여하고 있는 핵심 엔젤투자가(angel investor)[13]인 레키는 TiE 글로벌의 회장이자 인도 IT 디아스포라의 대부로 널리 알려져 있다.

2003년에 이르러, 이러한 수백만장자들의 환상적인 성공은 수천 명의 프로그래머와 엔지니어가 동반하여 산업체의 모든 단계에서 일하고, 또 인도 IT가 세계 IT 경제의 핵심에 자리 잡도록 해주었다. 오늘날 이들의 이야기는 잘 알려진 아메리칸 드림의 사례가 되었다. 그러나 인도 IT 디아스포라의 성취는 현대자본주의의 개척과 동시에 소멸되는 것으로 여겨지던 '인종'과 '기업가정신'이라는 두 가지 특성 위에 이루어지고 있는 것이다.

현대자본주의 이야기: 관료기계의 등장

현대자본주의의 이야기에서는 인종, 종교, 문화는 어떠한 역할도 하지 않는 것으로 되어 있다. 자본주의의 출현이 기독교의 특성과 연계되어 있다고 주장한 베버의 논문은 그 시스템의 원천에 대해서만 적용된다. 청교도적 윤리가 자본주의의 정신을 나타낼 수 있다고 하는 이유는 청교도주의의 흔적이 전체적인 의미를 갖는 문화를 조성한다는 것이다. 일단 이러한 전체성이 확인된 이상, 그의 특유한 문화적 특징은 소멸되어질 것이다. 그러면 자본주의는 더 이상 종교적인 지원을 필요치 않게 되고 스스로 기계적 기반에 안착하게 된다.

베버는 이 같은 단계가 이미 그가 저술하고 있던 시기에 도달되었음을 감지하였다. 그는 "현대의 경제적 전망의 종교적 뿌리는 죽었다."라고 주장했다.[14] 현대자본주의는 종교적 의무의 이행이나 또는 종교적 삶의 방식을 중단하고 '철제 새장(iron cage)'로서 작용하고 있는 것이다. 베버는 "오늘날의 자본주의 경제는 개개인이 출생하고 생존해야만 하는 변경할 수 없는 사물의 질서로서 그 자신이 존재토록 하는 지극히 우주적인 것이다.[15] 철제 새장에 갇혀있음으로써, 이러한 체제에 문화적 의의를 주는 의무, 윤리, 믿음은 죽은 종교적 믿음의 망령과 같이 우리들의 생활주변을 배회하고 있다."라고 하였다.[16]

물론 마르크스는 종교관에 대해 베버보다 훨씬 앞서 있었고,처음부터 '인민의 아편(the opiate of the people)'이란 표현을 사용한 것은 아니었다. 마르크스의 목적은 혁명이론을 형성하는 것이었으며 그 가운데 문제시되는 유일한 문화적 차이는 계급이었다. 그는 유명한 글에서 "이제껏 존재하는 모든 사회의 역사는 계급투쟁의 역사"라고 하였다.[17] 마르크스에게는 어떠한 다른 문화적 · 인종적 · 종교적 차별도 이 절대적 상위의 다음가는 것으로서 의미를 상실하였다. 자본주의의 발전과 더불어 두 위대한 계급인 부르주아와 프롤레타리아는 두 개의 균일한 체제로서 이 우주를 통해 서로 대면하게 되었다.

이러한 현대사회이론에서 문화, 인종, 종교와의 연결은 자본주의 하에서의 이성과 법을 기반으로 하는 문화체제에 의해 교체되었다. 이러한 이성적 자본주의 문화에서 개인적 · 가정적 · 종교적 연계는 더 이상 문제시 되지 않았다. 대신 모두가 동일하게 취급받아야 한다는 체제 규칙이 발생하였다.

규칙이 실행되는 메커니즘은 현 시대의 중심 제도로 간주되었다. 마르크스와 베버는 이를 관료기계(bureaucratic machine)라 칭했다. 개인적인 특권과 혜택의 수여를 통한 관계를 통제하는 다른 사회 시스템에 대해 극단적인 대조로 관료주의는 정밀성, 애매의 결여, 그리고 결과의 계산들로 운영되는 개인적 연계의 근절을 대신 추구하였다. 또한 비인간적이고 자동화된 산업기계의 무자비한 효율성으로 인해 모호하고 혼잡스런 인간문화가 발생하였다. 베버는 "관료주의의 '비인간화'는 공무(公務)에 대한 애착과 반감, 그리고 모든 순수한 인간적, 비이성적, 감정적인 요소들을 계산상 제외시킴으로써 보다 완벽하게 성공하였다. 이것이 관료주의의 구체적인 성격이며 미덕으로서 평가되었다."라고 하였다.[18] 관료적인 것 또는 관료기계의 인간요소는 통제되지 않는다. 끊임없이 이동하는 메커니즘의 하나인 톱니바퀴 날로서, 그는 단순히 동작시키거나 정지시킬 수 있는 전체의 일부가 되고 근본적으로 고정된 경로를 기술한다.[19]

베버에 따르면 관료주의란 비인간적인 계산과 표준화된 규칙이며 기술적으로 어느 다른 조직 형태보다 우수하다. 충분히 개발된 관료주의 기계는 비기계적 형태로 생산하는 기계와 같이 다른 조직과 정확하게 비교할 수 있다.[20] 경제학자 조셉 슘페터에 의하면, 효율성, 명령, 합리성 등의 관료주의의 역할은 현대 경제 발전[21]에 대한 당연한 찬사이며 자본주의 시스템의 성공과 성장의 기본 측면인 것이다.

현대자본주의의 이야기, 그리고 관료주의 기계의 출현은 모든 좋은 이야기와 마찬가지로 시작, 중간, 끝을 가진다. 결국 이야기는 그렇게 진행되고, 관료주의의 효율성과 질서는 인간문화와 창조성의 나머지 모두를 포함하게 된다. 이 이야기의 다소간 아이러니한 변형으로서, 이 손실은 자본주의시스템 자체의 종말신호를 내보내는 것이다. 베버의 글에서와 같이, 아마도 언젠가는 사회관료주의가 자본주의를 포위하게 되고 자유기업의 '무정부주의(anarchy)'는 관료적 '질서'[22]의 이득으로 기회를 넘겨 줄 것이다. 근대주의자의 표현으로, 관료주의 기계의 등귀는 정확히 사회주의 국가의 승리의 꿈과 일치한다. 마르크스와 베버의 글에 암시되었던 것이 경제학자 슘페터에 의해 아주 공개적으로 언급되었다: "나로서는 현대사회의 모든 조건 내에서 거대하고 모두를 포용하는 관료조직의 것과는 다른 어떠한 형태의 사회주의조직을 예견할 수 없다."[23]

자본주의시스템이 그 자신의 관료주의에 의해 삼켜지는 과정은 두 가지이다. 첫째, 마르크스가 '자본의 집중'이라 일컬었던 것이 일어난다. 이 추세는 보다 큰 자본이 적은 자본을 이기는 것[24]으로서 교역과 상업의 중간층은 소멸하고 모든 부(富)는 몇몇의 손으로 집중되는 상황을 만든다. 이러한 방법으로 대단히 큰 규모의 현대 자본주의기업들은 비유할 수 없는 엄격한 관료조직의 모델[25]이 되고 기계가 계산한 규칙에 의해 통제받지 않는 중소규모의 업무를 소탕하기 시작하는 것이라고 베버는 말한다. 따라서 규모가 큰 비즈니스의 관료주의는 사학자 브라우델(Braudel)이 '시장경제의 층'이라고 부르는 적응적 · 창조적 · 혁신적 계층, 즉 대규모 비즈니스 독점의 바로 아래층에 놓이게 되고, 자본주의시스템은 계속해서 후퇴하게 되어 그로부터 관료주의의 힘이 표면화 된다.

관료기계는 중소규모의 비즈니스를 쫓아낸 후 통상적인 기업가적 기능에 의존하는 시스템에 대한 창의력과 혁신력을 보다 억압하고, 그로인해 자본주의를 종말에 이르도록 할 것이다. 이와 같은 아이디어에 대해서는 슘페터가 쓴「자본주의, 사회주의, 민주주의(Capitalism, Socialism, and Democracy)」보다 명확히 설명해주는 책은 없다.

슘페터는 자본주의시스템에서의 기업가의 핵심역할을 가장 책임있게 예시한 경제학자이다. 슘페터는 "부르주아는 기업에 의존하며 하나의 계급으로써 그와 함께 생존하거나 소멸하는 것이다"라고 썼다. 기업가는 사회경제 혁신의 요인이다. 항시 새로운 조합의 조성에 참여하는 그(또는 그녀)는 혁신의 추상적 사회기능으로서, 어떠한 명확히 구분되는 부류의 특정인 또는 회원으로 정의될 수 없다. "자본주의 엔진이 동작하도록 설정하고 운영하는 기본적 임펄스는 새로운 소비자 물품, 새로운 생산방식 또는 시장, 그리고 자본주의기업이 형성되는 새로운 형태의 산업구조"라고 슘페터는 정의한다.[26]

바로 이러한 성취로 인해 결국 현대자본주의의 성장은 불가피하게 파괴될 것이라는 견해가 나오게 된 것이다. 완전히 관료화된 거대 산업체는 중소규모의 기관들뿐만 아니라 종국에는 기업가 또한 축출하게 된다.[27] 경제절차가 비인간화되고 자동화됨으로써 각 사무실과 위원회 작업들은 개인적 활동으로 교체되고,[28] 합리화되고 특성화된 사무실 업무는 몰개성화 될 것이다.[29] 이러한 상황에서 혁신 그 자체는 통상적인 것으로 축소되고,[30] 기업은 단지 언제나 교체하기 용이한 또 하나의 사무직원이 될 뿐이다.[31]

글로벌족들

TiE가 창설된 1992년에 조엘 코트킨(Joel Kotkin)은 「부족들 : 인종, 종교, 정체성이 신 글로벌 경제에서 어떻게 성공을 결정짓는가?(Tribes : How Race, Religion and Identity Determine Success in the New Global Economy)」라는 제목의 책을 출간하였다. 그의 기본 논제는 현대 글로벌을 이해하기 위해 TiE와 같은 네트워크의 결정적인 중요성에 초점을 맞춰야한다는 것이다.

이 책은 합리적이고 전체적인 세계질서의 승리에 기초한 현대의 비전을 상기시키면서 시작되는데, 여기서 과학 발전과 서방문화는 인종적 · 종교적 전통에 뿌리를 둔 구시대의 사회를 앞선다는 것이다.

그러나 코트킨은 초반의 여러 페이지에서 '이슬람 근본주의자의 부절제, 옛 소련진영에서 야기된 영토회복의 대혼란, 그리고 미국 곳곳에서의 인종적 난투'[32]로 얼룩진 20세기 후반에서 이러한 비전이 구체화되는데 실패할 것임은 충분히 분명해졌다고 밝혔다.

현대자본주의 이론가들은 문화적 문제에 대해 새롭게 관심을 집중시킴으로써 이와 같은 새로운 현실에 대응해 왔다. 코트킨이 지적한 바, 아직도 그들의 종교적 근본주의의 상승, 인종적 갈등과 부족 간의 전쟁은 현대화에 대하여 본래 정반대로 보이는 문화적 부활이 흔히 반론적으로 역행하는 힘이 되는 기본주의 집단에 내 던져지는 것으로 보이게 하였다.[33]

코트킨의 훌륭한 직관은 전통문화의 반발에 대항하는 서방적 현대화에 걸맞는 대립투쟁의 자유를 깨뜨리는 재능에서부터 비롯된다.[34] 그에 앞서 맥루한(McLuhan)이 했던 바와 같이, 그는 본래 단순히 반대 추세로만 볼 수 없는 재종족화(retribalization)의 과정으로 직시한다. 코트킨은 "그러한 비전을 넘어서, 분산된 인종그룹에 의해 태동된 또 다른 종류의 부족주의가 출현한다."라고 쓰고 있다.[35]

여기서 코트킨은 현대자본주의의 이론과 실제 모두에서 극렬하게 대조가 되는 맹렬한 경제활동의 어떠한 형태를 지적한다. 널리 무시되었을지라도, 이러한 한계적인 형태의 교역은 그 자신의 비밀스런 설화를 엮어 현대화를 통해 작동되고 있다.

이 선택적 이야기에서 우주주의는 자리 잡지 못했다. 대신 종족, 인종, 관습, 문화는 주류에 완전히 통합되려는 일부 부류들을 제외시키는 역할을 했다. 이러한 부류들(구조적인 형태는 유태인들)은 주로 그 사회의 변두리에서 움직이는 상대적 외부인으로서, 주변의 교역 인구들, 디아스포라 인구들과 중계 소수민(middlemen minorities)들로 구성되었다. 그들은 행상, 소매상, 그리고 소규모 무역업자로서의 자신들의 역할을 수행함으로써, 인간과 상품이 자유롭게 뒤섞이는 소란스런 시장과 노점들과 친숙해졌다. 이러한 영역은 항상 관료기계의 경직성과 규칙으로부터 벗어나곤 한다.

현대자본주의의 진보적 서술은 두 가지 방법으로 이들의 인종적 디아스포라 또는 파리아(Pariah, 인도의 불가촉천민의 총칭)인구의 경제적 활동을 설명한다. 그들은 현대적 · 산업적 · 관료적 형태가 출현하고 대체되는 순간부터 전통적 자본주의에 속하게 된다고 주장되거나, 아니면 현대자본주의와 병행하여 존재하지만 현대자본주의와 그의 합리적인 조직과 법은 여전히 개발이 필요한 후방지역에서만 번영될 수 있다고 믿어지는 것이다.[36] 어느 경우에든 이러한 인종그룹의 한계적 경제활동은 불운한 세계 경제의 '주변'으로 격하되었다.[37]

자본주의가 확장되는 시점에서는 보편주의가 일변도 주의를 대체하고, 이들의 비지니스는 현대화되고, 그들의 확연한 인종특성은 상실되는 것으로 생각되었었다.[38] 크고 합리적으로 조직된 기업이 전통적인 규정에 의해 운영되는 중소기업들을 교체하게 되면서 주변은 중심에 의해 둘러 싸이게 될 것이다.[39]

현대자본주의 기계장치가 모든 다른 '한계' 형태의 경제활동을 포용한다는 생각은 아직도 분명히 잘못된 것이다. 대도시 중심지를 방문했거나 그 곳에 살고 있는 사람들은 인종적 자본주의가 계속 번영하고 있는 이러한 주변지역에 익숙하다. 토론토, 뉴욕, 런던과 같은 서방의 도시에서 차이나타운의 역동성이 분명시 되고 있으며, 아시아인이 운영하는 모퉁이 상점의 편재는 거의 모든 주변으로 확산되어 리틀 이태리나 리틀 인디아와 같이 뚜렷이 각인되고 있다. 이들과 같은 민족경제권들은 성장하고 있으며, 어떠한 경우에는 보다 강력히 번영하기도 한다. 현 시대에서는 핵심의 내부에서 뿐만 아니라, 아마도 보다 중요하게도 새로이 개발되는 주변지역에서도 활성화되어왔다.

코트킨은 이러한 분산된 인종부류를 '글로벌족' 이라 부르면서 이들이 자본주의와 현대성에서 어떻게 늘 필수부가결한 부분으로 작용하는지를 보이는데 집중하였다. 자유주의자들이 생각했던 본질적인 분류, 종족 정체성, 그리고 세계주의적 적응성을[40] 종합함으로써 이들 글로벌족들은 확장성, 개방성, 창조력, 그리고 교역성에 기반을 두는 세계문화의 생산에 참여하고 있다. 코트킨에 따르면 이들이야말로 진정한 현 시대의 세계인이다. 전 우주에 걸친 기술경제를 적대시 하지 않는 글로벌족들이야말로 냉전 후기에 전 세계로 확산된 특권을 지닌 자들인 것이다. 이렇듯 널리 확산된 사람들과 그들의 세계화된 비즈니스와 문화네트워크가 인류의 경제적 운명을 점진적으로 형성할 것이라고 코트킨은 주장한다.[41]

과거 30년간 이반 라이트(Ivan Light), 아레잔드로 포르테(Alejandro Portes), 그리고 에드나 보나치히(Edna Bonacich)와 같은 학자들은 민족경제와 이민 기업가들의 특성을 정리하는 방법을 개발하였는데, 마이애미의 쿠반(Cuban) 경제와 LA의 한인 상점주인들과 같은 사례를 이용하여 경제생활에서 민족성이 어떤 역할을 담당하는 지를 현대자본주의 이론과의 대조를 통해 제시하였다.

이들 이론가의 주요 목적은 민족경제가 주류의 자본주의로부터 차별화되어 운영되고 있는 방법을 상세히 다루는 것이다. 주요 특징 가운데 하나는 두 가지 경제가 기계의 다른 개념을 본떠 모델화 되었다는 것이다. 민족경제는 현대 산업자본주의의 기반을 형성하고 있는 관료적 · 합법적 · 객관적인 메커니즘과는 동일시 되지 않는다. 대신에 그들의 정보네트워크의 원칙에 따라 조직된다.

민족경제 내에서 공유되는 가치, 신념, 관습, 기관들이 긍정적인 경제력으로 작용한다. 이들은 함께 개별적인 문화적 기반을 갖춘 네트워크를 형성하여 구직, 개업, 재정업무 등에 활용한다. 이들 네트워크의 중심은 '종족-기반의 신뢰' 라는 개념이며, 평판과 공통적 관습은 법적 계약과 관료적 규칙을 대신하고 있다.

신용과 사회적 계약에 대한 그들의 신뢰, 그리고 그들의 기업주의와 문화적 연대의 촉진을 통해, 민족경제의 정보네트워크는 현대자본주의의 관료기계의 객관적이고 합법적인 구조에 대한 긍정적 대안이 된다.

이러한 민족네트워크의 힘은 가장 극적으로 이민자와 소규모 사업가들이 주류은행과 협의하는데 항상 불리하게 작용하는 재정부문에서 경험할 수 있다. 네트워크기반 경제는 이러한 관료구조를 회피하는 방법을 개발하였다. 첫째, 가족이나 친구에게 의존하거나 보다 중요하게 그룹으로서 상호간 재정수단의 개발을 통해서이다. 이반 라이트가 쓴 바대로 민족단체는 개인대출, 계(契), 대출조합, 기타 협력적인 노력을 통해 회원들에게 재정자금을 지원하고 있다. 이 모든 것들은 보증에 의한 신용과 관계의 유지에서 비롯된다.[42]

이들 네트워크기반 민족경제는 그들 자신이 고도로 기업가적이라는 것을 보여주고 있다. 예컨대 어느 연구에 따르면 미국에서는 소수이민족들이 백인주체들보다 훨씬 높은 자영업 수준에 올라있다. 백인근로자들이 스스로 독점부문 및 주정부 부문 내에서 봉급생활자와 고용인으로 자리 잡는 동안,[43] 이민자들은 아메리칸드림을 좇아 새로운 비즈니스와 산업체 조성에 필요한 시간과 에너지를 투자하는 위험을 감수하고 있다. 칸왈 레키에 따르면 "이민자들은 대체로 얽매이지 않는다. 그들은 후원자도 없이 시작부터 위험을 안고 있고 집에서 1만 마일을 떠나왔으며 매우 유동적이다. 그들은 정착하지 않으므로 기회가 생기면 재빨리 이동할 수 있다."[44]

이러한 기업가정신은 종합적인 현상이다. 민족경제는 유리천장(glass ceiling, 여성, 소수파의 승진 최상한선)과 작업환경의 차별을 감수하기보다는 오히려 불이익을 받는 아웃사이더 그룹의 위치를 유리한 방향으로 추구하게 한다. 그들은 기업가 문화를 조성하고 진행시킨다. 이는 개인주의적인 사고나 독립적인 행동에 기조를 두는 것이 아니라 소규모 비즈니스를 시작하고 운영하는데 도움이 되도록 설계되는 민족자원네트워크에 뿌리를 두는 것이다.

이러한 민족네트워크의 기업가적 활동은 근본적으로 현대 주류 자본주의의 예상되는 과정을 변형시킨다. '중심지역' 을 지배하는 것으로 받아들여졌던 관료적 집중은 소규모 사업과 기업가적 활동의 상시적 유입으로 상쇄되었다. 이민사회의 경제력으로 인해 시장경제의 혁신적이고 적응성 계층은 포함되지 않았다.

민족경제 개념과 관련된 이산행 자본주의(Diasporic capital-sim)개념은 현대 주류에 대하여 한계적인 경제활동을 기술하는데 사용된 또 하나의 개념이다. 이러한 공통성에도 불구하고 이들 두가지 어휘는 별개의 것을 강조하는 것이며 분석에 있어 그들 자신의 분명한 단위체로 작용하고 있다. 이산형 자본주의 연구는 '체류 적응(sojourning orientation)'과 함께 '중간 소수민의 역사'에서 나타나며, '중심' 에 정착한 소수이민족들에게 초점을 맞추는 대신 분산된 인종부류에 집중한다. 핵심이 되는 주장은 전체의 분산 부류와 그들의 연계를 나타내는데 사용되는 디아스포라의 것이다.[45] 민족경제네트워크는 핵심 내에 각인됨으로써 작용하는 폐쇄시스템인데 반하여, 이산형 자본주의 네트워크는 전 우주적으로 국가간에 작용되고 있다. 이산형 자본주의는 통신, 재정, 교역의 국가간 망에서의 허브나 정점으로써 주도사회(Host Society)를 사용하는, 탈영토화한 인구들에 의해 지지 받는다.

역사적으로 어느 민족도 유태인 이상으로 이산형 자본주의를 인정받지는 못했다. 그러나 현대 세계경제에서의 주요 사례는 분명 중국인들이다. 대략 6,000만 명의 중국인들이 본토 밖에서 생활하고 있으며, 이 디아스포라는 세계에서 두 번째로 큰 조직이다.[46] 중국인들은 중간상인으로서의 긴 역사를 가지고 있는데, 활발한 상인문화는 늘 중세왕국시대의 변두리에서 번영하였다. 이러한 변두리는 중국본토에 시베리아, 한국, 일본, 인도네시아, 인도양, 말레이시아 반도와 연계시키는 활발한 연안무역과 역동적인 해양문화를 생성하였다.

오늘날 중국인 디아스포라는 전 세계적으로 확산되고 있으며 그들 스스로는 특히 동아시아 지역에서 환상적 성공을 거두고 있음을 입증하는 교역, 경제, 산업의 웹을 조성하였다. 1991년에 중국 민족은 인도네시아 인구의 단 3.5%만을 구성하였으나 국가 소유의 상장 지분중 전체의 73%를 소유하였다. 이와 유사하게 말레이시아에서는 29%의 인구와 61%의 상장 지분을, 필리핀에서는 2%의 인구와 50%의 지분을 소유하였다. 태국에서도 인구의 10%는 중국인들이며 이들이 그 나라의 81%의 상장 지분을 소유하고 있다.[47] 이러한 통계들은 중국의 이산형 자본주의 네트워크가 현대자본주의사에서 가장 드라마틱한 경제성장으로 화제가 되었던 '아시아 호랑이의 상승'에서 놀라운 역할을 담당했음을 보여준다.

「중국의 다아스포라와 중국 본토: 신흥경제의 상승효과(*The Chinese Diaspora and Mainland China: An Emerging Economic Synergy*)」라는 책에서 콘스탄스 레버-트레시(Constant Lever-Tracy), 데이비드 입(David Ip), 그리고 노엘 트레시(Noel Tracy)는

중국의 이산적 자본주의를 특성 짓는 구체적 형태의 운영과 특정 비즈니스 실태를 상세히 기술하였다. 이러한 특징에는 상황에 대한 무관심 또는 적대심으로 인한 비교적 제한된 정부지원, 필연적 결과인 관료주의의 결여, 소유주와 관리인 간에 구별이 없는 소규모 가족기반 사업을 경영하려는 추세, 그리고 다각화를 통한 성장 전략 등이 포함된다. 그러나 무엇보다 중요하고 유례없는 특징은, 보다 광범위한 이산형 자본주의는 관료구조나 법적으로 구속된 계약보다는 신뢰에 기반을 둔 사적 친분이나 공동체 네트워크에 의존하는 경향이라는 것이다.[48]

이러한 사적인 관계 네트워크를 중국말로 '콴시(quanxi)'라고 한다. 이반 라이트에 따르면 콴시는 유용한 사회적 관계를 형성하거나, 그러한 관계를 정립하고, 비즈니스를 지원받을 수 있는 능력이라고 한다.[49] 중국 디아스포라는 콴시의 활용을 통해 국가나 법 시스템에 의존하지 않고 신용장을 늘리고, 정보를 수집하고, 합의를 통해 안전을 도모한다.[50] 즉, 기업가정신을 촉진시키고 엄청난 경제성장을 활성화시키는 문화적 민족네트워크를 조성하는 것이 콴시이다.

코트킨의 책은 중국인을 포함한 여러 디아스포라를 다루고 있다. 그 중 '거대 인도(Great India)' 에 관한 절은 인도인들이 현대 글로벌족 가운데 가장 최근에 출현했다고 언급하면서[51] "그러나 수준높은 교육을 받고, 경제적으로 번영하고, 기술적으로 세련된 디아스포라 인구는 강력한 차세대 세계 경제력으로 발전할 수 있는 잠재력을 가지고 있다."라고 결론짓는다.[52] 코트킨에 따르면 "고집 센 후손들(wayward sons)에 의해 진행되는 인도의 부흥은 다가

오는 세기의 창공을 뒤흔들 수도 있다."[53]

인도계 기업인협회(TiE)

잡지와 신문의 논설위원들은 IT 분야에 종사하는 해외 인도인들에 대한 글을 쓸 때 '네트워크 갑부', '네트워킹 열반(涅槃)' 등과 같은 표현을 쓴다. 그리고 다소 험악하게는 '인도의 인터넷 마피아'라는 표현을 사용하기도 한다. 포춘지는 "인도인 프로그래머, 첨단기술자, 사업가들은 놀라운 웹을 형성하여 상호간의 투자, 이사회 참석, 핵심 직종의 고용 등에 참여하고 있다."라고 쓴다.[54]

이와같은 견고한 연결망을 조성함으로써 인도의 IT 디아스포라는 한계자본주의의 또 다른 형태로 유사하게 운영된다. 중국인들과 같이 신의와 사회적 관계에 기반을 둔 사적 문화네트워크의 이용은 '합리적인 관료주의 법률'보다 중요해 지는 것이다. 이 네트워크들은 인종에 근거한 자원들을 결집시키는 관계망을 구축하고, 따라서 결국 불리한 조건과 유리천장, 그리고 전형적인 인도인들을 관리자가 아닌 '테키(techies, 정보기술에 밝은 아이)'로 취급하는 편견들을 무시할 수 있는 것이다. 국외, 특히 미국 내의 인도인들은 집단적 기업주의를 조성하여, 그들 가운데 다수로 하여금 개인 소유의 회사를 설립하거나 또는 동료들에 의해 설립된 소규모 신생기업에서 근무하도록 이끌었다. 그들은 벤처투자가와 엔젤투자가로써 보다 주류에 접근하기 어려운 신생 회사들에 대한 재정지원을 해준다. 즉, 그들은 관료기계이기보다는 문화기반 네트워크로서 작동하고 있는 것이다.

미국인의 순수한 친절함과 인도인 IT 기업가의 야심찬 추진력이 혼합된 캘리포니아인들의 민첩성은 TiE의 연례행사를 훌륭한 네트워크의 장으로 만들었다. 단 이틀 만에 미국 서부연안의 와나베 구루(wannabe gurus)에서부터 뭄바이의 사업가에 이르기까지 모두를 만날 수 있다. TiE의 실리콘 밸리 본부는 산타클라라 호텔 부근의 야자수 나무와 유리건물 사이 길에 위치해 있다. 행사 후 단 며칠 동안의 방문에서, 누군가는 그 곳의 민주적 분위기와 활력으로 인한 불가피한 혼잡으로 인해 충격을 받게 된다. IT계의 전설이 된 수백만장자의 창업자들은 자신들의 시간을 기꺼이 할애해 준다.

TiE의 창립멤버이자 현 회장인 카일라쉬 조쉬(Kailash Joshi)는 이 같은 높은 자원봉사정신은 조직의 성공을 가늠케 하는 것이라고 한다.[55] 그는 자신의 의자에 기대어 앉아 말하기를 "이곳 실리콘 밸리에는 자신들의 사명 가운데 하나가 TiE 자원봉사사가 되는 것이라고 말하는 전문가가 850명이나 있다."라고 한다.[56] 핵심멤버들은 시간과 에너지뿐만 아니라 지부설립을 위한 순방회의에 대해서도 재정적 지원을 하면서, 그들로 하여금 조언과 도움을 주고 정책을 설명하도록 한다.

거친 목소리로 신랄하게 늘어놓는 조쉬의 즉시적이고 인상적이며 다소 위협적이기까지 한 뛰어난 궤변에 대항하는 칸왈 레키 또한 조직의 핵심 멤버로서 사람들의 자발적 참여를 확인시켜준다. TiE의 성공에 대한 설명을 요청받을 때면 레키는 웃으며 답한다. "유별난 정의감 때문이다. TiE는 이익집단이 아니기 때문에 사람들이 그토록 많은 시간과 에너지를 투입하는 것이다."[57]

그의 대답은 조쉬의 것과 같이 어떤 사회적 경제적 소득 이상의 문화적 강도에 대한 열망에 호소하고 있다. "바보같이 들릴지도 모르겠으나, 인도인들은 자신들이 성취한 것에 대해서 크게 자랑하지 않는다. 인도인 그룹은 나뉘고 또 나뉜다. TiE는 당신을 분할하는 무엇인가를 전수받기 위해 노력하는 그룹으로서 시작되었다."[58] 근시안적인 차별에 의해 제한받지 않는 강력한 이산문화를 생성하기 위한 이 같은 동기는 TiE 멤버들에 의해 반복적으로 강조된다. 이것이야말로 정치 또는 종교적인 그 무엇과도 관련되지 않는 그의 단호한 주장이 담겨져 있는 것으로서, 조직의 개방성과 내재가치를 설명하고 있다. 레키는 TiE의 마음가짐을 가리켜 "당신을 분류시키는 어떠한 것, 즉 그것을 위해 당신이 어딘가 다른 곳을 가야만 하는 것이다. 당신을 일체화시키는 모든 것은 바로 … 기업들이 통합하고, 공유된 번영이 통합되며, 일반적인 질적 이미지가 통합되는 것 …"라고 하였다.[59]

이러한 자원봉사정신과 문화적 웹들을 강화시키려는 욕구와의 융합은 TiE의 가장 구체화된 인도인적 습성인 전통적인 인도의 구루시스템을 실리콘 밸리 문화의 혁신과 연합하려는 목표를 가진 멘토링 프로그램(mentoring program)이 충당한다.

멘토들은 그들의 경력에 있어 공동체에 시간과 에너지를 되돌려 줄 수 있는 시점, 즉 TiE로부터 유자격회원으로 요청 받는 시점에 도달한 기업가들과 전문가들로 구성되어 있다. TiEcon 2002의 회장이었던 비쉬 미쉬라(Vish Mishra)에 의하면, 그들에게 적용되는 첫 번째 기준은 조직에 대한 공헌이다. "우리는 그들에게 '무언가를 얻어가기 위해서라면 오지 말라. 당신들은 반드시 기여해야

하며 간접적인 유익은 단지 부수적인 것이다."라고 이야기한다."[60]

자격회원들은 자신들의 경험, 위상, 배경, 대인관계를 TiE에 제공하는 한편, 도움을 받기 위해 공개적인 채용을 통해 조직에 접근한 젊은 기업가들에 대해 '구루'로서 봉사한다. 멘토들은 지식과 창업자본을 제공하면서 기업세계에서 문호를 개방하도록 하는 시발점 및 접점으로서 역할한다. 전통적 구루시스템에서와 같이 멘토들은 스승이자 안내자로서의 경험을 가진 자들이 된다. 아마도 보다 비판적으로, 멘토들은 역할모델로써 작용하는 것이다. 칸왈 레키는 말한다:

> TiE의 기본 개념은 여러분이 이제껏 본 적이 없는 어떠한 것이 되고자 꿈꾸는 것이기에 대단히 어려운 것이다. 빌 게이츠는 미국사람이다. 나는 그와 같이 될 수 없다. 그러나 만일 여러분과 유사한 배경을 가진 이들 중 하나가 그것을 성취한다면 이는 대단히 강력한 역할모델이 되는 것이다. 여러분은 생각할 것이다. '나라고 못하란 법이 있는가.'[61]

멘토는 구루와 같이 개방적이고 유용하다. 레키는 "당신은 역할모델이 될 수도 없거니와 접근조차 불가능 하다. 당신은 좀 더 그들과 접촉할 수 있어야 한다."라고 말했다.[62] TiE의 멘토 시스템은 격려자로서의 역할과 함께 지식공유메커니즘을 제공함으로써 사람들로 하여금 같은 실수를 반복하지 않도록 한다. 매주 여섯 명 정도의 사람들에게 1시간씩을 할애해주는 레키는 "당신들 서로는 상대방의 경험을 매우 빠르게 습득할 수 있을 것이다."라고 설명하면서, "상담을 처리하기가 힘들어졌다. 나는 개방정책을 써왔는데 그 관리가 매우 어렵다. 그들의 요구는 끝이 없다." 라고 말한다.[63] 실제 레키는 나와의 인터뷰 직전에도 어느 지방 회사의 CEO와 1시간을 소용하였다.

> 그는 어떠한 새로운 상황으로 들어가는 시점이면 나에게 면담을 요청하고 우리는 한 시간 가량 이야기한다. 나는 2년 동안 그의 멘토였었기 때문에 그의 회사 사정을 파악하고 있다. 일련의 사안들이 매우 복잡하게 되었을 때나 향후 비전을 원하거나 아이디어의 검토를 원할 때 나는 이용된다. 그는 스탠포드대학의 박사로서 대단히 우수했었는데, 그런 그를 도울 수 있었기에 나는 그의 멘토인 것이 즐거웠다.[64]

조직의 이러한 양상은 탄탄한 문화적 연계를 조성하였는데, 특히나 멘토링 관계에서는 경쟁이 존재하지 않았기 때문이다. 레키는 멘토의 태도를 언급하면서 "우리들은 모두 보다 큰 꿈을 위해 참여하고 있기 때문에 서로간에 경쟁은 없는 것이다."라고 하였다.[65]

부분적으로 이 것이 인종적 결합에 뿌리를 두고 있다 할지라도 이러한 꿈은 우선적으로, 그리고 가장 중요하게도 기업가 문화의 조성에 기초한다. 조쉬에 따르면 이 조직은 그 시작부터 "기업가들의 전진이라는 그의 사명에 고도로 집중적인 초점을 맞춘 것" 이다.[66]

기업가들의 새로운 탄생여부에 대한 질문은 매우 복잡한 것이다. 레키는 "만일 나에게 물어본다면, 나는 어떤 사람을 하나의 기업가로 만들 수는 없다고 대답할 것이다. 기업가 정신이라는 것은 당신의 기질 가운데 하나이며, 그것은 바로 위험성향이라 할 수 있다. 오전 9시부터 오후 5시까지 일하고 맥주를 마시며 게임을 즐기는 사람들도 있고, 24시간 동안 일하기를 원하는 사람들도 있다. 당신들은 하나에서부터 열까지 모든 것을 쉽게 바꿀 수는 없다.[67] TiE와 그것이 일부가 되는 실리콘 밸리의 문화가 이루고자 하는 것은 기업생태계, 즉 모두가 기업가가 되고 싶은 꿈을 꾸게 되고 모두가 노력하도록 격려되는 환경의 조성이다. 이러한 방법이 적용된 1~2%들만이 정상의 자리에 오르게 될 것이다."라고 말했다.[68]

TiE의 첫 번째 회의는 1994년에 개최되었다. 비쉬 미쉬라에 의하면 회의는 마치 조직의 주체성 형성을 목적으로 하는 축제처럼 보였다. 보다 좋은 명칭이 없어 간단히 '기업가 워크숍'이라 불리게된 강연은 그들의 경험을 공유하고자 하는, 기업절차에 익숙하지 않은 사람들을 위한 기반을 제공하고자 하였다. 회의에서는 사업계획서의 작성을 위해서는 무엇이 필요하고, 재정지원을 위해서는 무엇이 요구되는지 등이 집중적으로 다뤄졌다.[69] TiEcon은 다소간 여흥적인 듯 했으나 조직의 실제적 · 교육적 초점은 상실하지 않았다. 미쉬라에 따르면 조직은 그 시작부터 전적으로 사업의 조성, 사회의 경제발전, 자유기업의 경영, 시장경제, 그리고 성과기반 시스템에 집중했다고 한다.[70] 칸왈 레키는 경제와 기업가 정신에 대한 예민한 초점이 TiE의 기조가 된다는데 뜻을 같이 했다. "그것이 바로 실천이라는 것이다. 만일 거기서 성공하지 못한다면 다른 아무 문제도 해결하지 못한 것이다."[71]

TiE의 목적은 연결되지 않은 일련의 선들을 통합된 네트워크로

변환하려는 것이었으며, 레키 또한 "TiE의 이면에 자리 잡은 개념은 사람들을 한데 모아 네트워크 효과를 내자는 것이었다."[72]라고 말했다. 자원봉사자 무굴 고얄(Mukul Goyal)이 동의한 바대로, 네트워크는 모든 것에 우선한다. 여느 네트워크와 마찬가지로 TiE는 다양한 분산형 구조로 되어 있으며, 상호작용, 개방성, 혁신성, 그리고 양성피드백[73](선형 순환'과 나선형 성장)으로 이루어진 복잡성의 원칙에 기반을 둔다.

디아스포라와 개발

이론가들은 이산적 자본주의가 글로벌 경제 내에서 특별한 흐름이 되고 있다는데 동의하는 것 같다. 이는 국제적 국가관계, 또는 중앙본부를 갖는 다국적기업들 모두와 구별되는 초민족주의(transnationalism), 통제, 그리고 의사결정의 과정에 의해 운영된다.[74] 예컨대 중국의 이산형 자본주의는 아주 정밀하게 만들어진 계약시스템, 잘 개발된 복지국가를 지향하는 서구 자본주의, '기업주의' 특징을 갖는 일본의 것 등의 모두와 구별되는 특유한 '다국적 교역의 힘'이다.[75] 해외의 중국인 공동체들은 당국의 지원이나 보호를 받지 않고 자주 법망을 피해 다니는 자율형 통제체로서 설립되었으며 이들은 유럽과 미국으로부터의 모든 해외 이민자, 상인들, 그리고 다국적인들과 확연히 대조되었다.[76]

보편적인 '자기 민족 중심주의' 사고를 갖는 현대자본주의 이론가들은 중국인과 같은 디아스포라들의 왕성한 경제활동에 도움이 되는 것은 물론, 맹목적이 될 수밖에 없다. 이산형 자본주의는 종속성이나 세계체제이론의 전망에는 자리를 잡지 못했으며 현대화 이론 또는 베버이론 추종자들에 의해 알려진 성공의 법칙을 따르지 않았다.[77] 결국 중국인 디아스포라의 성공은 개인적 신뢰와 가족주의에 기반한 네트워크가 그들 자신을 현대화와 개발로 유도케 한다는 것을 입증함으로써 이성, 관료주의, 그리고 법의 통합적 승리에 관한 기계적 환상과 가정을 갖는 진보적 화두에 도전하는 것이다.[78]

문화적 기반 네트워크에서부터 출현하여 경제성장을 보게 되는 한계자본주의 사상은, 인간이 톱니로서 기능하는 계층적인 관료기계를 가지는 현대 주류의 자본주의 서술에 대하여 적대적이다. 이러한 경제적 흐름은 상반될 뿐만 아니라 직접 경쟁에도 놓이게 된다. 본래의 가정은 현대자본주의기계가 결국 한계자본주의 네트워크를 흡수하게 된다는 것이었다. 아직도 투쟁은 다른 방향으로 쏠리고 있다는 느낌이다. 글로벌 정보경제에 있어서 한계성은 주류를 뛰어 넘는 잠재력을 지닌다.

중국 디아스포라에 관한 글에서, 레버-트레이시(Lever-Tracy), 잎(IP), 그리고 트레이시(Tracy)는 표준화되고 고도로 관료적인 다국적기업들이 냉전이후의 정보경제를 특성 짓는, 통제의 결여와 상승하는 불확실성에 적응하기가 어렵다는 것을 알아냈다고 주장했다. 그들은 쓰기를 “행위자 개개인의 통제할 수 없는 선택이 예측 불가능한 결과를 가져올 수 있는 것이 세계이다. 그러나 계획과 조직은 위대한 기업임을 증명해주는 특징이었으며, 예측성은 다수가 권력을 쥐게 된 포드주의(Fordist) 대량생산의 선수조건이었다.”[79]

반면, 국가간 네트워크를 통하여 긴 교역의 역사를 갖는 이산형 자본주의는 '중심을 잃은(Disorientating) 세계화 경영'과 오랜 기간 친숙해 왔다. 정보기술에 의해 혼용되는 통합형 세계경제는 그들의 상황을 보다 용이하게 만들 뿐이다. 이산형 자본주의자들은 다국가적으로 네트워크화된 중소기업들의 가족 경영, 개인적 신뢰와 명예, 그리고 관료적 구조와 법률, 정부지원보다는 유연한 다면전략에 의존하는 친숙치 못한 환경에서의 위험과 경영에 길들여졌다.[80]

이러한 탁월한 적응성은 특히 중국과 같은 개발경제의 경우에 가장 두드러진다. 중국 본토가 개발의 혜택을 입게 되었을 때, 이산형 자본주의 네트워크는 매우 관료적인 다국적기업들보다 훨씬 더 성공적이었다. 콴시의 예측할 수 없는 종횡경로는 전체 시스템에 걸쳐 다중랜덤연결이 생성되게하며, 이를 통해 비관료적 결정자도 파악할 수 있는 것이다. 이는 베버에 의해 주장된 예측 가능한 합리주의와 전체주의보다 훨씬 유용하다는 것이 증명되고 있다. 그들은 다음과 같이 말한다.[81]

> 디아스포라 중국인의 자본주의는 잘 정착된 서방의 다국적기업과 대조를 이룬다. 또한 심지어는 일관된 방법으로 제3세계를 개발하려는 능력을 거의 보이지 않으면서 앞서 경제자립을 이룩한 공산국가들에 대한 경계를 좀처럼 풀려고도 하지 않는 일본인들과도 엄밀한 차이를 보인다. 확장하지 않은 자본주의는 반드시 쇠퇴하고 외부인들에 의해 점령당할 것이다.[82]

레버-트레이시, 잎, 트레이시들은 중국인 디아스포라의 특수성에 의견을 같이했다. 광범위한 화교자원들은 기회와 타이밍을 이용하여 현지의 역동적인 개발의 힘과 혼합하면서 본토에서 충분히 사용되지 않은 자원과 시장을 이용할 수 있었다.[83] 저자들은 재외 인도인의 경우와 중국의 디아스포라를 분명히 비교하였다. 인도의 디아스포라는 그 규모가 훨씬 작고, 홍콩이나 싱가포르와 같은 수도도 가지고 있지 않으며, 인도내에서의 기회 또한 적어도 아직까지는 위대한 것이 아니기 때문에 비교될수 있는 역량으로 간주되지 아니하다. 그러나 이러한 차이는 시간이 지남에 따라 사라질 것이며 재외 인도인들은 결국 화교들이 중국에 했던 것과 같이 중요한 역할을 담당하게 될 것이라는 징조가 계속되고 있다.

이제까지 수십 년 동안 인도의 디아스포라 인구는 국내측 카운터파트들을 독려하는데 주력해 왔다. 인도의 어느 잡지는 인도의 GNP가 약 2,650억 미국달러인 반면, 인도의 디아스포라는 1,250억 미국달러를 벌어들였다고 보고한 바 있다. 현장감과 설득력을 갖춘 비즈니스월드지는 "그것이 바로 정답이다. 재외 인도인의 전체 수입은 인도 국민총소득(GNI)의 절반에 약간 못 미치는 정도이다."[84]라고 기록하고 있다. 이같이 엄청나고 확연하게 보여지는 성취는 인도인 기업가의 신뢰를 높이는 동시에, 인도뿐만 아니라 전 세계에 힌두의 성장률이 힌두문화 자체와는 별개라는 것을 보여주게 된다.

인도 디아스포라의 성취는 인도의 보호주의적 경향에 대한 직접적인 도전으로 남는다. 비즈니스월드지는 비거주 인도인(NRI)의 성공에 관심을 갖게 함으로써 자신의 정부를 조롱하곤 한다.

당신이 물고기를 잡았을 때 어떤 일이 벌어지는가? 물고기는 아무런 도움도 못 받은 채 숨을 헐떡거리며 벌벌 떨면서 수분 후에 죽게 된다. 그렇다면 당신이 인도인을 인도에서 빼낸다면 어떻게 되는가? 그는 깊은 숨을 들이마시고 자신의 사업을 설립하기 위해 서둘러 돈을 모으기 시작할 것이다. 이러한 상황이 일전에 우간다와 영국에서도 일어나기는 했었으나 이는 인도 빈민자들이 미국, 특히 실리콘 밸리에서 성공을 거두고 있는 것과는 비교할 수 없을 만큼 미미한 것이다.[85]

그들은 "인도인들은 기업가들을 존중하고 기업설립을 용이하게 하며 그들의 진행 과정이 우선적으로 처리 될 수 있도록 지원해주는 미국에서 성공할 수 있다. 반면 인도에서는 기업가들은 수백 개의 양식을 채워야하고 수천의 바부스(babus, 장기간에 걸친 정규고객) 할당을 채워야만 한다. … 업무처리의 장애물들이 제거된다면 인도인들은 그들의 조국에서도 번영하게 될 것이다."라고 결론짓는다[86]

격려나 함성과 같은 행동을 넘어, 인도 디아스포라는 인도에 보다 직접적인 파급효과를 가져왔으며, 특히 국가 소프트웨어 산업의 성장에서 그러하다. 인도인 IT 종사자들은 미국에서 더욱 자리잡았으며 조국에 오프쇼어 개발센터를 설립하기 시작했다. 미국에서 일하는 수많은 인도인들은 조국과의 연계를 유지하였으며, 특히 초국가적 웹의 중추로써 실리콘 밸리를 이용하였다. 그들의 중국인 동료들처럼 인도인 IT 디아스포라는 값싼 노동과 기업기회를 누리기 위하여 인도 내부에서의 연결을 활용하려고 노력한다. 안나리 색스니언의 연구에서 외국에서 출생한 응답자의 46%가 모국의 기업계약을 우선시하는데 도움을 주고 있는 것으로 밝혀졌다. 한가지 특별한 예로써 1992년에 IBM의 인도 재입성을 책임졌던 카일라쉬 조쉬를 들 수 있다. 미국에서 근무하는 수많은 인도인들은 인도에서의 오프쇼어 프로젝트 설정에 역할을 다하고 있다. 안나리 색스니언의 글에서 재미 인도인들은 오라클(Oracle), 노벨(Novell), 베이 네트워크(Bay Networks)를 포함하여 여타 실리콘 밸리 회사들을 위한 인도인 소프트웨어 시설의 설립에 중요한 역할을 하였다.[87] 와이프로의 회장인 아짐 프린지(Azim Primji)는 말하기를 "사실 광대한 인도인 IT 백만장자들은 인도의 신생회사들에 주목하고 있는 가장 공격적인 투자자들에 속한다. 비거주 인도인들은 현재 인도에 상당한 관심을 보이고 있는데, 이는 많은 돈을 벌어들일 수 있다고 생각하기 때문이다. 그들은 인도에서의 투자수익이 실리콘 밸리에서의 것보다 훨씬 좋다는 것을 불현듯 알아차리고 있다."[88]

2000년대에 들어서면서 재미 인도인들은 자신들이 떠나온 나라에 대해 높은 관심과 흥미를 가지게 되면서 이러한 사업기회에 대한 직감과 사회적 양심을 결합하기 시작했다. TiE 주변에서 활동주의에 대한 이러한 추세는 '사회적 기업가정신'이라고 이름 붙여졌다. 조쉬는 우리에게 친숙한 '물고기를 잡는 법을 가르쳐라'라는 이야기를 한층 상세히 풀어내며 이를 설명한다.

> 첫 번째 방법은 당신이 물고기를 요리하고 사람들에게 대접하는 것이다. 그러면 사람들은 물고기를 먹고 소화시킨 후 보다 많은 물고기를 원하게 된다. 두 번째는 물고기 낚시법을 알려주는 것이다. 그러면 다음날 그들은 스스

로 방법을 찾아낼 것이며 당신은 더 이상 염려할 필요가 없게 된다. 세 번째 방법은 개울을 만들고 그 곳에 물고기를 살게 하는 것이다. 사회적 기업가정신은 개울을 조성하고 먹이를 주기보다는 가르치는 것이라 할 수 있다.[89]

언제나처럼 목표는 기업가적 활동에 초점을 맞추는 것이다. 이의 중심이 되는 것은 프라하라드가 가장 잘 세워놓은 비전이다. 그는 세계의 45억 빈민들을 지원하기 위해 존재하는 거대한 기업가적 활동의 기회에 관해 이야기한 바 있다.[90] 벤처투자가 비노드 코슬라는 TiEcon 2002에서의 연설을 통해 사회적 기업가정신이 기술성장의 장래를 주조할 것이라고 제안함으로써 이 주제에 관해 구체적으로 설명하였다. 그는 환경, 에너지, 분산개발은 모두 기술적 해법을 가지고 있으며 이는 큰 회사가 아니고 개별 기업가들에 의해 발견될 것이라고 하였다.[91]

미국에 있는 IT 근로자들은 사회적 기업가정신에 대한 이러한 요청에 대한 응답으로 인도에서 일하는 조직에 기여하고 지원하기 시작하였다. 예컨대 TiE와 관련된 수많은 IT 전문가들은 구자라트(Gujarat) 지진의 비극을 계기로 재미인도재단(AIF: America India Foundation)[92]을 설립하여 인도를 지원하는 NGO 그룹을 협력하는 '우산조직'을 조성하였다. 더하여 TiEcon은 '교육을 위한 아샤(Asha for Education)',[93] 인도의 저소득층을 위한 기초교육을 전담하는 국제비영리조직, 그리고 학생들을 위한, 특히 가난한 형편에도 우수한 학습능력을 보여주는 여학생들을 지원하는 '우수장학재단(Foundation for Excellence)'[94]의 설립을 위한 자선행사의 진행을 위해 수많은 부스를 제공하였다.

TiE는 스스로 디지털 분할을 연계하기 위한 노력으로 '디지털 이퀄라이저(DE: Digital Equaliger)'센터를 설립하기 시작하였다. DE 센터는 조쉬가 설명하는 바대로 "이제껏 PC를 접해보지 못했거나 본적도 없는 어린이들이 소재하는 지역에 설치된다. 이것이 기준이 되어 일생 동안 컴퓨터를 보지 못하리라는, 희망이 없는 곳에 설립된다."[95] 센터들은 인터넷과 서버가 연결된 일반형 컴퓨터 등 고급 장치들로 구성된 실험실로 되어 있다. 영어와 지역언어로 물리, 화학, 수학을 포함하여 1~12학년을 위한 자료를 서버를 통해 제공 받는다. "우리는 또한 그들에게 강사를 제공하고(3년간의 유지비와 함께) 찾아오는 누구라도 제한을 두지 않도록 지시한다."[96] 최초의 DE센터는 인도의 독립기념일인 2001년 8월 15일에 칼나타카(Karnataka) 깊숙이 위치한 벽촌에 설립되었다. 12월에는 어린이들을 위한 전국경연대회가 뭄바이에서 개최되었다. 대회에는 이 센터를 보유한 학교출신의 7학년과 12학년 여학생이 한 명씩 있었다. 조쉬는 열정적으로 설명하기를 "인도 전역에서 내노라하는 최신식 학교들에서 온 어린이들이 참가한 가운데서, 그녀는 금상을 수상했다."[97] 조쉬는 센터가 약 3만 미국달러를 지출할 것으로 예상하였는데 실제로 얻게 된 성과는 그의 10배 이상이라고 주장한다. "다른 어린이들도 격려를 받을 것이다. 나에게는 이것이 바로 사회적 기업가정신이다."[98]

이 같은 사례들은 IT 디아스포라에서 열광의 빛을 발할 것이며, 국가의 미래전망에 대한 계속 성장의 낙관을 부추겨준다. 지상에서의 현실과는 반대되는 희망인 인도 IT 디아스포라는 경제적 자유주의운동을 불러들이는 보다 큰 꿈을 재촉하게 하였다. 그들은 이를 간디의 정치적 자유주의운동과 비교하였다. 정치적 자유에 대한 갈등이 남아프리카에서 시작된 것과 같이, 경제적 자유에 대한 갈등이 실리콘밸리에서도 시작될 것이라고 칸왈 레키는 말한다.[99]

간단히 말하자면, 경제적 자유주의운동은 인도 경제의 해방이며, 그의 잠재력에 따라서 국가의 번영이 이루어지는 것이다. 레키는 말하기를 "인도인들은 스스로가 코끼리라고 불리는데 익숙하다. 그러나 코끼리는 느리고 뛰지 못한다. 따라서 나는 "더 이상은 아니다(No)"라고 말하기 시작했다. 우리는 이 코끼리에게 춤추는 법을 가르쳐야 할 필요가 있다."[100]

간디가 식민주의의 불공평에 초점을 맞추고 있는 동안 경제적 자유주의의 초점은 빈곤에 맞추어졌다. "나는 무엇을 할 필요가 있는가를 1920년대에 일어났던 일들과 비교하기 시작했다"고 레키는 설명하였다. "우리는 모든 인도인들에게 '우리는 왜 이토록 가난한가?' 라고 질문 할 필요가 있다. 자유주의운동은 해외로 나간 인도인들로부터 왔고, 자유로운 사고와 법적 규칙 및 절차는 영국으로부터 배웠다. 마찬가지로 경제적 자유는 미국에서 일하면서 자유시장경제의 효율성과 힘에 대해 배웠던 인도인으로부터 올 것이다."[101]

독립운동은 간디와 네루, 그리고 해외에서 돌아온 모든 인도인들의 의지가 확산된 것이다. 펜티엄칩의 대부이자 실리콘 스파이스(Silicon Spice)의 CEO인 비노드 담(Vinod Dham)은 "이제는 우리가 인도를 자유롭게 할 차례다."라고 말한다. 실리콘 밸리의 대부인 칸왈 레키는 한층 더 나아가 "우리는 3등 국가에서 살고 있

는 1등 국민이다. 이는 변해야 하는 사실이다."라고 말한다.[102]

> 우리가 두 배로 더 부유해지기 위해서는 이미 가지고 있는 것보다 많은 부를 생산해야만 한다. 새로운 부의 유일한 자원은 기업을 통해서 얻을 수 있다. 우리가 기업가정신에 초점을 두지 않는다면 빈곤에서 빠져나올 수 없을 것이다. 그것은 경제적 자유운동을 일으키는 것이고, 그것은 TiE의 일원이 되는 것이다. 사람들은 이미 이를 상상하고 있다.[103]

인도 내에서 일어나는 최상의 숙련된 인구들의 이동은 때때로 두뇌유출로 간주되고, 아주 흔하게는 경고로 보여지기도 한다. 레키와 여러 사람들은 상징적이고 날카롭게 이에 반박하였다. "두뇌유출이 두뇌고갈 보다는 낫다." 두뇌유출의 문제는, 또는 적어도 이것이 문제가 된다고 간주되는 것은, 그 자체가 되돌아오기 시작했고, 대만과 중국에서 일어났던 역두뇌유출의 여부에 대한 질문은 실제 가능성과 같이 보이기 시작하고 있는 것이다.

안나리 색스니언 연구원은 "두뇌유출은 두뇌순환에 의해 교체되고 미국에서 일하고 있는 아시아인들은 그들 모국에서의 투자로써 세계화의 요원으로서의 역할을 담당한다."고 지적한다.[104]

> (그들은) 기술, 직업, 그리고 사업기회들에 대한 정보를 모국에 있는 친구, 동료들과 함께 공유하고 있다. 많은 이들이 자신들의 자금을 시발기업과 벤처펀드에 투자하고 있으며, 모국의 회사나 정부 관리에 비즈니스 기업의 접점과 자문을 제공한다. 핵심 다국적 기업과 그룹은 신생기술지역에서의 기업 운용을 착수하였다 ….[105]

디아스포라는 아시아의 최근 성장의 기본 역할을 담당하였으며 해외에 있는 인도인들은 자신들의 기업가 에너지를 인도의 경제발전에 투입하기 시작하였다. 이러한 국가의 장래에 대한 디아스포라의 참여는 인도로 하여금 자본주의가 서방에서부터 펼쳐졌다는 현대적 비전에 의하거나, 또는 토착적 국가발전의 폐쇄된 문과 같은 역점(opposing pole)에 의해 쉽게 설명될 수 없는 경로 상에 이르도록 한다.

디아스포라는 국내적, 또는 국외적인 것이 아닌 기업을 진행하는 특유한 문화와 방법을 가져다준다. 본국에서부터 분산된, 그러나 다른 곳에서도 충분히 정착될 수 없는 디아스포라들에게 있어서, 어떠한 국가의 보호된 공간에 대하여 그들의 문화는 외부적인 것이며 그들의 전통은 필요에 따라 유연, 관용, 통합, 혁신 가운데 하나를 택하게 된다. 그들은 유목민으로서 고도로 분산화되고 진실로 국제화된 전 세계적 연결과 통신, 그리고 상업망에 의해 운영되고 있다. IT 최강국이 되려는 인도의 희망은 이러한 분산된 자원의 참여에 결정적으로 의존하고 있는 것이다.

5 기술우위

The Technological Edge

데이터플로우(dataflow)는 마치 뱀에 물린 상처와 같이 인도 전역으로 퍼져 나간다! 20억의 인구, 성공을 향한 굶주림, 80%의 문맹률, 그리고 교육에 대한 열망 … 값싼 새트링크(satlinks)와 악의 없는 거짓말들은 그들로 하여금 이전까지 전혀 알지 못했던 길을 함께 기고, 전 세계를 향해 문호를 개방토록 한다. 문화적, 종교적, 지리적, 그리고 정치적 경계는 수년 내에 무너질 것이다. 기업가정신은 악취를 풍기는 구시대의 시체 위로 나팔을 울려대는 시바(Shiva)와 같이 일어나고 있다. 새롭게 태어난 인도는 10년 내에 중국 남방과 한국, 러시아의 적수가 될 것이다. 인도는 나머지 세계 전체가 일 년 동안 수행할, 아니 그보다 더 많은 양의 소프트웨어와 욕스(Yox) 오락물을 단 한 달 만에 생산해 내고 있다 … 루피는 아시아의 표준통화가 되어 주변시장에서 달러와 엔과 함께 경쟁할 것이다 …

– 그렉 베어(Greg Bear) [슬랜트(Slant)]

방갈로어 시내의 MG가(街)는 인도의 여느 곳과 다를 바가 없다. 패스트푸드 음식점, 선술집, 야외 까페, 극장, 고층서점,

MTV스타일의 음악상점 등이 위치해 있어 인도의 그 어느 곳보다 세계화, 현대화, 국제화되고 있다.[1] 이 곳에는 경제적으로 여유로운 젊은 전문직 종사자(남녀를 불문)들이 휴대전화기를 들고 스쿠터를 타면서 세계 각지에서 온 사람들과 뒤섞여 이리저리 돌아다니고 있다. 비록 이곳의 소음, 정취, 지방색, 그리고 분위기 모두가 절대적으로 인도답다 할지라도 방갈로어는 국제도시라 할 수 있다. 인도의 실리콘 플래토우(Silicon Plateau)로 알려진 정보화 시대의 핵심 정점 가운데 하나로서 말이다.

방갈로어는 디지털 기술을 기반으로 건설된 도시로서 다양한 규모의 소프트웨어 회사들이 거리에 즐비해있다. 사이버펑크(cyber-punk)스타일의 컴퓨터 회색시장(gray markets, **지하벼룩시장 같은 것으로 부품 등을 매우 싸게 팜**)이 잘 차려진 휴대전화기 상점들과 경쟁하고 있고, 최신 '무선통신' 상품을 홍보하는 광고판들을 도시 곳곳에서 볼 수 있다. 시내 중심과 도시의 무분별하게 확장된 지역에는 숙련된 직원들이 있는 콜센터, 첨단기술연구소, 세계 정상급 공과대학, 대형 소프트웨어 캠퍼스 등이 가득 차 있다. 방갈로어에는 1,300개의 IT회사, 1,000개의 교육시설, 600개의 사이버카페, 그리고 800개의 하드웨어회사에 약 12만 명의 IT 전문가들이 배치되어 있다고 한다.[2]

디지털 기술에 대한 이러한 집념 외에도, 아시아의 실리콘 플래토우는 유사한 명칭을 가진 미국의 것과 많은 특성들을 뿌리 깊게 공유하고 있다. 이곳은 캘리포니아의 실리콘 밸리와 같이 우수한 교육을 받고 유창한 영어실력을 가진 엔지니어들로 가득 차있다. 이러한 거주민들은 수많은 소규모 회사들을 국내외 도처에서 운영되는 대기업들과 연계시키는 광범위한 글로벌 네트워크를 통해 지속적으로 강화되고 있는 강렬한 기업문화를 개발한다. 보다 중요한 것은 방갈로어에서 실리콘 밸리와 같은 수준의 세계화가 실제로 진행되고 있다는 것이다. 그들은 지속적으로 에너지와 아이디어를 제공해주기 위해 인도 전역에서 몰려든 가장 우수한 인재들을 적극 환영하고 있다.[3]

산업혁명기간 동안에는 제품과 자원의 흐름은 수로(水路)에 의존했으며 선택의 여지없이 대규모 항구도시에 세계 교역의 허브를 정착시켜야 했다. 그러나 보다 가상적인 정보화 시대에는 그보다 유연해 질 수 있다. 지리적 여건이나 인구의 대변동을 고려할 필요가 없는 소프트산업화 공정에 의한 운영을 통해, IT 생산은 가장 외진 곳에서도 일어날 수 있는 것이다.

방갈로어의 발전은 첫째로 문화의 개방성에 기인한다. 도시는 역시 보다 현실적인 이유로 선택되는 것이다. 방갈로어는 이제껏 무더위 한 번 없이 일 년 내내 화창하고 따뜻한, 거의 완벽에 가까운 기후를 누리고 있다. 여행안내책자에서는 멋진 수풀과 녹음(綠陰), 그리고 열대성을 갖춘 '정원도시'로 불리고 있으며, 현대의 폭발적인 인구증가로 비롯되는 오염과 교통혼잡에도 불구하고 놀랄만큼 저렴한 생활을 누릴 수 있는 곳이 되고 있다.

얼마 전까지 방갈로어는 누구에게나 약간의 관심을 불러일으키는 작은 군인마을에 불과했다. 이 도시는 주로 은퇴 후 생활하기에 가장 알맞은 곳으로 생각되어 연금수령자들에게 인기를 끌었던 곳이었으나, 오늘날에는 500만 이상의 인구를 가진[4] 가장 급성장하는 도시 가운데 하나로서 인도 전통의 중심도시인 뭄바이,

뉴델리와 경쟁하게 되었다. 소프트웨어에서부터 생명공학기술에 이르기까지 광범위한 첨단기술산업이 번성하는 중심지로서인도-아대륙을 세계무역의 동시대적 흐름에 가장 직접적으로 연결시켜 주는 곳이 방갈로어인 것이다.

의심할 여지없이 소프트웨어와 IT서비스 분야는 인도의 사회경제적 성장을 주도하고 있다. IT는 20세기 후반의 인터넷 폭발 이후에도 연평균성장률이 거의 50%에 이르는 인도 경제의 급성장 부문으로 남고 있다. IT는 인도 전체 수출의 10% 이상을 맡고 있다. 1990년대 초반에 겨우 5억 달러에 가깝던 인도 소프트웨어 서비스부문 수익은 21세기에 들어 100억 달러를 넘어섰으며,[5] 해당 산업이 2008년에 이르러 전체 수익 중 700~800억 달러, 그리고 수출 수익에서는 500억 달러를 차지할 것이라는 나스콤/맥킨지의 목표에 도달하기 위한 궤도에 올라 있다.[6] 결과적으로 IT 산업은 인도로 하여금 '세계적 경쟁이 불가능 한 제3세계 국가로써 희생자가 될 것' 이라는 국내외적인 이미지에서 탈피할 수 있도록 해 준 것이다. 국내에서 가장 성공한 정상급 회사 가운데 하나인 사티암(Satyam)의 회장 라마링가 라주(B. Ramalinga Raju)에 의하면 "IT는 이 나라가 세계로 뻗어나갈 수 있는 기회를 가져다주었다 …[IT를 통하여] 세계는 인도를 위한 시장이 되었다."[7]

디지털 기술은 점차 인도 미래의 중추가 되고 있고 한때 주변도시에 불과했던 방갈로어는 그 중요성이 보다 확대되고 있다. 주변지역의 영향력을 강화시키는 이러한 추세는 공공 및 개인 부문 모두에서 첨단의 위치를 차지하면서 번성하고 있는 인도 IT 산업 전체의 핵심역량이 된다. 주변지역으로 남아있으면서도 그 강점과 활기를 유지함으로써 인도의 IT는 '중심지가 없는 주변'으로서 네트워크화 된 미래의 윤곽을 드러내고 있다.

정부의 방관자 역할

인도 소프트웨어 산업의 핵심성공요인 가운데 하나는 그의 가상적 특성에 의한 정부 통제로부터의 탈피이다. 소프트웨어 개발은 대규모 투자를 요구하지 않는다. 규모가 큰 공장의 설립이나 대량의 고가장비를 구매할 필요도 없다. 소프트웨어 코드(software code)와 관련하여 가장 눈에 띄는 것은 이것이 점점 더 보편화 되고 있는 반면, 견고한 실체가 없이도 존속된다는 것이다. 소프트웨어 기술은 대단히 추상적이다. 궁극적으로 그것은 일련의 숫자에 지나지 않으며 무엇보다도 인간의 두뇌 속에 존재하는 것이다.

이러한 극단적인 가상성(virtuality)은 보수적인 정부 관료주의를 실질적으로 설득시키기에는 너무나 선진적이다. 결국 인도정부는 수년 동안 단지 납득할 수가 없다는 이유만으로 소프트웨어를 통제하지 못했다. 이러한 지식공백의 이점은 전체 산업의 통솔기구인 나스콤이 정부로 하여금 IT 친화정책을 채택하도록 종종 성공적으로 로비를 해온 사례로서 잘 제시되기도 한다. 나스콤의 첫 번째 실질적인 승리는 소프트웨어 회사들에게 일 년간 세금을 공제해준 1991년도의 역사적인 예산안에서 일어났다. 나스콤의 아주 활동적인 회장이었던 드왕 메타[8]는 협회가 소프트웨어는 인터넷 게이트웨이를 통해 다운로드될 수 있기 때문에 수입관세를 책정하는 것이 불가능하다고 주장했을 당시를 회고했다. 그러나 그들이 이러한 사실을 재무장관에서 설명하고 있을 때 한 관리가 곧바로 뛰어 들어오며 말하기를 "장관님, 재무관리를 게이트웨이에 앉게 하면 관세를 부가할 수 있을 것입니다."라고 하였다.[9] 다행히 재무장관이었던 럭킬리 치담바람(Luckily Chidambaram)은 게이트와 게이트웨이 간의 차이를 이해하고 있었고 일 년간의 유예기간은 승인되었다.

이러한 정부간섭으로부터 회피는 인도 IT 산업의 개방문화에 의해 크게 환영을 받았다. 방갈로어에서는 젊은 기업가에서부터 자리를 가장 잘 잡은 산업체의 임원에 이르기까지 모두가 일종의 DIY(do-it-yourself, 자작) 해커윤리에 따라 경영한다. 레디프 온라인(Rediff online)의 설립자이고 회장이자 CEO인 바라크리슈난(Balakrishnan)은 "정부의 관심에 경악했다. 나는 정부위원회에 초청받았을 때 제발 우리의 방식대로 보지 말아 달라고 했었다."라고 말한다.[10] 마단모한 라오에 따르면, 1999년 10월에 마침내 정부가 정보통신부를 설립했을 때 산업체의 첫 번째 반응은 "오 신이시여! 제발 우리에게 점잖은 무시(benign neglect)를 내려주십시오. 우리는 잘하고 있습니다. 어떠한 기관도 필요치 않습니다. 저들을 그저 우리의 길 밖에 머물러 있게 해 주십시오."였다.[11]

공정하게도 정부는 사실상 도움이 되는 어떠한 행동들을 보여주었는데, 가장 중요한 것은 IT 산업에 대한 '방관'을 제도화하는 것이었다. 그들은 주로 인도소프트웨어기술단지, 즉 STPI (Software Technology Parks of India)를 조성하고 이를 추진하였으며, 1990년에는 국가의 소프트웨어 수출을 촉진시키기 위해 STPI시스템을 창설하였다. 의심할 여지없이 가장 성공적인 정부 구상 가운데 하나(STPI)는 급격히 성장하였고 오늘날 전국적으로 30개의 도시에 사무소를 가지게 되었다.

STPI는 전국의 산업협회로서 두 가지 기본 역할을 수행한다. 첫째로 탈지역화된 특별경제구역과 같은 곳을 운영한다. 그의 통솔하에 운영되는 7,000개 이상의 회사들을 위해 STPI는 복잡하기로 유명한 정부절차를 단순화, 합리화시키는 단일창구로써 역할하였다. STPI는 관료적 형식주의를 지양하고 통상적인 절차와 규정을 무시할 수 있었다. 부바네스와르에 있는 STPI의 책임자인 마나스 파트나이크(Manas Patnaik)는 자신이 해야 할 일은 '무시하는 것'이라고 하였다.[12]

게다가 STPI는 어떠한 다른 비즈니스부문에서도 가능하지 않았던 수많은 혜택을 제공하였다. 그 가운데 주요한 것은 처음 8년의 영업기간 중 5년간의 소득세를 공제해주는 것과 외국제품을 수입하거나 국내에서 구입시 어떠한 세금도 부과되지 않도록 하는 등 다양한 세금혜택을 부여한 것이다. STPI의 지원으로 통상 인도에서 사업체를 설립할 때 소요되었던 엄청난 절차와 시간, 에너지를 대부분 감소시킬 수 있게 되었다. 실제로 인터뷰 동안 적어도 한 개의 STPI지점이 외국인인 내가 소프트웨어 회사의 설립을 원한다 할지라도 한나절 만에 가능하도록 해주겠다고 약속했었다.

STPI는 또한 관료적 절차를 줄이는 것 외에도 IT 회사들로 하여금 무너져가고 있는 인도의 공공영역을 우회하도록 하는 기조를 제공하였다. 구르차란 다스가 말한 것과 같이, 현대 인도에서의 가장 극적인 대조는 '차갑게 굳어있는 공공장소'와 '활력이 넘치는 사적장소'일 것이다.[13] 이러한 분명한 차이는 가장 작은 사회 규모에서도 분명하다. 거리를 걸어가다 보면 반듯하게 다려진 양복과 광택 나는 구두를 신은 매우 깔끔해 보이는 사람들의 개인영역과 더럽고 쓰레기로 가득 찬데다 비포장된 공공장소와의 차이를 느끼지 않을 수 없다.

다스는 이렇듯 적나라한 차이가 지역주민 간의 커다란 불안감을 낳게 한다고 쓰고 있다. 이는 또한 외국인들을 크게 당황시킨다. 어느 국제사업가는 이러한 격차를 자신의 인도 파트너의 가정을 방문했던 경험에 비추어 이야기한 바 있다. 오래되고 낡은 건물 안으로 인도되기까지 좁은 골목을 따라 내려가면서 그는 점차 두려워졌으며 자신의 파트너가 성공한 비즈니스맨이라는 기존 인식에 의문을 품기 시작하였다. 그러나 그곳에 도착하고 문이 열렸을 때, 이제껏 본 중 가장 멋진 아파트 하나가 눈앞에 펼쳐지자 그는 놀라움을 금치 못함과 동시에 안도하게 되었다.

수많은 장기 거주자들이 세계에서 부동산이 가장 비싼 곳에 위치한 시내 아파트를 사실상 무료로 임차하도록 하는, 이해할 수 없는 임대관리법으로 인해 뭄바이에서는 그 이중성이 희극의 절정에 도달하게 되었다. 이러한 상황은 임대인이나 임차인 모두에게 공공장소에 대한 투자동기를 부여하지 않기 때문에 어떠한 도시개발도 어렵게 만들고 있다. 인도 최고의 도시인 뭄바이가 놀랍게도 그 스스로가 지닌 가장 최고의 가치인 부동산을 방치하고 있다는 것은 실로 커다란 비극이다. 예를 들어 뭄바이 중심에 위치한 어느 유명한 여행사 사무실에 들어간다는 것은 '위험을 각오하시오'라는 경고문구가 부착된 오래도록 방치된 구조물에 들어가는 것과 같을 것이다. 그러나 일단 낡아빠진 계단을 지나면 그 건물은 깨끗하고 세련되며 활력이 넘치는 대단히 성공한 회사들의 사무실들로 가득 차 있음을 알게 될 것이다.

이러한 공공장소와 개인영역 간의 차이는 또한 엄청난 규모의 거시경제 수준에서도 느낄 수 있으며 국가의 전력부문을 통해서도 가혹하게 예시된다. 인도에서는 공공전력망에 의존하는 모든 이들이 날마다 단전의 위협을 받고 있으며[14] 이에 대한 대책으로 상류층 가정들은 발전기나 인버터를 구비하고 있다. 이때문에 현대 인도에서는 개인용 보조전력 공급품이 TV, 휴대전화기와 함께 전형적인 중산층의 구매형태가 되고 있다.

비즈니스 활동을 위해 대단히 효율적인 운송 및 통신망이 요구되는 IT 기업들은 이러한 정부의 실패한 계획들로부터 시급히 벗어나야 한다. 정부는 스스로의 비합리적인 처신에 대해 명확히 인식함으로써 그러한 과정을 촉진토록 도울 수 있다. 고속통신링그의 영업을 담당하는 STPI는 보조전력, 정보통신서비스, 대역폭, 그리고 기타 기술적 인프라구조를 갖춘 센터를 제공한다. 이들 센터나 사무실들은 중소규모의 회사들이 보다 영구적인 기반을 발굴하는 동안 자신들의 서비스를 사용할 수 있도록 하는 보육시설과도 같은 것을 제공한다.

인도 정부는 한층 더 야심찬 계획으로, 개인사업자의 동반자로서 역할하게 되는 여러 과학단지를 조성하였다. 바로 이러한 엄청난 규모의 사이버타운 공동체에서 IT 산업의 거대성은 대단히 명확해지는 것이다. 새롭게 조성된 사이버도시들은 신뢰할만한 전력공급은 물론, 식수(食水)에서 수송에 이르기까지 최신 시설로 정비되고 있다. 그들은 자급적인 외형이 갖추어진 기업 공동체로서 자신들만의 식당, 호텔, 은행, 위락센터, 아파트 단지 등을 지원받는다. 그들은 주변환경에서 오는 직접적인 문제나 혼란을 차단함으로써 외국인 방문자들을 편안히 대접할 수 있고 인도 현지 고용인들의 업무처리에서 일상적인 장애들을 제거할 수 있게 되었다.[15]

이처럼 인도 IT 산업은 공공영역의 결점으로부터 탈피하는 방법을 모색함으로써 번성하였다. 사실 이는 국가 스스로가 이러한 IT 산업의 정치적 테두리를 유지하기 위한 방법들을 개발해 온 것은 대단히 중요한 요건으로 여겨진다. 그러나 인도 소프트웨어는 국가의 방관자적 입장으로부터 이득을 얻는 한편, 서방 핵심국의 변두리에 자리하면서 번영하고 있다. 인도의 IT 혁명은 센터에 의한 포섭으로 인해 발생된 것이 아니라 사이버문화의 발전을 주장하는 공간과 추세, 그리고 업무에 적응토록 대응하는 변두리에서의 입지를 굳히면서 진행된 것이다.

소프트웨어 산업의 세계화

초창기의 컴퓨터 산업에선 소프트웨어와 하드웨어가 단일패키지로 묶여졌었다. 소프트웨어는 당연히 손으로 만질 수 없는 것이었기에 부차적, 또는 주변 생산물로 간주되었으며 무료로 배포되기도 하였다. 그러나 1960년대 초반에 이르러 소프트웨어의 개발 및 유지비용이 하드웨어를 앞서기 시작하였으며, 여러 가지 측면에서 컴퓨터 하드웨어는 그 자신을 운영되도록 해주는 소프트웨어에게 2차적인 것이 되어버렸다. 1960년대 후반, IBM이 소프트웨어가 수익의 주류가 될 수 있음을 최초로 인식하였으며, 이에 따라 소프트웨어는 하드웨어로부터 분리되어 각각의 시장이 개발되고 판매가 시작되었다. 소프트웨어 산업이 탄생한 것이다.

산업이 세계화되기까지는 10년이 채 걸리지 않았다. 1970년대에 서방에서는 이미 성장하는 소프트웨어 개발부문에서 노동공급의 부족을 맞게 되었다. 산업의 성장과 함께 증가하는 요구를 충족시키기에는 충분히 훈련된 프로그래머들이 부족했던 것이다. 급기야 1990년대에 미국에서는 프로그래머에 대한 공급과 수요 간의 공백이 3만 7,000명으로 추산되었다. 가장 최근의 추정치는 무려 19만 명에 이르며 전 세계적으로 90만개 이상의 프로그래밍 관련 일자리가 주인을 기다리고 있다.[16] 이 같은 선진국에서의 소프트웨어기술 부족은 해당 산업의 관심을 개발도상국의 엔지니어들에게로 돌리게 하였다. 이들은 높은 생산성으로 보다 양질의 소프트웨어를 만들어냈으며, 아마도 가장 중요하기로는 서방의 엔지니어들보다 5~10배가량 적은 임금을 받는 것이었다.[17]

글로벌 IT 산업에서 인도의 가장 핵심적인 역할은 언제나 그 국가의 가장 큰 자원인 '인력'이었다. IT와 인도의 밀접한 관계는 끝없이 토론하는 국민성과 산스크리트어의 논리적 구조, 그리고 깊은 수학의 역사 등 수많은 요소들 때문이다. 이러한 오래된 문화적 특질들로부터 얻은 이점들은 가장 광범위하고 오랫동안 지속된 영국의 지배, 즉 영어로 인해 가일층 강화되었다. 또한 독립인도는 세계에서 가장 우수한 여러 공과대학을 설립함으로써 근본적인 기여를 하기도 했다.

인도공과대학(IITs)은 그 가운데 가장 유명한 곳이다. 독립직후 수년 만에 네루정부에 의해 설립된[18] IITs는 높은 수준의 자율성과 풍부한 재정지원이 가능했는데, 이것이 바로 그들의 성공 원인이라는 데에는 의심의 여지가 없을 것이다.

IITs의 캠퍼스는 이곳이 지구상에서 가장 성공적인 교육기관 중 하나라는 것을 단순히 외관상만으로는 알 수 없을 정도로 평온하고 평범하다. TV쇼 '60분(*60 Minutes*)'이 IITs에 대한 리포트를 방영하면서 "여러분들이 이제껏 들어본 적이 없는 가장 유명한 대학"이라고 했을 정도이다.[19] IITs 졸업생들은 인도와 미국 모두에서 첨단산업에 비교할 수 없을 만큼 영향을 끼쳐왔다. "두 명의 IITs 졸업생이 세계에서 가장 부유한 빌 게이츠(Bill Gates)와 워렌 버펫(Warren Buffet)의 최측근들이다."[20] 맥킨지의 회장인 라자트 굽타와 인포시스의 창업자인 나라야나 머시, 썬의 공동창업자인 비노드 코슬라, 그리고 클레이너(Kleiner)와 퍼킨스(Perkins)의 파트너도 IITs 졸업생들이다. 로버트 블랙윌(Robert Blackwill) 대사는 IITs의 50주기 축하연에서 다음과 같이 말했다. "우리는 인도를 세계의 기술인력으로 생각할 수 있다. 이러한 비전은 IITs 동문들이 이루어놓은 기여에 크게 기인한다. … (IITs인들을 가리키며) 여러분은 인도가 이제껏 생산해낸 것 중 최고의 수출품이라 할만하다."[21]

IITs의 성공은 일반적으로 전체 지원자의 2% 이하에게만 입학이 허용되는 대단히 어려운 입학절차에 기인하며, 이러한 비율은 미국의 아이비리그와도 쉽게 견줄 수 있는 것이다. IIT 뭄바이에서 기술, 변화, 혁신을 가르치는 아난드 파트왈단 교수에 따르면

"수재들만을 선택하는 능력은 IIT에 의해 진화된 대단히 특유한 환경과 문화에 의해 보다 입증될 수 있는 것"이다.[22] 이러한 문화는 고도로 선별적이고 경쟁적인 동시에, 개방적이고 자유로운, 비교적 소외된 지역으로부터 모인 국가 전역의 학생들을 받아들이고 있다.

IITs가 가장 유명한 대학이기는 하나 인도에는 또한 대단히 혁신적이고 성공적인 다수의 공과대학들이 존재한다. 이들 대부분은 개인영역의 종합적 여건을 갖추고 있다. 가장 오래되고 잘 알려진 NIIT[23]는 200만 명 이상의 학생들이 재학 중인 세계에서 가장 규모가 큰 IT 교육 및 훈련조직 가운데 하나이다. 컴퓨터 교육 및 훈련의 창시자인 NIIT는 자신들의 교육센터를 인도를 제외한 전세계 38개국과 거래하는 우수한 소프트웨어 및 IT 솔루션 기업과 결합시키고 있다.

보다 최근의 성과는 다국적기업들이 원하는 특정 산업의 수요들을 최고 수준의 전문가 교육기관과 연결시킨 국제정보기술연구소(IIITs: International Institute of Information Technology)[24]이다. 이를 통해 기업들은 해당 연구소의 웹사이트를 이용하여 기업부문의 효율성과 학문의 자유를 함께 누릴 수 있게 되었다. IIIT는 현재 방갈로어와 하이데라바드에 최신 신축캠퍼스를 가지고 있는데, 규모가 크고 잘 설립된 이들 대학들은 수많은 다른 교육센터 및 학교들과 경쟁하고 있다. 거의 모든 도시와 마을에서 다수의 소규모 기업들이 기초프로그래밍과 웹디자인 관련 교육과정을 제공한다. 이들 교육연구소와 과학기술연구소들의 협력으로 매년 7만 명 이상의 소프트웨어 전문가들과 약 450만 명의 엔지니어들이 배출되고 있다.[25] 이는 인도로 하여금 세계에서 두 번째로 큰 영어 구사 엔지니어 풀의 고장이 되도록 하고 있다. 이렇듯 높은 수준의 교육을 받은 재능 있는 IT 전문인력들의 광범위한 집단이 전 세계적으로 요청될 것임은 일찍이 예견되어 왔다.

인도 IT 산업은 이를 신속히 감지하고 자신들을 감싸고 있는 보호주의적 태도로부터 탈피하여 글로벌 영역의 진입로에서 힘 있게 전진하였다. 1970년대 초에 인도회사들은 서방의 노동공백으로부터 이득을 보고자 그들의 기술진을 특정 프로젝트들의 수행을 위해 해외로 보내기 시작하였고 그 대상은 통상 미국이었다. 이러한 실행은 바디쇼핑이라 일컬어지기 시작하였다.

바디쇼핑은 IT 노동력을 세계화하려는 초기의 시도였다. 이는 프로그래머를 채용함으로써 특정 일자리를 채우는 것으로서, 정해진 기간 동안에만 현장에서 작업하는 것이 기본 계약사항이었다. 프로그래머들에겐 통상적으로 임시 직업비자가 주어졌으며, 계약이 만료되면 새로운 계약을 통해 타 회사로 이전하여 채용되거나 본국으로 돌아가게 된다.

이러한 실행은 다수의 기업체들에 의해 인도인 프로그래머를 미국 내에서 진행되는 프로젝트와 연계 시키는 일종의 계약채용이 진행되면서 주변에서 성장하는 상업전반에 널리 확산되었다. 「글로벌 경제와의 연결: 방갈로어 소프트웨어 산업의 사례연구(*Linking up with the Global Economy: A Case Study of the Bangalore Software Industry*)」라는 제목의 보고서를 통해 아스마 라티프(Asma Lateef)는 1990년에 95% 이상의 인도 소프트웨어 회사들이 바디쇼핑의 활동에 참여하였고, 소프트웨어 수출부문에서 작업하던 3,000명

이상의 프로그래머 대부분이 해외에 배치되었다고 밝혔다.[26]

그러나 바디쇼핑은 그의 성공에도 불구하고 그 명칭이 의미하는 바와 같이, 불완전한 역류(semi-seedy undertow)로서 고도로 불안한 시스템이었다. 임시채용만을 실시하는 고용주와 항상 보다 좋은 조건을 찾는 고용인 어느 누구에게도 책임감은 존재하지 않는다. 더욱이 바디쇼핑은 프로그래머의 기술을 향상시키기 위한 어느 노력도 하지 않기 때문에 그 어떤 성공진로도 제공받지 못한다.

아스마 라티프는 "이 사실에도 불구하고 많은 사람들은 바디쇼핑이 인도 IT 산업을 위해 필요한 첫 단계라고 주장한다. 첫째, 바디쇼핑 활동을 통해 인도 소프트웨어 기술자들이 발굴됨으로써 미국 내에서 인도의 명성을 내세우는 데 큰 도움이 된다. 둘째, 보다 중요하게 바디쇼핑은 인도인 소프트웨어 엔지니어들에게 본국에서 제공받지 못하는 기술과 비즈니스 실무를 경험토록 한다."라고 지적했다. 라티프는 최신 하드웨어 및 소프트웨어의 수입은 어렵고 고가이기 때문에, 해외여행의 기회는 수많은 인도인 프로그래머와 엔지니어들로 하여금 그러한 기술의 진보를 이해하고 사용할 수 있도록 해주는 유일한 길이 된다고 하였다.[27]

산업이 보다 성숙되고 세계화가 자리 잡으면서 인도인 프로그래머의 명성도 함께 상승했다. 고조된 기업들의 국제화 의지가 융합된 전기통신기술의 괄목할만한 발전은 1980년대 인도 IT 산업이 새로운 국면을 맞게 하였다. 바디쇼핑은 해외개발로 교체되기 시작하였는데, 세계의 회사들이 프로그래머들을 자신들의 지역에서 채용하기 보다는 그들 스스로 프로그래머와 인접한 수출지향적인 개발센터를 설립하기 시작한 것이다. 이는 대부분의 회사들에게는 결국 인도를 의미하는 것이었다.

최초 100% 순수 외국인 자본으로 설립된 수출중심개발센터는 1985년에 뭄바이에 있는 산타크루즈 전자수출 가공지대(SEEEPZ)에 해외지사는 시티뱅크(Citibank)에 의해 설립되었다. 그러나 일반적으로는 1986년에 방갈로어에 설립된 텍사스 인스트루먼트(Texas Instruments)가 개척자 역할을 한 것으로 여겨진다. "해외 소프트웨어 개발의 혁명은 분명 텍사스 인스트루먼트에 의해 시작되었다."라고 드왕 메타는 전한다.[28] 이러한 초창기 회사들-시티뱅크, TI, 그리고 HP(1989년 설립)-은 이내 공장을 설립하였으며 IT 비즈니스분야에 있는 거의 모든 다국적기업들(MNCs)이 그 뒤를 바짝 좇았다. 21세기에 이르러 '포춘(Fortune)이 선정한 500대 기업' 가운데 185개 이상, 즉 세계적 대기업 5개 가운데 2개가 자신들의 IT 수요를 인도에 아웃소싱하게 되었다.[29] 실제로 오늘날 세계의 모든 소프트웨어 회사들-마이크로소프트, 썬, 오라클, 아도브 등-이 인도에 아웃소싱 소프트웨어 개발센터를 설립하여 재능있는 고급 인력을 저렴한 비용으로 고용하는 이점을 활용하고 있다.

인도의 IT 산업이 이 막강한 다국적기업들에 의해 추진되는 것만은 아니다. 이는 디지털 기술의 전 국가적 생산에 상당한 기여를 하는 수많은 지역회사들에 의해 지속적으로 그 형태가 갖추어지고 있다. 이들 가운데 가장 거대하고 안정된 기업은 타타 컨설턴트서비스(TCS: Tata Consultancy Services)[30]이다. TCS는 타타그룹의 자회사로서 연간 110억 달러 이상을 벌어들이고 800개 이상의 지점으로 이루어진, 인도 어디에서나 볼 수 있는 명칭이다. 타타는 인도의 주요 인터넷 서비스의 제공자인 VSNL의 지배주주로서 타지마할(Tij Mahal)을 관리하고 있으며, 영국의 테틀리 티(Tetly Tea)의 공동소유가가 됨으로써 제국을 역습하는 놀랄만한 사례가 되었다.

TCS는 1968년에 설립된 소프트웨어 수출회사로서 바디쇼핑에서 외주개발에 이르기까지 모든 활동에서 선도적 역할을 해왔다. TCS는 1971년에 최초의 국제 고객을 맞이한 이후로 아시아 최대의 소프트웨어 서비스 회사로 성장하였다. 오늘날 이 회사는 세계에서 두 번째로 급성장하는 자문회사가 되었으며 전세계 55개국에 걸쳐 100개의 지사를 운영하고 있다.

또 하나의 인도의 전통적이고 강력한 IT 기업은 와이프로(Wipro)[31]이다. 무역회사로 시작한 와이프로는 독립인도 초기에 식용유 판매를 통해 성공을 거두었다. 그러나 이 회사는 1977년에 IBM이 인도에서 물러났을 때 IT의 기회가 왔음을 감지하였다. IBM은 유지가 필요한 수많은 기계를 남겼으며, 디지털기술은 빅블루(Big Blue, IBM의 속칭)의 종말에도 불구하고 이미 빠르게 성장하고 있었다. 와이프로는 1980년대 초반에 이르러 컴퓨터 비즈니스분야로의 업무전환을 결정하고 하드웨어를 생산하기 시작하였으며 1983년에 이미 그의 모든 집중력을 소프트웨어에 쏟아 붓기 시작하였다.

초창기의 와이프로는 그 나라의 다른 모든 회사와 마찬가지로 외국에서 판매된 소프트웨어의 인도 버전 제작에 초점을 둔 수입대체중심으로 운영되었다. 로터스(Lotus) 1, 2, 3을 와이프로 4,

5, 6으로, 워드스타(Wordstar)를 와이프로워드(Wiproword)로 대체하는 식이었다. 와이프로는 이러한 유사제품들로써 비교적 성공을 거두긴 했으나 경제가 개방되자마자 급속히 세계화되었다. 회사는 국내시장 지원을 위해 에이서(Acer)와 같은 외국기업들과 협력하였으며 동시에 그의 소프트웨어 능력이 나머지 세계에 고용되기 시작하였다. 와이프로는 그 역사의 시작부터 시종일관 연구개발(R&D)에 역점을 두었으며 현재 사업(enterprise), 응용(application), 상업(commercial), 시스템 소프트웨어의 개발 및 설계에 종사하고 있다. 회사는 오늘날 인도에서 가장 규모가 큰 시장자본을 가진 회사가 되었으며 세계에서 7번째로 우수한 소프트웨어 서비스 기업으로 부상하였다. 인도에서 IT가 다른 산업들보다 두드러지게 된 것은 해당 부문에서 오래된 자본과 가족연계에 맞설 수 있는, 새로운 기업가 물결에 속한 수많은 1세대 기업들이 탄생했기 때문이다. 현재 이들 가운데 가장 유명한 회사는 인포시스이다. 인포시스는 1981년도에 푸네(Pune)의 어느 작은 방에서 창업되었다. 나라야나 머시가 단 6명의 동업자들과 함께 자신들의 부인에게서 빌린 250달러를 기반으로 사업을 개시한 것이다. 인포시스는 면허왕국(Licen Raj)에서 운영되었기 때문에 사업 초기에 많은 어려움을 겪었다. 하나의 전화선을 설치하는데만 1년이 소요되었고 1만 5,000달러 어치의 컴퓨터를 수입하는 허가를 받기 위해 뉴델리를 15차례나 방문해야 했다. 그러나 좌파인물에서 열렬한 자유기업 지지자로 전향한 머시에 따르면 인포시스는 1991년에 새롭게 태어나게 되었다.[32]

그 후 인포시스는 인도 최대의 공공무역 소프트웨어 서비스 수출업체가 될 만큼 성장하였으며 1999년에는 인도회사로서는 최초로 나스닥에 상장되었다. 2003년에는 1만 4,000명 이상의 직원을 고용하였으며 시장자본은 92억 달러에 달했다. 스톡옵션의 도움으로 87명의 미국 백만장자들이 회사의 임금대장에 올려졌다.[33] 엉뚱한 천재라는 미사어구를 넘어 예측성, 신뢰성, 그리고 지속성에 가치를 두는 낮은 자세의 경영스타일을 바탕으로, 인포시스는 각각의 프로젝트의 모든 면을 감시하고 측정하는 정확한 시스템과 공정, 그리고 루틴 상에서 그 성공을 일구어 내고 있다. 끊임없이 변화하기로 유명한 산업의 사업을 하는 것은 인포시스로 하여금 기습적인 요소들을 제거할 수 있는 조직, 신뢰성, 기술력을 강조하도록 한다.[34] 이러한 비교적 체계화되지 않은 인도의 특성은 매년 실패 없이 발전하였으며 침체기에도 아랑곳하지 않고 항상 그의 목표를 달성시키도록 해 주었다.

Y2K 파동

1990년대 후반, 인도의 소프트웨어 산업은 이미 그 입지를 확고히 다지고 있었다. 이 산업은 1997년에 10억 US달러 수준을 넘어서고 있었으며 같은 해에 고도의 성장가도로 접어들어 그 속도가 배가하고 있었다. 촉진제가 된 것은 'Y2K'로 알려져 있는 컴퓨터 버그(bug)였다.

그 기술적 이해가 일반화된 오늘날 잘 알려진 바와 같이, Y2K는 컴퓨터가 아주 최근까지도 '19'로 시작되는 해의 마지막 두 자리 숫자만을 인식하도록 프로그래밍 된다는 사실에서부터 비롯된 것이다. 이러한 프로그래밍 관습은 메모리가 값비싸고 대개의 코드라인이 희귀했던 컴퓨터 산업의 초기로 거슬러 올라간다. 당시에는 공간절약 프로토콜이 날짜를 8자리(YYYY/MM/DD)가 아닌 6자리(YY/MM/DD)로 기록되게끔 하였다. 반세기가 훨씬 지나서야 이 겉보기에도 진부한 관습이 엄청난 결과를 낳는다는 것을 알게 되었는데, 두 자리 날짜시스템으로 인해 세계 도처의 무수한 컴퓨터들이 2000년도를 기록하기 위해 필요한 중대한 장애를 뛰어넘지 못하게 되었기 때문이다. 선형의 연장선상에서 구성단위의 끝점인 1999년 12월 31일 제야의 마지막을 처리하는 대신 사이버공간은 100년 단위의 셈을 완성시켜야 했으며, 컴퓨터 시계를 사전 프로그래밍된 신호로 하여금 0년(99+1=00)으로 되돌려놓도록 해야만 했다. 사이버공간은 1900년도와 2000년도 간의 차이를 인식할 수 없기 때문에[35] 다가오는 새천년을 원활히 진행시키기 위해 '조정'되어야만 했다. 이 프로그래밍코드의 2자릿수 오차는 극단적으로 말하자면 우주네트워크를 차단하고, 엄청난 양의 데이터를 삭제하며, 현대문명이 의존하는 기술시스템에 심각한 혼란을 초래하는 것이었다.[36]

Y2K가 1999년 12월 31일 자정에 발생하든 아니든 간에 이러한 결함은 1997년에 이미 지구상에서 가장 값비싼 단일 사건[37]이 될 것임이 분명해져 있었다. IT 네트워크가 수십 년 동안 보급되었고 불완전한 코드의 소프트웨어를 교체하기보다는 대체로 그저 덮어씌우는 방식으로 컴퓨터 개발을 전개했던 서방의 선진국들에게 대재앙을 수리하는데 드는 비용의 대부분이 부가되었다.

그러나 유럽과 미국에서의 값진 재난은 인도의 번창하는 소프트웨어산업에 엄청난 부흥을 일으켰다. Y2K에 대한 기우는 어느 한 회사가 내부에서 처리할 수 있는 것 이상으로 많은 소프트웨어 프로그램을 만들어냈다. 이는 특히 일상적이고 지루한 프로그래밍 작업으로 보이는 일과 선진국의 심각한 소프트웨어 전문가의 부족이 맞물린 것이다. 이러한 이유로 2000년도 프로젝트는 오프쇼어 작업에 크게 의존하게 되었다. 인도의 가장 큰 자산인 대규모의 인재가 직접적인 흥미를 끌게 되면서, Y2K로 인해 전 세계적으로 수억 라인의 코드를 검색하고 잘못된 일자를 찾아내고 변환할 수 있는 수천 명의 프로그래머가 필요해지자 이를 인도의 IT 산업체가 충당토록 한 것이다. 인도회사들은 1996~1999년 동안 20억 달러가 소요된 Y2K 작업에서 큰 몫을 차지하게 되면서 고객기반을 확장시킬 수 있었으며 좋은 일거리를 싼 값에 제공할 수 있는 명분을 확고히 하는 데 일조하였다.[38]

Y2K를 둘러싼 기간 동안, 나머지 세계와 더불어 인도에서는 소란스럽고 과도한 부흥이 조성되었다. 1999년까지 모든 인도인들은 어떠한 관계로든 IT에 종사하고 있는 듯 했고, 소프트웨어 회사와 닷컴(.com)들이 도처에 생겨났다. 1999년도에 인도를 여행했을 당시 작은 사이버까페에서 일반인들을 만날 수 있었는데 컴퓨터 작동법만 겨우 아는 자들조차 자신들의 장래는 어쨌든 IT에 놓여있다고 확신하고 있었다. 주가는 천정부지로 치솟았다.[39] 뭄바이 증권거래소의 회사들은 그들의 주식 값이 폭등하는 것을 확인하기 위해서 단지 첨단기술에 참여하고 있음을 보여주기만 하면 되었다. 모든 사업체들, 심지어는 IT와 아무런 상관이 없는 자들조차 재빠르게 업체명을 바꾸었는데, 이들은 국민과 세계인

들의 관심을 사로잡은 열광을 이용하고자 하는 희망을 담아 주로 '사이버', '데이타', '기술' 등의 접두어를 사용하였다. 한 국가의 사회적 추세를 가장 잘 보여주는 것 중 하나라는 결혼정보회사의 중매결혼 광고들은 디지털 기술과의 어느 정도, 또는 모든 연계를 강조하였다. 이 기간 동안에는 인도의 누구라도 소프트웨어 엔지니어가 되거나 적어도 그들과 결혼하기를 바라는 것처럼 보였다.[40]

1999년 12월 31일, 세계는 Y2K가 시간대역을 거쳐 가는 것을 초조히 지켜보았다. 그러나 일자변경선이 자정에 닿았을 때 어디에서도, 그 어떤 일도 일어나지 않았다. 핵 재난도 없었고 항공기 추락도 없었으며, 시장붕괴, 전력단절, 폭동, 테러리스트의 공격조차도 발생하지 않았다. 여러 날이 지나고, 여러 주가 지나면서 도취된 안도감은 이상한 분노와 경멸까지 뒤섞이게 되었다. Y2K(대참사가 아니었던)는 이제 단지 짓궂은 장난, 음모, 미스테리에 지나지 않았다고 믿어지고 있다.

기술부문은 수개월 동안 아무런 영향도 받지 않는 것처럼 보였다. 비록 새천년 이후의 금융시장에 경미한 즉시적 하강추세가 있일어났다 하더라도, 이는 애당초 우려했던 결과가 아니었으며 이제는 신 경제의 비이성적 분출에 브레이크를 걸 수 있는 것은 아무것도 없다고 생각하는 신뢰의 상승으로 간주되었다. 그러나 돌이켜 보면, Y2K를 새천년의 시작을 형성한 극적인 경기하강의 예고로서 바라 볼 수도 있을 것이다.

비록 미국의 침체가 인도에 도달되기까지는 어느 정도의 시간이 걸린다 할지라도, 2001년도 중반에 인도 소프트웨어 기업들은 기술거품의 붕괴가 아대륙에 도달할 것임을 알리는 실적(實績)경고를 발하기 시작하였다. 예상대로 최악의 타격을 맞은 것은 오로지 Y2K에만 전념했던 소규모 기업체들이었다. 궁극적인 시한으로 고려되어야만 하는 무언가가 당면했음을 인식하면서, 이들 3류 기업가들은 다음에 다가올 커다란 무언가에 희망을 걸었다. 그들이 주로 선택한 것은 엄청난 일거리를 가져다 줄 것으로 생각되었던 전자상거래, 또는 유로화(Euro) 전환이었다. 그러나 어떤 것도 구체화되지 않았으며 Y2K붐을 다루었던 수많은 중소기업들은 존폐의 위기를 맞게 되었다.

또한 심한 타격은 미국에 있는 소프트웨어 엔지니어들에게도 닥쳤다. 미국회사들이 가격 인하를 위한 경비절감의 노력으로써 바디쇼퍼(body-shopper)들의 임금을 시간당 85~100달러에서 55달러로 낮춘 것이었다.[41] 헤아릴 수 없는 엔지니어들, 특히 임시비자로 체류하던 이들은 공원 벤치에 눌러앉게 되었다. 2001년에는 "B2B는 더 이상 'Business to Business(기업 간의 전자상거래)'가 아니다. 'Back to Bangalore(방갈로어로 돌아가라)'라는 의미이다."라는 우스갯 소리가 유행하기도 하였다.

그러나 인도의 경기하강은 미국 첨단기술산업의 타격보다 훨씬 짧고 덜 심각한 것이었다. 국가의 소프트웨어 산업은 계속 성장하였다. 2002년도에 50%이었던 성장률이 30~40%까지 떨어지긴 했으나 이는 실질적인 감퇴가 아닌, 단지 지연되는 것일 뿐이었다.

인도의 대기업들은 그다지 큰 영향을 받지 않았다. 그들은 Y2K에 대한 노출을 제한했었으며, 리엔지니어링과 네트워크 관리, 시스템 통합, 기초 프로그래밍, 코드 재작성이 모두 함께 포함되는 다양하고 정교한 포트폴리오를 유지하였다. 예컨대 인포시스는 기술거품이 붕괴된 이후에도 계속 번창하여 2002년도 마지막 분기에는 매출이 45%, 연평균 수익이 24% 증가했었다.[42] 대개 이름 있는 인도회사들이 1/4분기 또는 2/4분기 동안 예상목표액의 달성에는 실패했으나 손실이 나지는 않았다.

유일한 실질적 영향은 인력채용이 2년 동안 중단된 것이었다. 그러나 아나드 파트왈단 교수에 따르면 이 역시 긍정적인 측면이 있었다. 1990년대의 붐 동안에 전통적인 제조업체와 기술회사들은 IIT와 같은 우수 대학 출신의 학생들을 더 이상 채용하려 하지 않았는데 이유는 학생들이 IT 회사가 제시하는 급여나 지위에 전혀부합할 수 없었기 때문이다. 결과는 전국에 걸친 총체적 불균형이었다. IT 부문은 프로그래밍 외에는 어떤 것도 하지 않는 전체 공학자들을 독식해 버렸다. 불황 이후 우수한 엔지니어들은 또다시 분산되기 시작하였고 학생들은 오로지 한 분야에 모든 것을 집중해서는 안 된다는 것을 인식하게 되었다.

최종적으로 살아남은 대부분의 IT산업체들은 침체기는 궁극적으로 반드시 필요한 것이었음에 동의하는 듯 했다. 그들의 견지에서 이는 산업체의 통합과 성숙을 위해 불가피한 것이었다. 와이프로의 선임임원이었던 란잔 아차르야(Ranjan Acharya)와 아누라그 베하르(Anurag Behar)는 "인도의 IT는 보다 진지해 질 것이다. 섬유, 시멘트에서부터 영화제작에 이르는 모두가 소프트웨어에 들어간다는 어리석은 활기는 끝날 것이다."라고 하였다.[43] 그로부터 얼마 후, 2003년 봄에 이루어진 짧고 강력한 재조정 기간이 지난 뒤 회복의 징조가 보였다. 인력채용은 되살아났고 새로운 기업들은 다시 한번 조심스러운 시도를 시작하고 있었다. 21세기의 첫 번째 경제의 물결에서 아시아의 실리콘 '플래토우'가 실리콘 '밸리'보다 더 유리하게 자리 잡고 있는 듯하다.

6 주변 경쟁력

Peripheral Competencies

인도가 미국의 심장부에 침투하고 있다 … 우리는 인도에 대한 그들의 계획이 무엇인가를 묻지 않은 채 회사에 투자한다는 것을 상상할 수 없다. 인도는 밸리(Valley)의 골수까지 스며들었다.

– 마이클 모리츠(Michael Moritz)
「비즈니스위크(*Businessweek*)」에서 인용

2003년에 Y2K 이후 환경에서의 IT 상태에 관한 연구를 위해 인도로 돌아갔을 때, 기대하고 있던 것이 엄청나게 불확실해 진 것을 알게 되었다. 인도의 소프트웨어 부문은 비록 최악의 상황은 아닐지라도 분명 약화되고 있었다. 확실히 의기는 꺾여있었고 1999년 당시 국가 전체에 만연했던 충일감과 사기는 사라져 있었다. 그럼에도 불구하고 단 한두 번의 면담으로 Y2K 이후 서방에서의 하향추세가 인도에서는 긍정적 효과를 보여주게 되고 인도의 IT 부문이 또 다른 상승물결을 맞이 하고 있음을 알게 되었다.

기업들이 기본적 주변업무를 수행하는 전문회사를 고용하여 전담시키는 '아웃소싱' 이 경기후퇴의 증세로 인해 대단히 환영받고 있었다. 글로벌 기업들이 비용절감의 측면에서 자신들의 통상업무를 더욱더 아웃소싱는 동시에, 아웃소싱은 점점 해외(오프쇼어)로 이동하고 있었다.[1] 이는 인도 IT 산업을 엄청난 기회의 물결에 휩쓸리게 하였다. 또다시 이러한 주변적 상황을 이용함으로써 인도는 전혀 새로운 기업부문을 조성하게 되었는데, 여기에는 기존의 방식과는 전혀 다른 기업 업무의 아웃소싱(BPO), 오프쇼어 아웃소싱, IT기반 서비스 활동(ITES) 등이 포함되었다. 테러전쟁과 세계 경제의 불황으로 인한 도전적 환경에도 불구하고 이들 분야들은 새천년 이후 수년 동안 기하급수적으로 성장하였으며 2002년에 이르러서는 연평균 70% 성장을 누리는 등 신 경제 최고의 날들을 누리게 된 것이다.

첨단기술의 분출로 다소 침체 되었을지라도 이 산업에 대한 낙관적인 전망은 여러 가지 방법으로 소프트웨어의 최호황기에 이루어진 것보다 더욱 극대화된다. BPO 부문에서의 고용은 소프트웨어가 이제껏 할 수 있었던 것보다 더 광범위한 부문의 인력을 채용함으로써 이 나라에 보다 큰 효과를 가져다 줄 것을 약속하고 있다. 소프트웨어 전문가들은 과학이나 공학적 배경을 요구하는 반면, 기업의 비영업 부문(백오피스)은 전공을 불문하고 수많은 졸업생들을 고용할 수 있다. 보다 중요한 것은 특유하게도 소프트웨어 공학자들이 여전히 남성 중심인데 반해 일반적으로 BPO회사 고용의 최소한 절반은 여성들이 차지한다는 것이다. 가장 규모가 큰 고학력 미취업 여성인재집단을 가지고 있다고 평가받는 나라에서 이들의 잠재력은 과대평가하기가 어려운 문화적 · 경제적 파급효과를 가지고 있다. 2002년에는 ITES 부문이 전자 하드웨어 제조에서 이미 중국에서 이루어놓은 것과 같이 인도에서도 표면아래에 희망의 거품이 밀려오고 있었던 것이다.

늘어나는 IT 편재와 결합하여 지속적으로 강화되는 세계화 과정은, 기술적 거품이 서방에서 분출되는 시기에 해외 아웃소싱이 소프트웨어 개발부문에서 이미 잘 자리 잡고 있는 수많은 다른 여러 지역으로 이전될 것을 보증해 준다. 엄청난 기반구조가 붐기간 동안 조성되었으며 닷컴 붕괴는 인터넷에 실제적 영향을 거의 미치지 못했다. 토마스 프리드만(Thomas Friedman)은 최근의 방갈로어 여행에서 돌아온 직후 가진 회견에서 다음과 같이 말했다. "닷컴주식에 대한 과도한 투자로 닷컴거품이 빚어졌다. 어쩌다 그렇게 되었는지 아는가? 이 모든 파이프들, 즉 전 세계에 걸친 광섬유케이블과 모든 데이터를 미국에서 인도로 거의 무료로 쉽게 전달하도록 해주는 접근능력 때문이었다."[2] 경제적 기반은 유별났을지몰라도, 웹을 둘러싼 비용은 대단히 현실적이었다.

특히 수많은 요인들이 인도로 하여금 인터넷을 세계적인 서비스 제공의 매개체로써 이용토록 하고 있다. 지정학적 경계가 날로 붕괴되면서 회사들은 마케팅 속도를 증가시키고 있으며 가상적으로나마 하루 24시간 운영이 가능하도록 하고 있다. 이는 인도에 있어 엄청나게 이로운 것이다. 인도의 모든 대형시장이 미국(12시간), 일본(5시간), 그리고 유럽(6시간)과 갖는 시차는 이들 지역과의 사업 유치를 더없이 유리하게 하고 있다. 마단모한 라오에 의하면 "이러한 색다른 방법을 통해 지리적 여건은 우리의 이점이 되고 있다."[3]

이러한 기조에 흐르는 또 다른 역동성은 1990년대에 실시되어 통신기술의 상당한 가격 절감을 이끌었던 인도 통신산업의 탈규제이다. 전자통신의 자유화는 전용선 임대와 장거리 비용의 절감을 용이하게 한다. 국제개인전용회선은 2년 사이에 110%의 급격한 인하를 보였고 이는 장거리 전화비용에도 동일한 절감효과를 가져왔다.[4] 이러한 추세는 새천년에도 계속되었다. 2003년 12월, 이코노미스트지에 게재된 HSBC의 보고서는 인도에서 미국과 영국으로 거는 1분간의 전화통화료가 2001년 1월 이후 80% 이상 저렴해졌다고 밝혔다.[5]

인도와 더불어 소프트웨어 개발이외의 분야에 대한 아웃소싱기반을 경험한 최초의 다국적기업들은 GE, 아메리칸 익스프레스(American Express), 브리티시 에어웨이(British Airways) 등이며 이들 모두는 일찍이 1990년대 중반에 내부센터(Captive Center)를 설립하였다. 이 회사들은 곧 인도를 소프트웨어 강국으로 만드는 특성들이 동일하게 BPO에 대해서도 유리한 조건을 마련해 준다는 것을 깨달았다. 무엇보다 중요한 것은 인도가 낮은 비용으로 높은 생산성을 제공할 수 있는 숙련된 대규모의 영어구사 인재를 보유하고 있다는 사실이다. 이코노미스트지는 IT 전문가들이 3~5년의 프로그래밍 경력을 가질 경우, 영국, 미국, 인도에서 각각 9만 6,000달러, 7만 5,000달러, 2만 6,000달러의 수입을 얻게 되는 반면 낮은 수준의 콜센터직은 영국에서 근무할 경우 인도에서보다 1/10가량이 되는 적은 2만 달러의 급여를 받는다고 보고한 바 있다.[6]

나스콤과 맥킨지는 이미 1998년에 인도 ITES의 엄청난 가능성을 담은 영향력 있는 보고서를 작성했다. 그러나 이 새롭게 떠오르는 분야는 진정한 도약을 하게 되는 침체기까지 이르지는 못했다. 회사들로 하여금 해외 아웃소싱에 참여토록 하는 분명한 원동력은 바로 그것이 가져다주는 엄청난 재정적 축적이다. 일반적으로 기업들이 비용의 지출 장소를 인도로 옮김으로써 얻는 절감효과는 40~50%이다.[7] 이 같은 수치는 불경기일수록 혹독한 경비절감의 압력을 받는 CEO들에게 있어 무시해버리기엔 너무나도 매력적인 것이었으며, 수많은 회사들이 후선업무의 해외이전에 확신을 갖게한 요인이기도 했다.

인도는 이러한 아웃소싱의 흐름을 잡기 위해 부단히 노력하였다. 인도를 가장 매력적인 아웃소싱 지역으로 홍보함으로써 사업체를 끌어들이는 강력한 사회개발운동을 진행시키는 동시에, 인도내의 대규모 기업가 집단들이 단 2년 만에 놀라운 속도로 해당 산업 전체에 대한 기반구조를 조성할 수 있도록 해 주었다.

2003년에 이르러 후선업무는 인도의 새로운 햇빛부문이 되었다.[8] 이 나라는 벤더(vendors, 판매인 또는 판매업자, 특히 컴퓨터 시스템의 하드웨어나 소프트웨어 제품을 사용자에게 판매하였을 때 그 제품의 브랜드에 대해 책임을 지는 기업)들을 위한 BPO센터로서의 자격을 갖추게 되었으며 '포춘이 선정한 500대 기업' 목록에 순조롭게 탑승 하였다. 인도에는 더욱더 많은 회사들이 유치되었을 뿐 아니라 기존 고객들도 점점 오프쇼어로의 비즈니스 변환을 택하였다. 예로써 GE는 1997년 설립당시에는 1개 센터에 200명의 고용인을 두었었으나 2003년에는 방갈로어, 하이데라바드, 구르가웅(Gurgaon)[9]에 위치한 3개 센터에서 1만 2,000명 이상의 직원을 고용하였다.[10] 인도회사들은 또한 BPO 서비스 형태로 출범한 3대 IT 회사인 인포시스, 와이프로, 사티암의 활황을 이용해 돈을 벌어들이고 있다.[11] 이러한 거대 산업체 외에도 다른 새로운 전문기업들도 놀라우리만치 잘 운영되기 시작하였다. 윈도쇼핑의 기간이 끝나고 ITES가 주류가 된 것이었다.

가장 대표적인 후선업무의 사례는 콜센터이다. 이 센터들은 전화상으로 모든 신용카드거래, 요금청구, 고객서비스 등을 처리하도록 설계된다. 모든 소비자가 분명히 알고 있듯이 콜센터의 이용은 최근 들어 대단히 확장되고있다. 2002년에 나스콤이 실시한 조사에 따르면 전 세계적으로 30만개의 콜센터가 존재하며 2003년까지 600억 달러가 콜센터 서비스에 사용된다고 한다. 이러한 성장의 큰 몫은 인도에서 발생하였다. 2000년대 초기에 사이베라바드를 여행하던 빌 클린턴은 "어느 누군가가 소프트웨어에 대한 지원요청을 위해 마이크로소프트사에 전화를 건다면 그는 시애틀이 아닌 인도에 있는 전문가와 통화하게 될 확률이 훨씬 높을 것이다."라고 하였다.[12]

비즈니스월드지는 5년 이내에 336개의 콜센터가 이 나라 전역에 개설되고 10만 명 이상의 고용과 14억 달러의 수익이 창출될 것이라고 보고했다.[13] BPO 부문을 위해 마련된 인력개발 및 교육관련 회사인 히어로 마인드마인(Hero Mindmine)의 아니메쉬 타쿠르(Animesh Thahkur)는 2003년도 인터뷰에서 지난 한 해 동안 해당 산업체가 크게 성장하는 것을 직접 확인했다고 하였다. "프로 도박사들은 자신들의 역량을 수배로 증가시켰다. 그들은 아직도 주가를 끌어오리고 있으며, 신규채용은 여전히 상승 중이고, 사람들은 서로 극심한 경쟁을 하고 있다. 또한 급여는 상승하고 있으며, 성장은 대단히 실질적이다. 실제로 불과 일 년 전만해도 봄베이에는 콜센터가 존재하지 않았었는데 최근 보고된 수치에 따르면 그 수가 79개에 달한다."[14]

회사들은 비용절감을 위해 인도에 콜센터를 설립한다. 인도는 매년 200만 명의 영어구사가 가능한 학부졸업생들을 대량 배출하고 있는데 이들의 급여는 외국 해당인력들보다 80%가 낮다. 인도 현지인 콜센터 직원은 시간당 45루피로 구할 수 있는 반면 미국인 직원은 550루피가 필요하다. 이는 모든 콜센터 직원에 대해 어림잡아 연간 3만 달러를 절약하도록 하는 것이다.[15] 비록 이러한 극적인 절감이 초기의 유인(誘因)으로만 작용한다 할지라도 회사들은 저렴한 가격에 비해 작업의 질이 월등하기 때문에 인도에 잔류하는 것이다. 이는 서방과 달리 인도에서는 전형적인 콜센터 직원들이 임시직이 아닐 뿐더러 통상적으로 학부 또는 대학원 학위를 가지고 있기 때문이다. "인도인 텔레워커(teleworker, 전화와 개인용 컴퓨터를 이용해 근무하는 재택근무자)들이 유사 직종에서 미국인들을 앞서고 있다. 이는 그들이 해당 업무들을 주요 경력으로 간주하고 있고, 종종 대학 중퇴자인 미국의 카운터파트들보다 훨씬 좋은 교육을 받았기 때문이다."라고 이코노미스트지는 분명히 지적한다.[16]

인도 산업 역시 어느 정도의 지속성 문제를 가지고 있기는 하나, 고용유지 문제는 30%를 밑도는 자연감소율을 유지하도록 관리하는 보다 나은 인도 회사들 덕분에 서방세계와 같이 심각하지는 않다.[17] 아니메쉬 타쿠르는 상위권 대학을 졸업한 학생들이 대게 해당 직종에서 약 6개월 정도 근무하다 이직해버린다 할지라도 "2류 또는 3류급 대학 졸업생들은 이를 전문직으로 여길 것"으로 믿는다. 인도 산업신용 및 투자법인체(ICICI) 원 소스(One Source)의 브라이언 크라바라호(Brian Cravalho)는 회사의 규모가 충분히 클 경우에 방갈로어에 본부를 둔 백오피스와 콜센터들은 모든 고용인들이 콜센터 층에서 인사, 마케팅, 회계, 또는 품질관리로 수평적 이동을 할 수 있도록 하고 있으며, 팀장에서 고객·운영·콜센터 관리자로의 수평이동 역시 가능하도록 하고 있다. 조직 전체에 걸쳐 가능성을 개발하는 이러한 능력은 회사로 하여금 고용인들에게 다양한 경력을 제공할 수 있게끔 한다.[19] 타쿠르는 "일반적인 학부 졸업생들에게는 오늘날 인도에서 찾아볼 수 있는 가장 좋은 기회일 것이다."라고 말한다.[20]

그러나 콜센터는 백오피스 업무의 한 가지 요소에 불과하다. 산업체의 대부분은 이제 비음성(non-voice) 서비스라 불리는 것에 에너지를 집중하고 있다. 여기에는 신용카드 처리에서부터 인사, 재무회계, 웹사이트 개발, 시장연구, 번역, 녹음, 통합, 분석, 네트워크 자문, 관리, 애니메이션 등이 포함된다. 비즈니스위크지는 이러한 업무과다를 「인도의 상승(*The Rise of India*)」이라는 표지기사를 통해 단일 백오피스 센터를 서서히 확대시키면서 설명하고 있다.

> GE캐피털인터내셔널서비스(GECIS)의 방갈로어 센터 내부에 있는 28세의 치과의사 가우리 퓨리(Gauri Puri)는 근관(根管)수술에 관한 보험지불청구에 대해 공부하고 있는데, 이것이 어느 미국인 환자의 치과 계획에 지원될

> 수 있는지 여부를 확인하기 위해서이다. 두 개 층 위에는 550명의 우수한 분석팀 직원들이 GE 판매직원들로 하여금 고객의 수요와 강점, 약점 등을 이해할 수 있도록 하기 위해 자신들이 고안해 낸 통계모델에 의해 얻어진 놀랄 만한 일련의 데이터로 채워진 스프레드시트들에 몰두하고 있다. 또 다른 직원들은 경쟁사의 보고시에 내한 자료들을 준비하고 기업자원계획 소프트웨어를 작성하며 350억 달러에 이르는 전 세계에 걸친 송장을 처리하고 있다.[21]

ITES는 결국 전체 범위의 서비스를 포함하고 있으며, 예컨대 의료기술에 사용되는 단순 데이터 입력에서부터 복잡한 연구개발 업무에 이르기까지 가치사슬을 이동하고 있다. 풍부한 기회가 재정서비스, 보험, 첨단기술회사, 도매상점, 원격교육, 자동차산업, 오락, 항공, 제약회사들을 포함하는 수많은 비즈니스영역에 존재하는 것이다.

대규모 형태의 해외 아웃소싱이 인도의 전체 기업환경에 걸쳐 전개되고 있으며 백오피스 산업의 지원을 목적으로 하는 수많은 회사들로 확장되고 있다. 예를 들어 네오(Neo) IT는 아웃소싱을 위한 관리자와 자문인으로서 스스로를 판매한다. 광범위한 교환으로 운영되는 회사들은 인도 국내외에서 구매자와 판매자 간에 연결되는 특수 소프트웨어를 사용한다. 또한 회사들은 전체 프로젝트를 통제할 수 있는 관리서비스를 제공하고, 속도와 생산성에 관심을 두며, 종종 아웃소싱 관계를 복잡하게 하는 미묘한 문화적 차이를 해결한다.[22] 네오 IT는 놀텔(Nortel)을 위한 아시아 아웃소싱을 관리하던 창업자들에 의해 1999년 6월에 설립되었는데, 이후 이 나라에서 가장 큰 아웃소싱 자문업체로 성장하였으며 최근에는 인도로 유입되는 최대 큰 프로젝트들을 취급하고 있다.

또 하나의 사례는 BPO 부문에 대한 인력해법을 제공하는 히어로 마인드마인이다. 히어로 마인드마인은 콜센터를 통해 채용에서 훈련에 이르기까지 모든 인력자원의 요구조건들을 처리하고 그들의 교육, 평가, 재교육을 진행시킨다. 또한 전국 각지에 위치한 콜센터에서 고객서비스의 에이전트로서 신규 졸업생들에 대한 직업교육 을 실시하고 있다.[23] 뭄바이 중심부의 외곽에 위치한 해당 사무실의 대기실은 이웃 사무실로부터 새어나오는 고압적인 인터뷰 소리들과 함께 취업을 열망하는 지원자들로 가득 차 있다. 히어로 마인드마인은 ITES 산업의 급속한 발전으로 인해 2003년에만 7만 5,000개의 새로운 일자리를 추가하면서 숙련자에 대한 수요가 빠르게 공급을 초과하게 되었다. 그러한 수많은 학교와 교육기관에서의 필요는 기하급수적인 성장을 계속할 것이다.[24]

주변업무를 다루면서 그들로 하여금 핵심 경쟁력을 지니게 하는 Neo IT와 히어로 마인드마인과 같은 회사들은 전체적으로 ITES 산업에 대한 축도(microcosm)로써 역할한다. 타쿠르(Thaur)는 말하기를 "우리가 콜센터라고 지칭하는 것들은 이것이 당신의 핵심 경쟁력이 아니기 때문에 포괄적 교육을 아웃소싱하는 것이 이치에 맞는다는 것이다. 교육에 집중하는 우리네 같은 회사들은 늘 자료를 갱신하여 최신 기술을 보강하고 있다."[25] 이러한 방법으로 산업은 횡적 성장이 가능해지고 놀라운 속도로 확산되고 있는 광범위한 네트워크를 조성할 수 있는 것이다.

그러나 이러한 인상적인 성장에도 불구하고(또는 그것이 원인이 될지라도), 이 산업은 이미 첫 번째 격동기를 경험하였다.

2000년에 차세대 IT 추동의 물결을 잡기 위해 콜센터를 설립하고자 했던 별 볼일 없는 기업가들의 매점(買占)에 의해 해당 산업이 끓어올랐었는데, 이들은 2001년도 1/4분기에 이르렀을 때 도태되고 말았다. 대부분의 삼류 경영자들은 어디에서 구매자를 찾고 비즈니스를 창출해야 하는 지에 대한 아이디어가 없었기 때문에 손실을 입었으며 수 많은 콜센터들이 도산하였다. 이로써 ITES는 진정 대규모 사업가들에게 적합한 산업임이 분명해졌다. 무책임하고 신뢰할 수 없는 삼류 회사들은 절대로 살아남을 수 없는 것이다.

브라이언 크라바라호(Brian Cravalaho)의 설명에 따르면 “고객들은 당신이 그들과 함께 살아남을 수 있는 재력의 소유자임을 확인하고 싶어한다. 그들은 전체 공정을 아웃소싱하기때문에 여러분들은 완전한 대체를 확신시킬 수 있어야 한다. 그들은 또한 대규모 시스템 운영을 요구한다. MCI와 같은 회사들은 미국에서 100개, 인도에서 100개와 같은 식이 아니라 인도에서만 5,000개를 원한다. 이는 가격절감이 실제로 포함되었을 경우를 말한다. 그렇지 않을 경우 두 개의 사무실로부터 오는 작업의 번잡성이 너무나 높아지기 때문이다. 가장 중요한 것은 백오피스에서 진행되고 상상할 수 있는 모든 사소한 작업들을 실제로 모든 고객들이 보게 된다는 점이다. 회사가 당신에게 내주는 것은 소프트웨어보다 훨씬 민감한 것으로서 그들은 전 고객의 업종을 넘겨준다. 당신은 이 회사의 얼굴이다. 따라서 그들은 당신이 브랜드네임을 갖기를 원한다. 그들은 자신들이 가진 만큼 당신이 잃는 것을 보고 싶어 한다. 만일 당신이 가진 것이 너무 적다면 손실을 입기에 충분치 않은 것이다."[26]

이것이 바로 산업성장이 계속 됨에 따라 보다 많은 계약들이 훨씬 적은 수의 회사들로 집중되는 이유이다. 지난해에도 모든 큰 규모의 계약들은 TCS, 인포시스, 와이프로, 사티암, HCL 등의 5개 기업이 차지하였다.[27] 이러한 추세로 인해 사티암, 인포시스, 와이프로, TCS 등이 대부분의 소프트웨어 부문 업무를 차지하고 있다. 대개의 분석가들은 산업이 성숙해지면서 이러한 통합추세가 계속될 것이라고 믿고 있다. 오늘날 수많은 이들 대규모 사업가들은 소규모 회사들로부터의 경쟁에 대한 기우보다는 브랜드 조성을 성장시키는데 집중하고 있다. 나스콤의 써닐 메타의 설명대로 "2002년에 이르러서는 25개의 포춘 규모 회사들이 인도에게 외주를 주었다. 문제는 우리가 25를 어떻게 50으로 바꾸느냐이다. 이들 각각은 5,000만 달러 이상은 외주를 주지 않고 있다. 우리는 이를 어떻게 1억 달러로 불릴 수 있겠는가?"[28]

만일 인도 IT 산업이 그의 정책(cards)을 제대로 활용한다면 이러한 목표들은 쉽게 만족되어야 한다.[29] 이론적으로 모든 회사들이 그들의 핵심운용부분 외의 것을 외주함으로써 BPO는 거의 무한시장이 된다.[30] 가트너사의 연구에 따르면 5~30억 달러 이내의 수익을 갖는 조직은 현재 자신들의 IT 작업의 30% 이상을 아웃소싱하고 있으며 향후 이 수치는 더욱 증가할 것이다. 전세계 BPO시장은 1998년에 2,080억 달러가 되었으며, 2004년에는 5,430억 달러로 성장할 것이 예상된다.[31] 대부분의 이러한 작업은 여전히 서방세계에 상존하고 있다. 지역적으로 발생하고 있는 아웃소싱의 해외이동추세는 이제 막 시작되었다. 예컨대 이코노미스트지는 포춘에 선정된 1,000개 회사 가운데 60%가 아무것도 하지 않고 있거나, 이제 막 오프쇼어링의 가능성을 검토하기 시작하였다고 보고한 바 있다.[32]

인도 내부에 거품 및 과대선전(hype)과 관련한 우려가 잔류하고 있기는 하나 모든 징조는 국가가 이러한 증가추세에 의해 크게 승리하게 될 것임을 보여준다. 현재 시장혜택을 우선적으로 누리고 있는 미국 오프쇼어 시장의 80~95%를 담당하고 있다하여도,[33] 인도는 아직까지 BPO부문에서 아주 적은 몫인 0.5% 이하를 차지하고 있을 뿐이다.[34] 인도 BPO부문에 대하여 나스콤-맥킨지 보고서는 2008년에 240억 달러에 상당하는 시장이 있게 될 것으로 예측했는데 이는 인도의 예상 GDP의 3%에 해당하는 액수이다. 만일 이것이 들어맞는다면 해당 산업은 1,500만 개의 직접고용을 창출하게 되고 이듬해에는 추가적으로 50만 개의 간접고용[35]을 낳게 된다. 와이어드(Wired)지의 다니엘 핑크(Daniel Pink)는 2004년도 표지기사에서 보다 낙관적인 수치를 인용하고 있다. "4년 이내에 IT 아웃소싱은 연평균 570억 달러의 산업으로 성장하여, 인도 GDP의 7%와 400만 명의 인력채용을 낳게 할 것이다."[36]

인도의 아웃소싱부문은 주로 필리핀, 중국, 동유럽, 한국, 싱가포르, 아일랜드, 그리고 이스라엘로부터의 경쟁에 부딪치고 있다. 그러나 적어도 예측 가능한 장래에는 이들 핵심경쟁자들보다 우위를 유지할 수 있을 것이다. 인도는 아마도 향후 10년간은 이어질 언어와 노동비용상의 이점을 모두 지니고 있다.[37] 이스라엘이나 아일랜드와 같은 나라에선 이미 가격이 상승하였고 중국, 필리핀과 같은 곳은 여전히 언어문제와 씨름해야만 한다. 오프쇼어링 업무는 이코노미스트지의 주장대로 주로 영어구사지역권에 남게 된다. 이는 연간 200만 명의 학부졸업생을 배출하고 이 가운데 80%가 영어를 구사하는 인도로써는 엄청난 이득이 되고 있다.[38] BPO는 폭발하고 마는 거품상자가 아니냐는 질문에 타쿠르(Thakur)는 힘주어 답한다. "사람들이 이곳으로 오는 것은 대단히 확고한 영업적 이유인 가격과 질 때문이다. 우리들 스스로 실수를 저지르지 않는 한 나는 이것이 소멸하리라고 보지 않는다."[39]

디지털 노동착취공장?

수잔 손탁은 인도의 콜센터 상황에 관한 그녀의 글 「인도로서의 세계(The World as India)」에서, 방갈로어나 뭄바이, 또는 뉴델리에 있는 사무용 빌딩의 넓은 공간에 나열된 작은 부스 안에 앉아있는 젊은 인도인이 어떻게 끊임없이 걸려 오는 전화에 응대하는지를 기술하였다.("여보세요, 낸시입니다. 무엇을 도와드릴까요?")[40] ICICI 원 소스는 그러한 사무용 건물 가운데 하나이다. 2000년 4월에 설립된 이 회사는 연평균 100%의 성장을 누리고 있으며 3년간 3개의 센터로 확장하였다. 내가 2003년 봄에 그곳을 방문하였을 때에는 매달 150~200명 가량을 신규채용하고 있었다.[41]

방갈로어에 있는 그들의 본부는 실리콘 밸리의 것과 유사하며 완전한 평상복 차림과 비계층화된 분위기는 충격에 가깝다. 많은 인도내 기업들의 엄격하고 계층-유도형인 사회질서와는 분명히 대조되는 이곳에서 사장은 평균연령이 23세인 젊고 세련된 사원들과 농담을 주고 받는다. 옥상의 직원식당에서 콜라를 한 모금 마시고 있자면 어느 누구라도 인도의 콜센터가 시원하다고 느끼지 않을 수 없을 것이다.

그러나 이 즐겁고 느긋한 분위기는 '비즈니스는 운용된다'는 오웰식(Orwellian) 방법에 의해 상쇄되고 있다. 모든 질, 통제, 생산성은 화면양식이 뜨는 시간과, 얼마동안 누구와 통화를 하였는지, 1분당 몇 개의 작업을 마쳤는지 등이 기록되는 자동소프트웨어를 통해 감시받고 있다. 성과를 나타내는 그래프는 첨단장식과 우려 섞인 경고가 묘하게 혼합되어 벽에 부착된다.

콜센터 직종은 엄청나게 수요가 많은 반면 채용이 매우 어렵다. 지원자들은 영어구사능력과 숫자를 다루는 능력, 그리고 때때로 성난 고객들을 상대할 수 있는 능력 등을 평가받는다.[42] 선발과정을 통해 10대 1의 경쟁률을 거친 사람들만이 일자리를 구하게 되므로 결코 쉬운 일은 아니다.

합격자들은 통상 4~6주에 걸쳐 집중훈련을 받게 된다. 이에 일부는 악센트 훈련, 또는 이 산업체에서 불리는 바대로 악센트의 '중성화 훈련' 을 받게 된다. 악센트 중성화 작업은 대단히 과학적으로 엄격하게 진행된다. 연수생들은 특정 소리, 음성, 억양, 강세에 대한 지역적 영향과 초점을 분석한다. 목표는 영국이나 미국식 악센트를 얻고자 하는 것이 아니라 많은 외국인들이 이해하기 힘들어 하는 억양이 없는 인도영어의 특성을 제거하는 것이다. 브라이언 크라바라호는 "당신이 특정 악센트로 말하는 것은 중요치 않다. 다만 당신이 당신 스스로를 이해하는 것이 중요한 것이다."[43]

독특한 악센트를 제거하고 나면 콜센터의 신입사원들은 자신들의 고객의 문화에 대해 교육받게 된다. 이는 할리우드 블록버스터에 대한 관찰에서부터 그 나라의 역사, 사업실제, 법률교육, 그리고 인생경험과 대중문화 지식을 공유하는 옛 우국지사들이 개최하는 세미나 참석에 이르기까지 모든 것을 포함한다. 극단적인 경우 합격자들은 해외로 보내지기도 한다.

훈련의 막바지에 이르렀을 때 고용인들은 고객의 문화적 범주에 대한 충분한 이해와 신뢰를 가지고 지역 야구팀의 패배, 또는 최근의 혹서(酷暑)나 폭풍에 대한 위로 등 그들이 작업하는 컴퓨터 화면으로 제공되는 모든 정보에 대해 간단하게나마 대화할 수 있어야만 한다. 손탁의 글에 따르면, 훈련에는 미국의 기본적인 속어나 비어(지역적인 것을 포함하여), 그리고 기초적인 대중문화 관련사항들(TV 연예인, 주요 시트콤의 줄거리와 주인공들, 복합상영관의 최신 블록버스터, 야구와 농구의 최신 전적들)이 포함된다. 만일 미국에 있는 고객과의 연결이 길어진다해도 그들은 더듬거리지 않고 계속하여 미국인으로 통하기 위한 방법을 터득하게 될 것이다.[44]

대개의 콜센터 직원들은 연기를 썩 잘 할 수 있기 때문에 그들이 다른 이름을 쓰는 한 대부분의 고객들은 그들이 방언을 사용하지 않는 것을 결코 의심하지 않는다. 비즈니스월드지가 보고하기를 "매그나(Meghna)는 전화벨이 울리면 놀라운 성격의 변화가 일어난다. 그녀는 가냘픈 미국식 악센트를 가진 '미쉘(Michelle)'이 되는 것이다. 통화를 한 사람은 자신이 수천 마일이나 떨어진 제3세계에 앉아있는 누군가와 통화하고 있음을 알아채지 못한다."[45]

브라이언 크라바라호와 같은 내부인들이 미국인처럼 행동하는 조건은 그다지 큰 일이 아니라고 한다.[46] "그것은 새로운 언어를 배우거나 새로운 피부색을 가지는 것과 같은 것이다. 마케팅과 영업을 할 때 항상 일어나는 일들처럼 말이다."라고 그는 주장한다.[47] 거의 모든 고용인들은 이에 대단히 실제적인 방법으로 접근한다.

> 사람들은 내가 이 일을 처리하기 위해서 어떤 것을 취해야 하는지를 알 것이라고 생각한다. 당신이 무언가를 요구하기 위해 콜센터에 전화를 걸었을 때 당신이 필요한 최후의 것은 어려운 명칭으로 되어있다. 당신은 당신의 문제가 해결되기를 바랄 뿐 어려운 명칭을 이해하고자 하지 않는다. 왜냐하면 그 이후에 대화는 뒤죽박죽으로 진행되기 때문이다. 당신은 무엇이 문제이었는지를 망각하고 새로운 문제를 안게 된다.[48]

기술이론가 마단모한 라오는 이런 본질적으로 느긋한 마음가짐을 좋아한다. 그는 "인도식 악센트로 말하는 인도식 이름을 가진 사람들을 보는 것은 매우 흥미로운 문화현상이다. 과정을 진행하는 여섯 시간 동안 미국식 모자, 또는 영국식 모자를 어떻게 착용하는지를 배우고 하루의 작업이 끝날 때 그들의 일상으로 돌아가는 것이다."라고 말한다.[49] 라오는 이러한 묘한 문화적 상호변이를 긍정적인 측면에서 인도 본래의 다중성을 시험하는 것처럼 보는 경향이 있다. "악센트를 밝혀내는 것은 어렵지 않다. 왜냐하면 항상 수많은 악센트가 표출되고 있기 때문이다."[50] 사람들이 다수의 정체성으로 느긋한 마음을 지닌 채 많은 다른 언어들을 구사해온 인도에서 언어를 '하나 더 추가' 하는 것은 정복의 징조가 아니라 단순한 '더하기' 일 뿐이다. 이렇듯 행동을 일체화시키는 능력은 IT 산업의 기본적 창조를 나타내는 것으로서 공상게임에서 가상 자연(virtual nature)의 이점을 증가시키고 거리감각을 제거할 수 있다.

그러나 콜센터 작업자들은 이를 서방의 인도문화 정복에 대한 확실한 징조로 보기도 한다. 이코노미스트지의 보고서를 보면, 콜센터들은 고객과의 원활한 소통을 위해 종종 직원들에게 미국식 아호(雅號)를 주고 미국사람처럼 말할 수 있도록 교육시킨다. 교육은 국민들 사이에서 일상적 농담에서부터 시작된다(이는 몇몇 평론가들이 보는 바로는 부끄러움의 표상이다).[51]

이들 평론가들에게 콜센터 직원들은 테크노쿨리인데, 문자 그대로 미국인 연기에 의존하며 일하는 자들을 의미한다. 그들은 "이보다 명백한 경제적 · 문화적 착취의 예가 있느냐?"라고 묻는다. 그들은 그의 값싸고 좋은 재원으로 얻은 명성[52]이 인도 IT 산업이 국제노동부서로서의 업무를 담당하고 유지하는데 일조하고 있다고 비난하면서, 그 안에서 인도인들은 통상적인 프로그래밍과 단순한 데이터입력과 같은 어디서나 누구도 쉽게 선택하지 않는 값싼 작업에 묶여 있다고 한다.[53] 그들 가운데 하나의 산업이 문턱에 도달하기 위해서는 값싼 작업이 이용된다고 생각하는 이들이 있다 해도, 그리고 이것이 그들로 하여금 서서히 상승하는 가치사슬[54]이 된다 할지라도, 여전히 인도는 값싼 노동력만을 제공할 뿐 주요 항목들은 다른 곳에서 설정되고 있는 것이다. 고용인의 절반이 여성이라는 점은 콜센터들이 디지털 시대의 노동착취공장으로서 더욱 유리한 고지에 올라있는 것처럼 보이게 한다.

격렬한 반동

보다 최근에 해당 산업은 반발적이고, 궁극적으로는 훨씬 위협적이라는 비난을 받아오고 있다. 서방에서는 스웨트숍 노동에 관련된 아우성은 보호주의자에 의한 당황의 물결로 대치되었다. 매일 밤 해설을 하는 CNN의 로우 돕스(Lou Dobbs)와 같은 평론가들은 그들이 애국주의의 결함과 해당 사업에 대한 탐욕때문에 자신들의 회사를 내건다는, '미국 수출(Exporting America)'과 같은 협박성의 제목으로 위협적인 이야기를 방송하였다.[55]

이러한 불안감의 상승은 미국의 330만 개의 일자리(이중 IT는 50만 개)가 2015년까지 해외로 이전될 것이라는 포레스터(Forrester) 보고서에 의해 더해져 갔다.[56]

그들은 이미 제3세계에 블루칼라(육체노동)직을 빼앗겼다고 느끼고 있으며 서방의 많은 이들은 화이트칼라(정신노동)직을 보호하기 위해 필사적으로 노력하였다. 이코노미스트지는 "미국, 영국, 호주에서 발생한 엄청난 사건들어 지난 6개월 동안 고용인들을 함께 뭉치게 하였고, 인도는 중국이 이미 제조업에서 했던 것을 서비스에 접목시킬 것이라고 한다.[57] 분노는 커져가고 도처에서 성토가 들리고 있으며 인도는 우리들의 직업을 훔쳐가고 있다."라고 하였다.

이는 서방외부에서 성공적으로 개발된 모든 사례에 대한, 아마도 동일한 수준의 낯익은 비난이다. 와이어드지의 다니엘 핑크(Daniel Pink)는 "즉 경제적 번영과 국가권력을 위협하는 대상이 20년 전의 일본 자동차 근로자들에서 오늘날의 인도 프로그래머들로 바뀌었을 뿐이다"라고 말했다. "당시 예측가들은 군걱정 많은 사람이라도 된 양 미국의 '공동화(空洞化)'를 외쳤고, 마치 우둔한 자들처럼 그의 개선책으로 무역제재와 '바이 아메리카(Buy America)' 운동을 펼쳤었다."[58]

여러 측면에서, 우려의 목소리에 대한 동정심의 이동은 앞서 일본이나 중국과 같이 인도의 경제가 결국 서방의 레이더 화면에 나타나기에 충분히 성공적이라는 징조 이상인 것이다. 그러나 인도가 만들어낸 우려는 전례가 없을 정도로 그 자신 특유의 특색을 가지고 있으며, 인도가 제조생산 제품보다는 서비스에 관련하기 때문에 중국이나 일본이 했던 것 이상으로 미국에 보다 엄청난 영향을 미칠 것이라는데 관심이 집중되고 있다. 비즈니스위크지에 따르면 중국의 강점인 제조업이 미국의 산출량과 일자리에 대해 각각 14%와 11%를 차지한 반면, 인도의 강점인 서비스는 미국경제의 60%를 차지하고 그 작업인력의 2/3가 고용되고 있다.[59]

이러한 수치는 크게 과상된 것으로서 맥킨지 보고서가 지적한 대로 서비스부문 직종의 대부분은 소매업, 요식업, 그리고 이외의 그 특성으로 인해 해외로 옮길 수 없는 직종들이다.[60] 그럼에도 불구하고 서방경제에서 소위 실업의 회복에 대한 경고는 보호주의자들의 요구가 가일층 그 강도를 더해가고 있음을 의미한다. 영국의 무역협회는 인도로 정보서비스센터를 이동하려는 BT 개혁에 대해 반발하고 있으며 미국에서는 주(州)의 데이터처리 계약에서 어떠한 아웃소싱도 금지하는 법안을 통과시켰다. 거기에는 특별이익단체와 획득한 투표권자들(garner votes)을 달래기 위해 보호주의법안들을 사용하려는 가장 목표지향적인 자유교역행정에 대한 민주화추세가 있기 때문에, 아웃소싱에 반대하는 보호주의자들의 격렬한 반발은 2004년도 대통령선거때 까지 지속적으로 강력히 성장하였다.

인도의 아웃소싱부문은 이러한 추세에 대한 결과를 우려하였으며 이들 서방의 경제적 도전에 맞서도록 노력하고 있다. 이는 양면(two-pronged) 접근방식에 따른 대규모 산업전반의 마케팅을 통해 처리된다. 첫째, 인도 대변인들은 자유무역을 지지하는 그들의 서방동맹들과 함께 제조업 제품의 자유무역[61]과 같이 서비스 또한 자유로이 교역될 수 있음을 보여주고 아웃소싱의 이점에 대해 그 불확실성을 온전히 설득함에 목적을 둔다. 이는 사이버세계의 비즈니스 대화인 윈-윈(win-win) 상황을 이용하는 것이다.

서방 회사들이 인도로부터 아웃소싱을 하는 주된 이유는 자신들의 경쟁력을 촉진시키기 위해서이다.[62] 주변업무를 제거함으로써 자신들의 경제를 보다 효율적이고 생산적이도록 하는 보다 많은 가치를 생성하는 분야에 집중할 수 있기 때문이다. 예컨대 맥킨지 보고서에 따르면 미국회사들은 해외이전으로 달러당 12~14센트의 이득을 얻게 된다고 한다. 아웃소싱이 생산가는 낮추고 생산성은 높이게 함으로써 미국경제 전반에 이득을 가져다주는 것이다. 반세계화 운동의 외침에도 불구하고 글로벌화는 제로섬게임이 아니다. 인도가 부국으로 성장함으로써 서방이 잃는 것은 아무것도 없다. 오히려 추가수익과 고객수요로부터 크게 이익을 얻게 된다. 이코노미스트는 "한때 영국은 미국의 산업 능력의 상승을 두려워하였으나 오늘날 두 나라는 모두 예전에 비해 엄청난 부

국으로 성장하였다."라고 전한다.[63]

어느 나라도 급격한 일자리 손실이 문제가 되지 않는 듯하다. 같은 맥킨지 보고서는 일자리를 상실한 대개의 근로자들은 6개월 이내에 또 다른 직종을 찾게 된다고 하였다.[64] 이코노미스트는 "미국노동시장의 '과당매매(churning)'는 수년에 걸쳐 진행된 것으로서 일반적으로 이는 파괴보다는 오히려 더 많은 일자리를 조성하였다"고 보고한다. 더욱이 이 산업이 조성한 직종은 보다 높은 급여를 지급함으로써 스스로의 질을 높이는 경향이 있다.[65] 만일 역사가 길잡이가 된다면 장래 이득은 현재의 손실을 보상하게 될 것이다. 미국의 전 역사를 통해 노동자들은 농업, 섬유업, 철강업 등을 밀어냈다. 결국 인력들은 보다 나은 급여와 높은 질의 직종으로 이동하였다.[66] 더욱이 서방은 이미 H1-B 비자의 발급 수 제한 추세와 같은 보호주의법안에 의해 고충을 겪게 된 숙련공의 부족을 맞고 있다. 노동력의 부족은 미국, 특히 유럽에 있어 가까운 장래에 고령화로 인한 고통을 가중시킬 것이다. 이러한 불가피한 인구역학에는 이민이나 해외 아웃소싱이라는 두 가지 해법만이 존재한다.

동시에 산업체 전반의 움직임은 부유한 국가로 하여금 그들의 문호를 폐쇄하는 것이 자신들에게 매우 불공정하다는 것을 알게끔 해야만 한다. 보호주의는 경제적으로 잘못된 것이며 대단히 비인간적이다. "선진국의 제품에 대해 자신들의 시장을 개방하고 있는 중국, 인도 등과 더불어, 선진국들도 우리에게 세계수준의 제품과 서비스를 제공할 수 있도록 우리가 가진 능력과 동등한 기회를 줄 때가 되었다."라고 나스콤의 회장인 키이란 카르니크

(Kiran Karnik)는 주장한다.[67] 파이낸셜타임즈는 보다 더 솔직하다. "합법적인 수출입 이익의 원천지에서 빈곤국들을 제외시킨다는 것은 도덕적인 모순이다."[68] 유명한 블로거(blogger)인 글렌 레이놀드(Glenn Reynolds)의 지적대로, 아웃소싱 반대운동은 로우 돕스와 그의 동료들이 채택한 부조리한 도덕적 우위에도 불구하고 대단히 옹졸한 것이다.[69] BPO부문에서 근무하는 수많은 인도인들과 인터뷰를 가진 후 다니엘 핑크는 다음과 같은 결론을 내렸다.

> 역동적 자본주의의 단맛을 오래도록 맛봐왔던 미국인들은 그것이 미국 외부에서도 작용한다는 개념에 익숙해져야만 했다. 프로그래밍 직업은 이방인들에게 중산층 생활을 제공하였다. 그들은 아파트를 소유하고, 새 자동차를 운전하며, 인터넷 쇼핑을 하고, 카푸치노를 마신다. 세계화의 기적의 증거로 다름 아닌 빈곤국에서의 활기 넘치는 중산층의 출현이 미국의 제품 및 서비스에 대한 새로운 시장임을 굳이 언급하지 않더라도 이는 충분히 경이로운 업적이지 않은가? 만일 이러한 변환이 조금이라도 방향을 틀었을 때 미국인들이 그에 대해 불평한다면 다소나마 위선적이 되지 않겠는가? 결국 IT 직종은 어떻게든 미국인들에게 귀속되고 그러한 작업을 하는 모든 비(非)미국인은 그의 정당한 소유주에게서 일자리를 훔쳐내는 것이 되는 것인가?[70]

결국 인도 IT 산업의 최근의 물결은 모순된 비난을 받고 있다. 한 편에서는 쉴새없이 일하도록 강요받는 저임금 근로자들(일반적으로 여성)을 발굴하는 것에 대해서 비난받고, 또 다른 면에서는 이들 동일한 근로자들이 서방 중산층의 일자리를 훔치는 것으로 비난받는다. 이들 두 가지 비난에 대한 해답은 해외 아웃소싱이 첨단기술의 세계화로부터 나온 혁신의 결과이며 전 세계적인 경제

성장의 핵심 추진력이 되고 있다는 점이다. 파이낸셜타임즈는 이러한 추세를 되돌려 놓기위해 노력하는 것은 마치 모델 T 포드[71]의 출현 이후에 버기 휩(buggy whip, 자동차에 장착된 긴 무선 안테나) 생산을 보존하려는 시도와 같은 것임을 기사화하였다. 인도와 세계 모두에 대한 선택은, 빌 클린턴이 말한 바와 같이, 비난을 수용하고 내일의 일자리를 조성하는 것이거나, 또는 이러한 변화를 거스르고 과거의 경제를 유지하기 위해 노력하는 것이다.[72]

변화의 혁신

서방에서 혁신의 의미는 일반적으로 제품을 개발하고 이를 시장에 선보이는 것을 포함한다. 그러나 방갈로어와 같은 곳에서는 변화의 시작을 알리는 신호들이 있다 할지라도 이러한 종류의 중요한 혁신이 인도에서 일어나고 있다는 증거는 많지 않다. 그와 같은 낙관적인 견해들의 핵심 지지자인 비즈니스월드지는 2003년에 「글로벌 연구개발허브로서의 인도(*India as a Global R&D Hub*)」라는 기사에서 "GE, HP, 헤인스(Heinz)를 포함한 70여 개의 다국적기업들이 지난 5년 동안 인도에 연구개발센터를 설립하였다."라고 썼다.[73] 또한 그보다 2년 전에는 "IT센터로서의 방갈로어는 이미 2002년에 여러 전문분야에 걸친 센터 내에 500명의 박사학위소지자가 포함된 2,500명의 과학자들을 보유하였으며, 현재 1억 달러가 투자되는 새로운 궤도로 이동하고 있다."라고 보고한바 있다.[74] GE만이 아시아의 실리콘 플래토우에서 경영을 확대하고 있는 것이 아니다. IBM도 지난 3년 동안 소프트웨어연구소에 1억 달러를 투자하였다. 시스코도 향후 3년에 걸쳐 대규모

연구개발시설에 5,000명의 엔지니어를 보유할 장기계획에 2억 달러를 투자할 계획을 갖고 있다. 썬(Sun)은 2005년까지 5,000명을 고용하게 되는 세계 최대 공학센터의 설립을 계획하고 있다. 모토로라는 1,500명의 엔지니어로 구성된 연구소의 설립을 위해 4,000만 달러를 투자할 것이며 텍사스 인스트루먼트도 곧 그의 엔지니어들을 배가할 예정이다. HP는 신흥시장을 위한 제품개발이라는 유일한 목적을 가진 실험실을 설립하였다. 그러나 이렇듯 소란스런 활동에도 불구하고 패러다임의 변화나 노벨상으로까지 이어지는 연구는 아직도 먼 이야기이라고 비즈니스월드지는 밝히고 있다.[75]

이러한 형태의 혁신은 의심할 바 없이 중요한 것인데, 특히 국내시장을 지원하도록 개발되기 때문이다. 그러나 이러한 형태의 생산주도형 연구기반혁신에만 집중하는 것은 위험이 따른다. 왜냐하면 인도 IT 산업에 관해 이미 고도로 혁신적인 것을 빠뜨리고 있기 때문이다. 파트왈단 교수가 말한바, 혁신이 있다는 것에는 의심의 여지가 없으나 이는 다른 영역에서의 혁신일 뿐이다. 제품혁신보다는 배송기법을 완성하는 인포시스나 와이프로와 같은 회사들은 실로 공정혁신이 우수하다. 이 서비스기반 공정혁신은 포춘이 일컫는 '조용하나 원대한 혁명: 화이트칼라직의 세계화'의 선구자로서 인도 IT를 추진해오고 있다.[76]

테크노 구루인 돈 탑스콧(Don Tapscott)은 뭄바이에서 열린 나스콤 인도 지도자 포럼(Nasscom India Leadership Forum)을 가득 메운 군중들을 대상으로 한 연설에서 청중들의 상당수가 그의 일부가 되는 이 혁명에 대해 설명했다. 탑스콧에 의하면 세계는 현재

협동에 있어서 엄청난 변화를 확인하고 있는데, 이는 1937년도에 로날드 코스(Ronald Coase)가 발표했던 유명한 논문인 「기업의 섭리(*Nature of the Firm*)」에서 언급된 바를 설명한 것이다. 코스의 논문은 '기업은 왜 존재하는가?'라는 기본 질문에 대한 답을 찾고 있다. 그는 기업들이 거래비용으로 인해 생산되어진다고 결론 내렸다. 다양한 기능들이 하나의 회사에서 모두 통합되도록 하는 수직통합은 가장 저렴하고 효율적인 운영방법이었으나 개방시장에서 이를 처리하기에는 너무나 많은 경비가 소요된다.

그러나 최근의 인터넷기반 비즈니스웹으로 구성된 수평적 네트워크의 출현은 '그의 머릿속에 있던 코스의 이론(Coase's theory)'[77]을 뒤집어 버렸다. 수직형 통합은 분해되었고 하향식 구조를 갖고 있던 회사들은 보다 평판한 구조를 지향하기 시작하였다. 자본주의는 지금까지의 것 이상으로 세계화되고 첨단기술화됨으로써 이러한 추세는 오로지 증가될 것이다. 탑스콧의 말대로 "아웃소싱은 빙산의 일각일 뿐"인 것이다.[78]

탑스콧은 이제는 친숙해진 역사를 통해 돌이켜 봤을때, 프라하라드(C.K. Prahald)와 게리 함멜(Gary Hamel)의 핵심경쟁 이론에 의해 촉발된, 회사들이 자신들의 핵심경쟁적 전문분야에만 초점을 맞추기 시작한 1990년대 중반의 미국에서는 아웃소싱의 실체에 대해 어떠한 관심을 가졌었는지를 기술하였다. 전략적이었으나 비핵심적이었던 다른 모든 것들은 아웃소싱할 수 있었으며, 여기에는 인사, 재무절차, 청구절차, 보안, 급여 등이 포함되었다. 전략적 아웃소싱의 성장 핵심은 전문가가 보다 나은 기술과 낮은 경비로써 동일한 서비스를 제공할 수 있음을 인식하는 것이었다.[79] 탑스콧의 말을 빌리면 당대 제일의 표어는 "당신이 최선을 다할 수 있는 일에 집중하라. 그리고 나머지는 파트너에게 맡겨라."이었었다.[80]

그러나 21세기를 맞이하면서 변화가 일어났고 아웃소싱이 기업의 바로 그 심장부를 공격하기 시작하였다.[81] 탑 스콧은 의류를 더 이상 제작하지 않는 의류회사와 컴퓨터를 더 이상 생산하지 않는 컴퓨터회사를 인용하면서 이제 아웃소싱할 수 없는 것은 실로 아무것도 없다고 주장한다. 비즈니스 웹은 수직통합이 된 업체를 대체하게 되어있다. 그는 궁극적으로 "애당초 아무것도 없었기 때문에 아웃소싱할 것은 아무것도 없다."라고 믿는다.[82] 중심부는 그의 가장자리로 녹아들어갈 것이다.

이러한 보다 극적인 변화에 친숙하게 관련됨으로써 인도는 미국이라는 기업에 대하여 전반적 리엔지니어링을 가속화하고 있다.[83] 바디쇼핑에서 BPO에 이르기까지 인도 IT 산업은 모든 네트워크와 같이 중심축에 의해 통제되는 수직형 시스템이 아니라, 그보다는 혁신적이고 계속 확장되는 주변(periphery)과의 흐름의 연결로써 조성된 네트워크기반 사업모델의 개척에 일조하고 있다.

7 디지털 배당

The Digital Dividend

자본주의란 가난한 자들이 부유해지기 위한 본질적 도구이다.

– 헤르난도 드 소토(Hernando de Soto)

「경제의 핵심 고지: 새로운 게임의 법칙(*Commanding Heights: The New Rules of the Game*)」

인도 IT 혁명의 어두운 측면은 디지털 배당의 문제이다. 이 용어가 '디지털 유산자와 무산자', '정보의 풍요와 빈곤' 등의 관련 구문들과 함께, 인기를 얻고 있다는 것은 소수의 비주류인들이 영구히 새롭고 보다 친숙한 선진기술과의 연계를 찾는 사이보그인(cyborgian)이 되기 시작한 반면 주류인들은 놀랄 만큼 그에 접목되지 못했다는 우려가 상승되었음을 보여준다. 실로 관련 통계치들은 넘쳐난다. 2002년 9월 현재, 전 세계적으로 약 6억 565만 명의 인터넷 사용자가 존재한다: 이중 1억 8,267만 명은 북미에, 631만이 아프리카에, 중동에는 단지 512만 명이 있을 뿐이다.[1] 아시아와 동남아시아 전체에서는 1억 8,724만 명이 인터넷을 이용하고 있다고 알려져 있으나 어느 추정치에 따르면 세계인구의 1/5이 속한 남아시아의 인터넷 사용자는 1% 이하이다.[2] 남방주 케랄라(Kerala)의 IT 장관인 아루나 선다라잔(Aruna Sundarajan) 여사는 이러한 통계를 인용하여 하이데라바드 IT 포럼에서 "뉴욕시 하나만 놓고 보더라도 인도 전체의 인터넷 사용자수보다 2배 이상이 된다."라고 역설하였다.[3] 특권층의 모두가 지상선, 휴대폰, 인공위성과의 접속, 그리고 케이블모뎀을 세계통신망에 연결시키고 있는 반면, 세계인구의 절반 이상을 차지하는 나머지 층들은 전화통화도 한 번 해보지 못했으며 20명 중 한 명은 인터넷 접속조차 못하고 있다.[4]

그 어느 곳에서도, 적어도 IT 프리즘의 시각으로 보았을 때, 내부에서부터 분할되어 급진적으로 21세기에 들어서고 있는 인도만큼 강렬하게 디지털 배당을 느낄 수 있는 곳은 없을 것이다.[5] 비록 대부분의 인도인들이 생활하고 있는 시골의 작은 촌락에서는 지속적으로 발전하는 인도의 기술에 접근하지 못하거나 지식조차 없는 수백만의 지역빈곤층들이 있다 할지라도, 뉴델리, 뭄바이, 방갈로어, 하이데라바드 등의 도시형 센터들에는 외부세계와 충분히 통합되면서 IT 개발의 선두에서 있는 젊은 사업가들, 즉 고도로 세계화된 인구가 존재한다. 프라하라드에 의하면 "전혀 다른 두 개의 인도가 나타나고 있는데, 열정적이고 세계화된 경쟁적 인도, 그리고 극빈하고 체계화되지 않은 인도가 그것이다."[6] 이들 두 인도 간의 관계를 파헤치는 것은 이 나라의 장래와 세계속에서의 위상에 극적인 영향을 가져다줄 것이다.

IT 개발에 미치는 인도의 역할은 많은 논의와 언쟁의 주제가 된다. 인도에서는 IT 산업이 직업의 창출, 수출의 강화, 국가의 경제성장에 상당한 기여를 하게 된다는 점을 의심치 않고 있으며 오히려 이러한 추세가 계속될 것으로 기대하고 있다. 예컨대 나스콤은 인도에 약속하기를 IT는 2008년도까지 70억 달러의 산업으로 성장할 것이며 국가 GDP의 7~10%를 기여할 것이라고 하였다. 그러나 아마도 보다 중요하기로는, 인도 IT 산업이 보호무역주의자들의 좌파적 이론의 충고에 극렬하게 대조되는 사례들, 즉 가장 '선진화된' 세계경제영역에서 인도가 세계적으로 경쟁할 수 있는 능력을 갖추도록 해 준다는 것으로서 나라야나 머시의 표현을 빌리자면 "글로벌 바자(bazaar)에 가치를 더해주는 것"이다.[7]

그러나 IT의 힘을 얻은 개발의 후원자들에게 이러한 기여는 너무나도 간접적이다. 그들은 대신 IT가 모두에게 허용되고 활용될 수 있도록 하기 위해 가능한 한 신속하게 디지털 배당에 다리를 놓는 것을 목표로 삼았다. 이러한 목표에 따르는 대가는 어느 정도의 회의(懷疑)를 갖게 되는데, 이는 디지털 배당(이 용어는 아래에서 설명될 것임)에 관한 회의석상에서 연설한 빌 게이츠-그는 건강관리가 컴퓨터보다 훨씬 중요하다고 발언함으로써 기술에 종사하는 청중들을 놀라게 하기도 했다-에 의해 아주 분명히 언급되었다. 그에 따르면 하루에 1달러도 안 되는 돈으로 생활하는 자들은 IT 접근에 대한 결여보다 훨씬 절박한 관심사들을 갖고 있다.

이러한 언급은 세계에서 가장 부유한 IT 억만장자로부터 나온 것으로 보기엔 다소 아이러니한 것이다. 게이츠가 확실히 알고 있는 것처럼 컴퓨터는 단순한 사치품이 아니다. 특히 개발도상세계에서 정보기술은 가장 빈곤한 계층일지라도 일상생활에서 중요한 수많은 이득을 얻게 한다. 가장 중요한 것 중 하나는 대단히 얻기 어려웠던 문서와 기록에 대한 접근조차도 극히 어렵고 불가능한 경우가 아니라면 이를 촉진시킨다는 것이다. 이는 방갈로어의 고장인 카르나타카주(Karnataka)에서 시작된 'Bhoomi'라고 불리는 프로젝트에 의해서 극적으로 예시되었다.[8]

Bhoomi를 탄생시킨 아이디어는 매우 간단하다. 카르나타카에는 700만 명의 농부와 2,000만 개의 지적도가 있다. 과거 이러한 정보들은 갈색의 구겨진 종이에 이해하기 힘든 형태로 기록되어 있었는데, 이들은 접근이 어려운 무질서한 시스템으로 보관되어 있었고 공무원들은 또한 그에 대한 관리책임을 지지 않았다. Bhoomi의 목표는 이같이 방대한 자료들을 특정 소프트웨어를 사용하여 전산화함으로써 상황을 보완하려는 것이었다. 지적도에의 접근은 매우 필수적인 것으로서, 시골의 농민들은 지적도 없이 자신들은 토지가 실제로도 그들의 소유라는 것을 입증할 수가 없다. 따라서 Bhoomi는 한 가지 새로운 방법을 조성함으로써 이러한 문제점을 제거하였으며 국가적 측면에서도 그러한 시도의 효시가 되었다. 지적도의 전자출력은 15루피에 제공된다.[9]

이와 같은 기록의 중요성을 의심하는 이들에게는 극히 영향력 있는 작품인 「자본의 신비: 자본주의는 왜 서방에서는 성공하고 타처에서는 실패하는가(*Mystery of Capital: Why Capitalism Succeeds in the West and Fails Everywhere Else*)」를 들여다 볼 필요가 있다. 간단히 요약하자면, 드 소토(De Soto)는 사유재산소유권은 현대 발전의 근본이 되며 세계의 수많은 빈곤계층은 실제로 어떠한 형태로든 거처를 소유하고 있다고 주장한다. 그러나 여기서 소토가 말하는 사유재산이라 함은 자산 그 자체가 아니라 소유자들로 하여금 그 자산이 자본으로서 평가받을 수 있게끔 하는 것이다. 그리고 토지대장 및 소유권을 통한 이러한 재산의 표기에 대한 접근은 어떠한 자본이 생산되는 방식이 된다. 이것이 없이는 어느 누구의 재산이 될 가능성도 제거되고 빈곤 탈피의 열쇠가 되는 신용 교역시스템에 들어설 수도 없다.

디지털 기술은 핵심적인 문서를 제공하는데 더하여 정부로 하여금 보다 공정성을 강조하도록 하는데, 전자정부 주창자의 말 대로 부패는 직접적인 대면에 의해 이루어지기 때문이다. IT의 관여는 사적인 만남을 배제함으로써 불필요하거나 가져서는 안 될 분명한 목표[10]로서 부패된 관료주의를 공격하기 위한 가장 효율적인 방법 가운데 하나가 되는 경향이 있다.

예컨대 Bhoomi 이전에는 지적도를 취득하기 위해서는 연줄과 뇌물이 필요했었다. 문서들의 가격은 제멋대로였고 전체 시스템은 암거래로 가득 찼다. 반면 Bhoomi는 신청순서대로 작업하는 소프트웨어를 설치함으로써 효율성과 공정성을 보장하고 매우 큰 뇌물을 지불할 수 있는 사람들에 대한 VIP 처리를 제거할 것을 약속하였다. 이는 또한 다른 수많은 지역들에게도 분명한 혜택을 가져다준 혁신이 된 농민친화형 IT 키오스크(kiosk, 소규모 정보통신 서비스 설비)를 사용하는데, 고객들이 쉽게 관찰할 수 있도록 외부로 향한 보조모니터를 사용함으로써 정직성과 투명성을 보장받게 하였다. 오늘날 카르나타카에서 발급하는 지적도는 Bhoomi로 인해 개방적이고 투명하고 공정하게 처리되고 있다.

카르나타카주 정부의 국세청장 라지브 차울라(Rajeev Chawla)는 2003년 초에 하이데라바드에서 행한 연설에서 "2001년 창설 이후 700만 명의 국민이 Bhoomi를 사용하였고 이를 통해 한해 동안 1억 1,000만 루피를 벌어들였다"고 밝혔다. 키오스크 소유자가 매월 약 4,000루피의 수익을 벌어들이고 있는 현재, Bhoomi는 1,000개의 키오스크를 사용하고 있다. 이 프로젝트는 매우 성공적이어서 개개의 농부들을 위한 개별 데이터베이스가 포함되도록 확장되고 있으며 여기에는 '어떠한 수요가 이 지역에 가장 적절한가'와 같은 유용한 정보 등이 있다. 이 프로젝트는 현재 전국에 걸쳐 확산되고 있으며 이제는 도시화 Bhoomi의 조성에 대한 검토가 시작되고 있다.[11]

결국 빈민들은 IT를 필요로 하게 되고 이는 그들에게 정보에의 접근을 가능하게 하여 현대 경제의 기초자원이 되도록 하는데, 이는 개개인의 수입 분류와는 관련되지 않는다. 방갈로어에 소재한 NGO '보이스'에 따르면 그들의 마을 프로젝트에서 가장 인기있는 기술이용 가운데 하나는 인터넷을 통한 지역생산물의 시장가격 검색이라고 한다. 이러한 정보는 주간 바자에서 확성기로 방송되고 있다. 이를 통해 그 마을은 정보를 장기간 독점하면서 중간상인을 거치지 않고, 공정한 제품 가격을 받을 수 있게 된다.

먼 지방에 있는 가난한 농부들이 시장정보에 접근할 수 있도록 하는 이러한 IT의 사용은 디지털 배당을 연결하는 가장 중요한 측면 가운데 하나이다. 경제체제로서 자본주의는 정보의 자유로운 흐름에 의존하며 적어도 이론적으로는 모두에게 투명하고 개방적인 것이다. 그러나 변두리 지방에 거주하는 가난한 자들은 통신기술의 현대화된 네트워크로부터 차단된 원격지에서 생활하고 있다. 따라서 그들이 수확한 곡식의 가격, 다가오는 계절의 일기 예보, 실제 농업에서의 최신기술 등과 같은 긴요한 사실을 알 길이 없는 것이다. 이 모든 것은 그들의 경쟁력에 엄청난 영향을 미친다. 제3세계의 농부들은 시장정보신호에 대한 접근의 결핍으로 인해 자신들의 무지를 이용하여 상품을 시장가격보다 훨씬 낮게 구입하고 농부들로 하여금 봉건적 영구성을 유지하도록 하는 중간상인에 의존할 수밖에 없다.

2000년 6월, 인도 최대의 농산물수출업체 가운데 하나이자 지역민과 방문객 모두에게 윌스(Wills) 담배의 제조업체로도 유명한 ITCI(Imperial Tobacco Company of India Limited)는 농부들을 악순환의 고리로부터 벗어나도록 돕는 정책방안을 추진하였다.[12] 'e-Choupal(마을 전자회의)'[13]이라 불리는 이 방안은 마을광장이라는 뜻의 'choupal'에서 비롯된다. 이 프로젝트는 본래 마나야 프라데쉬(Madhya Pradesh)에 있는 소야(Soya) 농부들과 함께 시작되었으나, 이 후 14개 주에 걸쳐 약 1만 1,000개의 촌락이 포함되도록 성장하였으며 1,900 키오스크에 걸쳐 120만 명의 농부들에게로 확산되고 있다.[14] e-Choupal의 개념은 '직통'이다. 목표는 지방에 있는 이들에게 곡물가격에서부터 토양정보, 지역 및 세계의 최신 일기 정보, 과학적인 영농방식에 대한 요령에 이르기까지 그들이 필요한 정보들을 인터넷을 통해 얻도록 하자는 것이다. 키오스크는 마을의 각 가정 가까이 설치되어 있으며 영어와 힌두어가 함께 사용된다. 그들은 그 자신 스스로도 지도자적인 농부로서 컴퓨터단말기와 다른 농부들 간의 인터페이스 역할을 맡는 'Choupal Sanchalak'에 의해 관리된다.[15] e-Choupal 기법은 수많은 중간단계를 제거함으로써 생산성을 증가시키고 농부들이 보다 많은 곡물을 생산할 수 있도록 한다. 동시에 ITC 또한 이제 그들의 지역공급자와 직접통신연계를 가지게 되면서, 아무런 부가가치 없이 공급망에 비용을 증가시키는 중간상인을 통해 곡물을 구매할 필요가 없게 되었다. 이로써 회사는 농부들에게 보다 나은 가격을 제공함에도 불구하고 실제로는 낮은 구매가격을 누리고 있다.

e-Choupal은 인도 농촌지역의 모든 인터넷기반 중재 가운데 가장 큰 발단이 되었다. 그러나 유사한 기조 위에서 진행되는 수많은 프로젝트 또한 존재한다. 초기의 프로젝트 중에는 1998년도에 중앙정부와 주정부가 공동으로 추진한 와라나협동설탕공장(Warana Cooperative Sugar Factory)에 의해 발의된 와라나유선마을(Warana Wired Village) 프로젝트가 있다. 이 프로젝트는 남방 마하라샤트라(Maharashtra)의 와라나 지역에 있는 72개의 촌락을 연결시켰으며, e-Choupal과 같이 사탕수수의 재배와 수확, 생산품의 시장가격 및 공장도가격 등과 같은 매우 기본적인 정보에 농부들이 접근할 수 있도록 한다.[16] 이는 특히 해당지역의 중요 곡물인 사탕수수 농업에 있어 중요한데, 수확이 조금만 지연되도 설탕양이 감소하여 그 무게와 수확물로부터 얻게 되는 가격에까지 영향을 끼치게 되기 때문이다. 와라나프로젝트를 통해 농부들은 그 시스템에 코드를 입력하여 언제 곡식을 심어야 하고 수확해야 하는지에 대한 상세정보를 얻게 된다. 이는 농부들에게 사탕수수를 채벌하고 수송하는 작업자들을 조직하는데 필요한 충분한 시

간을 주게 된다.[17] 스스로 기업가가 된 벽촌의 가난한 자들은 더 이상 무지에 대한 대가를 치를 필요가 없게 된 것이다.

인도의 사이버카페들

Bhoomi와 e-Choupal과 같은 프로젝트는 국민이 건강증진과 깨끗한 물을 필요로 하는 것과 같이 디지털 기술을 필요로 하고 또 원한다는 것을 입증해 준다. 문제는 접근방식이다. 적어도 인도 내에서 이러한 문제는 개인용컴퓨터의 소유에 의해서는 결코 해결되지 않을 것임이 분명하다. 전자제품의 가격이 크게 낮아 진다 해도 하류계층에겐 가질 수 없는 고가의 상품일 뿐이다. 만일 빈민들이 IT에 접근할 수 있다면 서방으로부터 이어져 온 어떠한 가설들과 사고방식의 붕괴가 일어날 것이다. 파트왈단 교수는 "북미의 PC형(PC-centric) 컴퓨팅과 통신모델은 이곳에 단순히 적용될 수 없다."라고 하였다.[18] 인도에서의 거의 모든 해결책은 소유에 있는 것이 아니라 이용에 대한 어떠한 형태의 대가를 치르는 데 있음에 모두가 동의할 것이다.

이 모델에 대한 한껏 고무된 광범위한 자신감은 1980~1990년대에 인도에 확산되었던 초기 전화통신혁명의 경험에서부터 시작된다. 인도 통신형태의 극적인 재형성을 유도한 이 혁명은 인도 IT 세계에서 가장 유명한 선각자 가운데 한 사람이었던 사티엔 '샘' 피트로다(Satyen 'Sam' Pitroda)에 의해 이끌어졌다.

샘 피트로다는 오리사주 동부에 위치한 티티라가르(Titilagarh)라는 마을에서 태어났다. 이 마을은 전기나 전화, 그리고 상수도도 없는 곳이었다. 마을을 떠나 미국에 도착한 젊은 피트로다는 시카고의 일리노이공과대학에서 수학한 후 디지털 전기 스위칭시스템의 개발과 관련되는 일을 시작했다. 피트로다는 이 일로 자수성가하여 1980년대 중반에 통신부문의 백만장자가 되었다. 그는 아메리칸드림을 이룬 것이다.

이 시점에서 피트로다의 관심은 인도의 발전으로 향했다. 당시 인도 내에서는 전화는 사치품이라는 견해가 수용되고 있었으며, 구르차란 다스는 가난한 농부는 전화가 아니라 물과 문자, 그리고 기초건강을 필요로 한다고 역설했다.[19] 그러나 피트로다는 전화밀도가 부를 창출하기 위해 필수적이라는 확신이 있었다.

피트로다는 국가중심적이었고 인도에서의 최선의 전략은 이러한 사고방식을 상의하달방식으로 갖도록 하는 것이라고 믿었다. 그는 이를 염두에 두고 항공기 조종사로서 그 자신이 기술자는 아니었으나 적어도 기술우호주의자였던 라지브 간디와의 관계를 발전시키려 하였다. 피트로다는 라지브 간디의 도움으로 C-DOT(텔레메틱스개발센터)라는 조직을 창설하여 이를 미국스타일의 개방성과 열정으로 운영하였다. C-DOT의 사명은 인도에 걸맞은 디지털변환장치의 개발이었다.

피트로다식 혁명의 열쇠는 이러한 변환장치를 이용하여 바자에 전화를 설치하는 것이었다. 다스는 동전으로 작동하는 공중전화는 비싼데다가 인도의 뜨거운 기온과 먼지로 인해 쉽게 파손되기 때문에 좋지 않다고 설명하였다. 이에 피트로다와 그의 팀은 단순한 아이디어를 하나 제안했는데, 작은 미터기가 달린 일반전화기를 준비한 후 이것이 시장에 있는 책상 위에 설치되도록 수천 명

의 기업가의 손에 맡겨두자는 것이었다.[20]

라지브 간디 암살사건 이후 피트로다는 정부와의 고리를 상실하는 등 어려운 시기를 거친 후 미국으로 돌아갔다. 그러나 그의 방법은 깊고 오래 지속되는 변화를 가져오게 하였다. 1998년에 이르러 나라 전역의 시장에 50만 개의 공중전화사무실(PCO: Public Call Offices)이 세워졌으며 이로써 150만 개의 일자리가 조성되었다. 캐나다의 도넛상점과 같이, 또는 미국의 식당과 같이 장거리시외전화(STD) 부스의 황색표시는 인도에 보편화되었다. 전화기는 가장 멀리 떨어진 시장을 제외한 모든 곳에 설치되었다. 1988년에는 인도의 촌락 중 단 4%만이 전화에 접근할 수 있었으나 오늘날에는 전체 인도 촌락의 과반수 이상이 적어도 한 대의 공중전화센터를 가지고 있으며[21] 큰 도시에서는 실제적으로 모든 교차점에서 센터들을 볼 수 있다. 꼬박 하루가 걸렸던 인도에서의 통화를 오늘날 간단하고 효율적이며 가장 저렴하게 사용될 수 있도록 해준 것에 대하여 샘 피트로다에게 감사해야 할 것이다.

C-DOT의 이야기는 분명 날로 늘어나는 통신기술로의 접근은 혁신을 요구한다는 것을 보여준다. TiEcon 뉴델리에서 겸허한 청중을 대상으로 한 연설에서 샘 피트로다는 높은 통화량, 낮은 밀도, 그리고 극심한 인도의 기후에 디지털 변환을 투입하는 것은 불가능한 일이라고 하면서, 이러한 지역조건에 보급되는 새로운 기술개발의 필요성을 열정적으로 피력하였다. 그는 주장하기를 “인도는 미국이 아니다. 이곳에서 사람들은 물소를 전화스위치에 묶어 놓고, 고양이와 함께 살고 있으며, 회로 주변엔 도마뱀이 이리저리 돌아다니고 있다. … 인도는 인도만의 해법을 필요로 하고

있다."라고 하였다.[22]

샘 피트로다의 '대안적 비전'은 '밀도' 이상의 접근이 조성되도록 하는 것으로서[23] 이는 전화와 마찬가지로 인터넷에도 적용된다. 교환원이 함께 하는 공중전화부스는 인도에서 많은 사람들에게 전화통화의 첫번째 기회를 가져다 준다. 마찬가지로 교환원이 근무하는 인터넷 키오스크는 이제껏 인터넷을 사용해 본적이 없는 수백만 인도인들을 온라인에 접속시킨다. 서방의 최신 액세서리 이상 가는 사이버카페들이 주변지역에서는 디지털 배당을 연결시키는 열쇠가 되고 있는 것이다.

이러한 사이버카페는 전국에 걸쳐 가장 먼 촌락에까지 생겨나고 있다. 그것이 어린이들로 하여금 워드(Word)와 파워포인트(Power Point)를 배우게 하는 지역 사원(寺院)에 연결된 여러 대의 컴퓨터이던, 도시 빈민가의 아이들에게 인터넷을 소개하는 NIIT의 작고 허름한 가게이던, 아니면 이동 실험실을 통해 온라인에 접속할 수 있도록 하는 버스들이던 간에 인도는 소외된 벽촌의 일부와 경계가 없는 지식세계를 연결시키는 조그만 실험을 위한 연구소가 되고 있다고[24] 뉴욕 타임즈의 셀리아 더거(Celia Dugger)가 쓰고있다.

이러한 수많은 실험은 개인기업체에 의해 진행되고 있다. 예컨대 피트로다 자신은 그의 새 회사인 월드텔(WorldTel)과 함께 우리들이 PCO를 위해 조성했던 것과 같이 인터넷 키오스크 혁명의 창설에 희망을 두고 중점적으로 투자하고 있다.[25] 동시에 인도의 거의 모든 주 정부들은 사이버카페의 개발을 독려하고 있다. 예컨대 안드라프라데시주는 5,000개의 IT 키오스크 설립을 목표로 하고 있다. 그들의 전략은 기존의 STD 부스의 주인들에게 소액

금융지원을 제공하여 그들의 상점이 배선되도록 하자는 것이다. 이를 위해 정부는 초기의 불꽃만 일으켜 주고 나머지는 시장의 힘에 맡겨야 한다고 주 정부의 IT 장관 사티야나라야나(J. Satyanarayana)는 말한다.[26]

개발의 선두에 나서왔던 케랄라(Kerala) 지역 역시 타처에서 일어나고 있는 보다 혁신적인 IT 프로젝트들을 뒤좇기위해 야심 찬 전략을 가지고 있다. 전국 최고의 독해력과 전화통신밀도를 가진 케랄라는 디지털 배당으로부터 덜 고통 받을 것이라고 가정되고 있지만 이곳의 컴퓨터 보급률은 1% 이하이다.[27] 이러한 상황을 보완하기 위해 케랄라는 이제껏 보다 더 IT 친화적인 다른 주들로 관심을 돌리고 전국을 통한 경험들을 통합하려 하고 있다. 2003년 2월에 9,000개 지역공동체의 '인포센터' 네트워크를 형성하기 위한 전략이 출범되었나. STD/PCO 모델을 기반으로 그들 자신이 개인기업체에 의해 관리되도록 하는 센터의 설립을 위한 촉진제로시 정부는 이용된다.

지역적 콘텐츠

그러나 지방의 ICT(정보통신기술)에 대한 기반구조의 조성은 수용성과 접근성만을 요구하지 않는다. 이 역시 사람들, 특히 가장 원거리에 있는 사람들이 IT를 깨닫게 되고 이것이 그들에게 마련해 줄 수 있는 것을 배우도록 한다. 아루나 선다라잔은 "우리는 초점을 공급에서 수요창출로 이동해야할 필요가 있다."라고 하였다. 이것이 e-Choupal이나 와라나유선 마을과 같이 가장 성공적인 벤처기업들이 관련된 콘텐츠와 결합하게 되는 이유이다. 이들은 전적으로 농부들에게 방향을 맞추고 있으나 광범위한 규모로 동원되는 수많은 농촌 프로젝트 또한 존재한다.

예를 들어 타라하트(TARA-haat)는 전적으로 그들의 필요와 욕구에 따라 설계된 인터넷포털에 농촌 촌락의 키오스크를 연계시키고 있다. 타라하트의 서비스는 문맹인 시골사람이라 할지라도 해당 사이트에 접근할 수 있도록 하기 위하여 애니메이션과 보이스오버(voice-over, 화면에 나타나지 않은 해설자의 목소리)가 설치된 책상위의 그래픽 인터페이스를 사용한다. '하트(Haat)'는 해당 마을의 바자를 의미하는데, 해당 사이트가 시골 소비자를 겨냥한 전자상거래 상점으로서 작동할 수 있도록 건강관리, 복지기술, 점술, 결혼, 교육 등에 관한 정보가 제공된다. 이는 차량 및 소형운송트럭을 독점 운영하고 지부를 활성화시킬 수 있는 일종의 지역신용카드를 개발하기에까지 이르렀다.[28] 그의 목표는 국가 예상수입의 50%를 마련하여 이제껏 지원 받지 못했던 시골지역사회의 시장에 제품과 서비스를 제공하는 것이다.[29]

또 다른 예는 인도 촌락의 지속가능한 접근, 즉 'SARI (Sustainable Access in Rural India)' 프로젝트이다. IIT-Chennai, MIT 미디어 연구실, 인터넷과 사회를 위한 버크만 센터, 하버드 법대, I-Gyan 재단 등에 의해 운영되는 SARI는 인도 타밀나두(Tamil Nadu)주의 동남쪽에 위치한 마두라이(Madurai) 지구에 있는 350개 마을에 1,000개의 연결망을 개발하였다. 타라하트(TARAHart)와 같이, 이는 지역 언어를 통해 오락, 건강, 교육, 정치, 경제개발 등을 지향한 지역 성향의 내용을 제공한다. 키오스크의 사용은 곳에 따라 매우 다양하지만 지역정부, 컴퓨터 교육, 이메일 연계 등의 일부 응용들은 동일하게 인기를 얻고 있다고 프로젝트는 보고한다. 여기서도 역시 인간과 동물의 건강, 농업정보 등은 뛰어난 성공을 거두었다.[30]

그러나 이러한 형태의 가장 유명한 프로젝트는 아마도 지안두트(Gyandoot)[31]라는 마다야 프라데쉬주(Madhya Pradesh)의 빈곤한 토착지역인 다아(Dhar) 지역과 외부세계를 연결시킨 디지털 네트워크일 것이다. 초기에 그 지역의 공동체나 다른 정치가들은 부족한 자원을 컴퓨터 네트워크에 투입하는 것보다는 물, 전기, 식량 등을 투입하는 것이 보다 긴요하고 필수적이라고 생각했다. 그러나 깊이 있는 자문을 거친 후 마을 판차야트(panchayat, 지역자치기구)와 나머지 공동체들은 프로젝트를 지원하고 재정적인 부담을 담당하는데 확신을 갖게 되었다. 2000년도에 이르러 농촌 사이버카페 네트워크는 운영되기 시작했다. 오늘날 이 네트워크는 카스트 증명서의 발급을 위해 필수적인 관료절차와 연계되어 있으며, 힝의문 제출, 도난 사건 신고, 건강과 농업정보에의 접속, 무역 및 결혼 광고, 그리고 장학금 신청과 연금 수령에 이르기까지 사용되고 있다. 지안두트는 '2000년도 스톡홀름 챌린지상(Stochholm Challenge award)'을 수상하였으며 전자정부의 돌파구로서, 그리고 전국 곳곳에서 도입되고 있는 모델로서 널리 평가받고 있다.[32]

피라미드의 최하층 지원

지안두트와 SARI는 IIT-체나이에 의해 개발된 지역망(WLL:Wireless in local loop)기술 중 무선통신기술인 CorDECT의 사용으로 가능해 진다.[33] 이 신기술은 도시와 시골지역 간의 경비 효율성, 양질의 음성 및 데이터 연결을 제공한다. 이는 유일하게 매우 낮은 전력 상태나 냉방 없이도 운영될 수 있다. CorDECT의 사용으로 대개의 먼 지방촌락들은 각각 1,000달러도 안 되는 가격으로 인터넷 키오스크의 기능을 설치할 수가 있다. 이 기술은 매우 성공적어서 인도 외부로도 확산되기 시작하였고, 이제는 마다가스카르(Madagascar), 아르헨티나, 브라질, 튀니지, 나이지리아에서도 운영되고 있으며, 이란, 이집트, 예멘에서는 현장실험이 진행되고 있다.

아난드 파트왈단 교수에 따르면 CorDECT는 새 전화의 자본경비를 어떻게 3~4만 루피에서 1만 루피로 낮출 수 있겠느냐는 매우 단순한 전제에서 시작되었다. 개발자들은 이러한 종류의 급진적 비용 감축은 시장 확대를 위해 필수불가결한 것으로 이해하였다. 필요한 것은 가격의 시행커브에서 최저점으로 이동할 수 있는 신기술이 무엇인가 하는 것이었다. 해법은 기술적 · 사업적 혁신에 달려있었다.

CorDECT의 성공은 인도 IT 산업이 국내시장 참여에 집중하기 시작하면서 실질적 혁신이 일어났음을 확인시켜 주었다. 이러한 창의성은 디지털 배당에 대한 새로운 입장을 전달하는 것이었다. 이 새로운 혁신방법은 죄책감에 사로잡혀 자포자기한 절망에 의해 마비되기 보다는, 문제를 기회로 변환시키는 것이다. 이러한 접근법이 구성되는 다양한 프로젝트와 이론들은 디지털 배당이라는 용어 아래 모아졌다. Digital Dividend라는 웹사이트[34] 상에서 설명된 그의 사명은 글로벌 디지털 배당에 대한 사업적 해법을 인식하고 촉진시키는 것으로서, 이는 전 세계의 빈곤공동체내에서의 사회적·경제적 배당을 조성하고 세계 지향적 발전을 위하여 ICT(ICT-for-development)로 하여금 지속가능한 모델이 되도록 한다.

가장 강력하게 디지털 배당을 주장하는 이론가로는, 특히 인도인의 경우 앤 아버(Ann Arbor)의 미시간대학교 경영대학원의 프라하라다 교수가 있다. 핵심적인 비즈니스 사고와 사회적 책임을 지닌 활동주의자의 주장[35]으로서 평가받는 그의 아이디어의 기본은 "짐작하건대 우리들의 엄청난 문제를 세계화의 기회로 변환할 수 있는가, 그리고 전 세계적으로 연간 1,500달러 이하로 생활하는 45억 인구를 어떻게 지원할 수 있는가?"라는 질문으로 시작된다.[36]

프라하라다의 주장은 올바른 마음가짐으로 이를 성취할 수 있다는 것이다. 그는 "제3세계는 마음의 상태 바로 그것이다."[37]라고 상조하고 있다. 「혁신의 원천으로서의 인도(*India as a Source of Innovation*)」라는 주제로 발표한 뉴델리의 연설에서 프라하라다는 제3세계가 그의 답답한 태도와 신념으로부터 자유로워지기 위해 반드시 스스로 파괴해야 할 수많은 전통을 늘어놓았다. 이러한 전통들은 '부의 분배가 부의 조성보다 중요'하고, '시장의 힘과 개인 기업은 빈곤의 문제를 처리할 수 없으며', '불평등은 보조금을 경감시킬 수 있으며, … 50년간의 정부보조금과 사회주의적기반 해법들은 실패했다'라는 사상들을 포함한다고 프라하라드는 확신있게 말한다. "아직도 인도에는 하루 1달러 이하로 생활하는 인구가 5억이나 된다."[38]

프라하라드는 정부지출에 계속 의존하기보다는 빈민층을 활성화된 시장으로 전환시켜주는 것이 보다 낫다고 주장한다.[39] 만일 빈곤한 자들이 언젠가 부유해 질 수 있게 된다면, 오늘날 거의 문제시되지 않고 있는 '자본주의자들의 부유층 지원과 국가 또는 NGO들의 빈곤층 지원'[40]을 통해 이루어지는 분배는 소멸되어야만 한다. 그는 "빈곤층을 대상으로 판매함으로써 그들을 이용하려는 것은 잘못된 생각이다."[41]라고 쓴다. 그러나 사람들은 의탁자가 아닌 고객으로서 보일 때 가장 잘 대접을 받게 된다. 프라하드라가 '피라미드의 최하층'이라 일컬은 빈곤층은 국가적 문제로 간주되기보다는 매력있는 비지니스 기회로써 여겨질때 한결 형편이 좋아질 것이다.[42]

사업기회로서의 빈곤층에 대한 프라하라드의 주장은 그들의 기업가적 정신에 대해 하류계급을 칭송한 헤르난도 드 소토의 업적과 융합된다. 드 소토의 연구에 따르면 광범위한 미시사업(마이크로비즈니스)에서 일하는 세계의 빈곤층은 9조 3,000억 달러의 부동산을 차지하고 있다. 그는 이 수치는 지난 30년간의 세계은행 융자 전체의 46배에 해당되며 같은 기간 동안 모든 선진국에서 제3세계로 이동한 전체 개발지원금의 93배에 해당된다고 하였다.[43] 서방은 빈민들을 자선가를 기다리며 거리를 헤매는 궁핍한 걸인이나 도움의 손길을 기다리는 굶주린 어린애들로 생각하기 쉽다. 그러나 헤르난도 드 소토가 연급하기를,

> 가장 참혹하게 그려지고 있는 제3세계의 모습은 매우 부정확한 것이다. 더욱 나쁜 것은, 이들 사회에서 부의 큰 몫을 조성하기 위해 상상할 수 있는 모든 장애를 극복하며 일구어놓은 소수의 사업가들의 성취로부터 관심을 멀리하는 것이다. 진실 된 상상은 그들 자신과, 자식들을 위한 집을 짓기 위해 힘든

> 저축을 하고 있는 남녀 성인들과, 누구도 상상하지 못한 사업을 조성하는 신생 기업들을 그려내는 것이다. 나는 이러한 영웅적 사업가들이 세계 빈곤문제의 제공자로 평가받는 것을 인정할 수 없다. 그들은 문제가 아니라 해답이다.[44]

프라하라드는 설명하기를, 시장 밑바닥에 깔려있는 광대한 가능성을 이용하도록 가난한 사람들이 실제로 어떻게 생활하고 있느냐는 사실들을 인식하는 것이 보다 중요하다. 가장 중요한 것 가운데 하나는 빈곤자들이 가장 값비싼 환경에서 생활하고 있다는 것이다.[45] 신용을 얻거나 저축을 하는 것이 불가능한[46] 가난한 사람들은 큰 묶음단위로 구매를 할 수 없고, 비누나 샴푸와 같은 생필품을 구매할 때에도 낭비가 되거나 손실이 되고 고가의 선불금과 위험을 요구하는 비싼 용기의 것들보다는 저렴한 극소량의 향료를 선호한다. 그 어떤 저장능력(Storage cpacity)도 없고 비용을 아껴주는 어떠한 신용카드나 포인트카드를 가져 볼 수도 없기 때문에 이들은 세일을 활용하지 못하고 통상 모든 물건을 현금으로 구매하고 있다.[47] 이러한 소비형태는 어떤 정해진 기간에서는 적은 돈이 들수도 있겠으나, 개발세계에서 생활하는 부자들의 생활방식보다는 훨씬 비싼 것이다.

더욱 놀라운 것은 빈곤자들이 개발세계에서는 사치품으로 간주되는 것에 많은 금액을 지불할 용의가 있다는 것이다. 아시아 전체에 걸쳐 거의 모든 지역의 사람들이 자신들의 급여의 상당부분을 첨단제품 구입에 사용하고 있는데, 예컨대 매년 새로운 휴대폰이나 디지털카메라를 구매하기 위해 수개월을 저축하고 또 필요에 의해 DVD 플레이어를 구매하기도 한다. 이는 단지 중산층에만 적용되는 것이 아니다. Bhoomi와 e-Choupal과 같은 프로젝트가 보여주는 것은 시골의 가난한 자라 할지라도 구매력을 가지고 있으며 ICT에 대해서도 자신들의 수입의 5~7%에 이르는 엄청난 비용을 지불할 준비가 되어 있다는 것이다.[48] 뭄바이 변두리에 위치한 아시아에서 가장 큰 빈민촌인 다라비(Dharavi)에서조차 주민들의 85%가 TV를 소유하고 있다.[49]

이러한 소비능력을 지적하면서 새로운 기술을 수용하는 경우의 이점을 어떻게 용이하게 하는가를 보여주는 가장 좋은 사례로 방글라데시의 농촌에서 일어나고 있는 미시금융(micro-financing)과 휴대폰 기반의 개발프로젝트인 그라민 폰(GrameenPhone)의 성공을 들 수 있다. 이 지역은 평균 수입이 연간 200달러 이하인 세계 최빈국 가운데 하나로서 어떠한 휴대폰 회사의 기대영역으로도 보이지 않았었다. 그러나 그라민 폰은 다른 것을 보여주었다.[50] 이 프로젝트는 하나의 사업자, 일반적으로 여인들에게 돈을 대출해 주고 휴대폰을 구매토록 하는 미시금융연구소인 그라민 은행과 연계하여 작업한다. 그녀들은 현금으로 통화료를 지불하는 이웃 촌민들에게 접속시간을 판매한다. 이러한 방식들은 개개의 전화기가 평균 100달러씩을 산출토록 함으로써 엄청난 인기를 보여주었다.[51] 이것은 서방의 사업가들, 또는 10대 청소년들의 월평균 전화요금보다 많은 것이다.

디지털 배당 접근방식은 다국적기업들이 빈곤층에 대하여 자신들의 도달범위, 규모, 자원을 가지고 이론적으로는 정부가 할 수 있는 것보다 잘 보상해 줄 수 있다고 여겨진다. 즉 아주 소수의 개발도상국가 정부들이 일시에 백만 곳에 서비스를 제공할 수 있다라고 하면, 이를 수많은 세계적 기업들은 매일 수행하고 있는 것이다.[52] 언제나 새로운 시장기회를 탐색해야만 하는 기업들은 세계 인구의 절반 이상을 차지하는 40억 빈민들과 함께 하는 비즈니스에서 엄청난 수익을 산출할 수 있음을 인식해야 한다.[53] 현재 하루에 1달러 이하로 생활하는 10억의 인구가 존재한다. 하트(Hart)와 프라하라드는 "더불어 이들은 수조 달러의 시장을 의미한다 … 회사들은 세계의 가난한 자들을 지원함으로써 행운을 만들어낼 수 있다."라고 하였다.[54]

그럼에도 불구하고 이러한 엄청난 기회는 현재 신흥시장에서 무엇하나 잘 해내지 못하고 있는 세계적인 다국적기업들에게 잘 알려져있지 않은 상태이다.[55] 큰 글로벌 기업들은 그들의 사업에서 저수익 시장의 엄청난 잠재력을 무시하고 있다. 프라하라드가 주장하는 바대로, 미래에는 사업의 실제 기회가 부유한 소수나 중산층에 있는 것이 아니라 처음으로 시장경제에 참여하고 있는 야심에 찬 수십억 빈민들에게 놓여는 것이다.[56] 드 소토는 이에 동의하였나. "자본주의의 구매자는 언제나 체제 밖에 놓여있는 빈민자들이었다."[57]

예를 들어 음성기반기술을 살펴보자. 회사들은 요구가 제한되어있는 개발시장에서의 기술개발을 촉진하고 있다. 엄청난 문맹 또는 반 문맹 인구가 존재하는 개발도상세계에서 음성기반 이메일, 특히 다중언어의 응용은 혁명적일 수 있다. 프라하라드는 "어느 곳의 시장기회가 보다 클것 같은가? 수많은 추가사항을 지닌 서방고객들이 요구하는 복잡한 주문인가? 아니면 수백만 고객들에게 교체 불가능한 서비스를 제공할 수 있는 스페인어, 중국어,

힌디어 등으로 된 기본 시스템인가?"라고 묻고 있다.[58]

회사들은 네트워크 확장의 혜택을 통해 직 · 간접으로 이익을 얻게 된다. "이전의 수많은 격리된 지역사회가 발생시켰던 경제적 활동의 가치와 활력은 반비례적으로 증가하는 서로 다른 지역시장에서부터 그에 참여하는 모두에게 이익을 주게 될 것이다."라고 프라하라드는 말한다.[59]

피라미드의 최하층은 기발한 방식으로 기술을 사용하게 될 전혀 다른 수요를 갖는 새로운 시장이 된다. 이러한 시장을 지원하기 위해 노력하는, 도전을 감당하는 회사들은 불가피하게 모든 종류의 혁신에 적합한 장소를 찾게 될 것이다. 보다 작은 의미로 지역 비즈니스는 세계 경제를 위한 완벽한 훈련이 된다. 빈민들에 대한 지원은 어떻게 기술을 사용하고, 어떻게 경비를 절감하며 어떻게 혁신적으로 만들 수 있는가 기업가들에게 가르쳐 준다. 파라하라드는 "만일 당신이 피라미드의 최하층에서 성공할 수 있다면, 어디에서든 성공할 수 있을 것이다."라고 말한다.[60]

동시에 훨씬 큰 다국적기업들은 혁신, 교육, 그리고 이 시장에 참여하는 자들로부터 얻게 되는 시장지식에 의하여 장기간에 걸쳐 경영혜택을 보게 될 것이다.[61] 빈민들을 지원하게끔 설계된 유지 가능한 생산혁신들은 부유한 자들에게 피드백 되기 때문에 그들은 직접적인 이득을 얻게 될 것이다.[62] 이는 이미 하류층 시장을 위해 고안되었으나 급속하게 개발세계 전체로 확산되고 있는 선불 휴대전화카드에서 확인되고 있다. 프라하라드가 지적한 바대로, 선불카드는 초기 지불액이 저렴하고 한 통화에 약 10달러가 소요되지만 그들은 이 보다 높은 비율로 통화를 하고 있고 요금

청구가 필요없기 때문에 회사들 또한 이를 반기고 있다.[63] 이 사례와 같이 가난한 고객들은 세계시장을 지원하는 신기술의 실험무대로 작용될 수 있다.[64] 결국은 선진기술의 가장 창조적 이용을 위한 도약대가 될 것이다.[65]

창조적 파괴

주요한 혁신자원으로 작용하는—심지어는 부유층 시장에서도—빈곤층의 능력은 기술의 예측이 소문대로 어렵다는 사실과 관련된다. 기술적 추세를 예측하려 노력하는 자들은 당황스러운 오판을 하는 경향이 있다. 뭄바이에서 개최된 나스콤 산업전체회의에서 가트너(Gartner)사의 파르타 아이엔가(Partha Iyengar)는 IT세계에서 일어났던 가장 유명한 잘못된 예측을 소개하였다. 그 가운데 주된 것은 1억 달러를 마이크로소프트에 지불하는 것은 너무 많다고 했던 IBM의 1982년도 평가와 1981년의 빌게이츠가 한 유명한 주장인 640K는 누구에게나 충분해야만 한다는 것이었다.[66] 사티암 컴퓨터(Satyam Computers) 회장의 말을 인용하자면 "경제성장은 혁신과 발명에 의존하기 때문에 기술적 예측은 불가능하다. 현재에 존재하는 대부분은 과거에 존재하지 않았고, 미래에 존재하게 될 대부분은 오늘날 존재하지 않는다."[67]

실제 혁신은 정상적인 개선의 과정이 아니라, 어느 주어진 기술이 누구에 의해 어떻게 사용되었느냐를 설명하는 비연속적 이동에 기초를 두는 것이다. 이러한 형태의 참된 혁신에 대한 가장 주요한 이론가 중 하나인 비즈니스이론가 크리스텐슨(Christenson)

은 그가 말하는 '파괴적 기술'이라는 것에 초점을 맞추고 있다. 크리스텐슨에 따르면 파괴적 기술이란 드물긴 해도 기술적 · 경제적 변화 모두에 주요한 중요성을 가진다. 그들은 또한 거시경제 성장의 핵심인 마이크로경제가 추동력이며, 이는 미국경제가 보다 효율적이고 생산적으로 됨으로써 기본적인 역할을 담당한다고 하였다.[68]

죠셉 슘페터(Joseph Schumpeter)는 토마스 프리드먼(Thomas Friedman)이 모든 경제학자 가운데 명실상부한 '세계화 체제 경제학자'라고 추천한 이로서, 파괴적 기술이 어떻게 자본주의의 동력자로서 작용하는가에 깊히 주목하여왔다.

슘페터에 따르면 자본주의는 사물이 아니라 공정이다. 그가 말하기를, 포착해야 할 본질은 자본주의를 겪으면서 우리들은 진화적 공정을 겪고 있다는 것이다. 자본주의는 본질적으로 경제적 변화의 형태 및 방법으로서 결코 정체적이지 않은, 아니 그렇게 될 수도 없는 것이다.[69] 슘페터의 진화론은 기본적으로 마르크스의 것과는 차이가 있으며, 그는 체제의 모든 요소들의 시작부터 존재해왔던 변증적인 전개를 가정하고 있다. 대신 슘페터에게는 자본주의가 강렬하게도 창조적이며 상시적으로 새로운 것을 통합하며 작업하는 것이다. 그에게 있어 자본주의 엔진이 동작하도록 설정되고 유지되는 기본 맥박은 자본주의 기업이 조성하는 새로운 소비재, 새로운 생산 또는 수송 방식, 새로운 시장, 새로운 형태의 산업조직 등이다.[70] 자본주의에 대한 슘페터의 비전은 혁신이 전통을 대체하고, 현재 또는 아마도 미래가 과거를 대체한다는 것이다.[71]

슘페터에게 이러한 새로운 제품, 시장, 조직의 형태 등은 구시대편에서는 홀로 존재하지 않는 것들이다. 오히려 그것들의 소개는 필연적으로 극적인 변혁의 기간을 유도하게 되며 통상 침체의 형태로 나타난다. 자본주의가 옛 것을 파괴한 후 이를 혁신적이고 새로운 것으로 교체하는 것을 두고 슘페터는 창조적 파괴라 일컬었다. 「자본주의, 사회주의, 그리고 민주주의」에서 가장 유명한 문구로 인용되는 것은 "만일 내가 생물학적인 용어를 사용한다면 '산업적 돌연변이(industrial mutation)' 정도가 될 것이다. 이는 내부로부터 끊임없이 경제적 구조를 혁신하고 새로운 것을 조성하며 옛 것을 파괴하는 것이다. 이러한 창조적 파괴의 과정이 자본주의에 대한 본질적 사실이 된다."[72]

인도가 시도하고 있는 디지털 배당에의 연결다리 조성의 핵심은, 창조적 파괴가 중심부에서 시작되는 것이 아니라 균형상태가 대체로 형성되지 않는 주변에서부터 나타난다는 점이다. 인텔의 앤디 그로브(Andy Grove)는 "파라노이드(지나치게 의심이 많은)만이 생존하게 될 것이다. 왜냐하면 항상 경제적 관심의 기존질서를 어지럽히도록 위협하는 상태에서 요동하는 것이 있기 때문이다"라고 하였다.

크리스텐슨의 작품은 이것이 어떻게 발생하고 있느냐를 상세히 기술하고 있다. 양호하고 잘 관리되고 있는 회사는 파괴적 기술의 생산을 유도하거나 지탱하기가 어렵다고 주장한다. 예컨대 PC의 소개는 수많은 대형 회사들을 손상시키거나 파괴시켰다. 이들 성공한 대형회사들은 지표상의 정보로부터 차단되어 그들의 가장 위험한 경쟁자의 출현에 민감하지 않았다. 경쟁자들은 새로운 제품, 생산공정, 시장, 공급자원, 그리고 주변에서부터 몰래 스며 들어오는 기업조직체들이다. 크리스텐슨이 쓰기를 "'파괴적 기술'은 수많은 최상의 회사들을 위기로, 결국은 실패로 몰아넣게 하였다."

문제는 잘 운영되는 회사들이 최신제품에 대해 가장 많이 지불하는 최선의 고객들의 요구에 집중하게 되는 추세이다. 그리하여 이들은 가치사슬의 최상에 놓여있는 제품연구에 그들의 시간과 자금을 투자하고, 가장 요구가 많고 높은 이윤을 발생시키는 고객들을 만족시키는데 집중하게 된다. 그러나 오늘날에는 고급시장에 집중하여 기존 고객들의 요구를 충족시키기 위해 노력하면서 미래의 추세를 결정하고 있다면 막심한 피해를 입을 가능성이 있다. 복잡한 기술들은 시장연구에 의하여 예측되거나 측정할 수 없는 것이다. 소니(SONY)의 워크맨 출시를 생각 보자. 당시엔 어느 누구도 손에 쥐는 스테레오에 대한 생각을 할 수 없었기 때문에 아무도 그러한 제품을 찾지 않았었다. 고급시장의 만족을 기반으로 하는 관리전략은 기존제품의 성능을 개선하도록 설계된 기술들, 크리스텐슨이 말하는 '지속가능한 기술'들의 생산을 가져오게 할 따름이다.

반면, 파괴적 기술들은 규모가 큰 '최우수' 회사들이 거들떠보지도 않는 최하위층 시장에서 종종 실험적으로 성장하게 된다. 일반적으로 그들이 교체하기 위해 설계한 기술보다도 '훨씬 열악한' 파괴적 기술들은 기존 제품의 개선을 시도하지 않는 대신, 이전에 존재하지 않았던 완전히 새로운 시장의 통합방법으로 작동한다. 그들이 이미 다른 회사들에 의해 점유된 듯 한 영역에 출현할 때, 그들은 애초에 주류제품 보다 성능이 불량한 것으로 여겨지기 때문에 늘 최고급 고객들의 관심 밖에 놓이게 된다. 그들은 또한 낮은 수익한계점을 가지는 추세가 있으며 주류상품과 같은 광대한 시장을 확보하지 않는다.

그러나 이러한 초기의 결함에도 불구하고 파괴적 기술들은 전통적으로 견실한 회사들이 점유하고 있는 산업체에 침투하여 새로운 성장을 창조해 내고 있다. 왜냐하면 기존에는 중앙 중심적이고 불편한 지역에서 값비싼 전문가에 의해서만 수행되었던 것들이 덜 숙련되고 덜 영향력 있는 사람들에 의해서도 가능해졌기 때문이다. 크리스텐슨이 기록하기로, 결국 그들은 이전보다 값싸고 우수하고 편리한 고객제품과 서비스를 제공하게 된다.[74] 이것이 바로 혼돈을 가져오고 창조적으로 파괴하는 가능성을 그들에게 부여하게 되는 것이다 .

인도의 가장 큰 첨단기술회사 가운데 하나인 릴라이언스의 회장이자 대표이사인 무케시 암바니(Mukesh Ambani)에 따르면, 슘페터주의 철학은 인도에는 전혀 적합하지 않다. 암바니는 「신세계를 위한 인도인의 마음가짐(*Preparing the Indian Mind for the New World*)」이라는 기고문에서 "인도인은 그 내부를 들여다보기 시작했을 때에만 퇴보가 시작된다."고 하였다. 세계 경제에 참여하고 경쟁하기 위해서는 중심에서의 창조적 파괴를 갖는 우주적 외형성이 요구된다. 그가 말하기를 "이러한 창조적 파괴의 정신은 우리의 서사시에 동화된다. 창조자인 브라마(Bhrama, 비슈누, 시바와 함께 바라문교에서 이르는 3대 최고 신 중의 하나, '창조'를 관장함.)와 보호자인 비슈누(Vishnu, '유지'를 관장), 그리고 파괴자인 시바(Shiva, '파괴'를 관장)의 삼위일체가 그 대표적인 예이다."

8 글로벌 네트워크

Global Networks

'주류' 역시 네트워크에 의존하는 것이므로 결국 '주류' 라는 것은 존재하지 않는다.

– 카일라쉬 조쉬(Kailash Joshi)와의 개별 면담에서

2002년 TiEcon, 실리콘 밸리

TiE는 실리콘 밸리를 기반으로 한 민족조직으로 시작되었다. 이의 본래 의도는 네트워킹을 기반으로하여 공통적인 유산을 활용할수 있는 인도계 미국인 기업가들을 연계시키려는 것이었다. 그러나 조직은 개시된지 10년만에 미약하나마 깊이있는 변화가 진행되고 있음이 감지되었다. TiE의 세계화가 시작된 것이었다.

변화는 실제적 필요성에 의해 유도되었다. 조직은 수년 간 지역 분회 간에 상호연결된 웹으로서 사실상 아무렇게나 확장되었었다. 그러나 TiE는 그 규모와 위상의 성장이 세계적 규모를 염두

에 두게 되었고 기업의 위상을 보존하고 TiE 브랜드의 질을 유지할 수 있는 기관조직으로서의 구조 개발이 필요하였다고 칸왈 레키는 설명한다.[1]

이러한 변환으로 인해 TiE는 그 민족적인 뿌리를 발산하기 시작했다. 그러나 스스로 인더스(Indus) 조직으로 특성화한다면 사람들로 하여금 참여를 꺼리게 할 수도 있다는 우려 때문에 TiE는 자신들을 '인더스 기업가'로 정의내리지 않았으며, 대신 '재능, 아이디어, 기업'을 내세웠다. "우리 민족의 정체성은 현재까지 너무나 유용했다. 그러나 앞으로의 성장을 가로막는 것은 원치 않는다."라고 카일라쉬 조쉬는 말했다.[2]

이러한 현재의 방향은 세계화로 나아가는 것이 조직의 본래 목표를 희석시킬 것이라고 생각하는 몇몇 회원들로부터 비판받고 있다. 그러나 TiE의 설립자들에겐 일말의 망설임도 존재하지 않는다. 나날이 더욱 많은 비(非)인더스인들이 참여를 의식하기 시작하고 인도 외 지역에 수많은 지부가 설치되면서 그들은 조직이 더 이상 남아시아의 민족정체성에 의해 전형화되지 않는다고 믿기 시작한 것이다. 대신 그들은 TiE가 실리콘 밸리의 문화 및 가치시스템을 반영한다고 보고 있다.[3] 그들은 TiE를 하나로 묶고 있는 것은 그의 기업가적 생태시스템의 조성에 대한 헌신이라며, 자신들의 일원이 되기를 바라는 어느 누구든지 환영한다고 말한다.[4] 조쉬는 "우리들의 사명에 민족적인 것은 없다."라고 주장한다. 레키는 "우리는 항상 개방되어 있으며 참가자격을 인도인이나 파키스탄인으로만 제한한 적이 없다. 어느 누구에게든지 입회를 거절한 적은 없다."라고 한다.[5]

TiE가 그의 민족성을 상실하는 것에 대해 염려하느냐는 질문을 받았을 때 레키와 조쉬는 모두 동요하지 않는 것 같았다. “우리는 패배하지 않을 것이며 바로 그 자리에 남아있을 것이다. 만일 패배한다 해도 우리는 상당히 형상학적인 조직을 형성할 수 있을 것이다. 무슨 상관인가?[6] 나는 대단히 자랑스럽게 생각한다고 말할 것이며, TiE는 그 자신의 사고(思考)의 한계를 넓히고 사회경제적 발전을 세계적으로 촉진시키기 위한 폭넓은 역할을 담당하게 될 것이다.”[7]

그러나 이러한 관심은 여러모로 놀라운 것이 아니다. 그 모든 것을 민족적 뿌리의 형태로 정의하게 된다해도 TiE는 결코 민족경제의 이상에 걸맞지 않기 때문이다. 오히려 현대 주류와 일반적으로 연관되고 있는 개방성, 투명성, 섬세성의 질을 가지는, 예컨데 한계적이고 문화적인 기반네트워크와의 연계와 접촉을 종합할 수 있는 능력을 통하여 번성하고 있는 것이다.

주류가 되는가?

TiE는 그의 시작에서부터 소위 서방화 및 현대화의 가치를 포용하고 있다. TiE의 안내책자에는 이들의 ‘주류’적 이상의 기반이 되는 철학적 구조가 개략적으로 설명되어 있다. 그들이 말하기로 TiE의 목적은 개방적이고 포괄적이며 투명한 조직의 형성, 긍정적 지도자와 역할모델의 제공, 알려진 기업가정신을 통한 가치 형성, 고도의 윤리적 기준의 유지, 사회적 책임의 존속, 엄격하고 지적으로 정직한 행동의 발휘, 그리고 현대적 · 과학적 · 긍정적 접근법을 추구하는 것이다. 그들은 기본규칙으로 엘리트 지배층으로서 편협, 알력, 내부자 특혜, 또는 부패로 인해 흔들리지 않을 것을 약속한다.[8]

이 기조는 미국 IT 세계에서 TiE의 경험을 통해 조성되고 있다. 그러나 이러한 가치를 채택한다는 것은 역시 인도에 대한 희망이며 이념의 표시인 것이다. 레키가 말하기로 TiE의 목표 가운데 하나는 '현대화되고 미래를 바라보는 새 인도인들을 정의(定義)하는 것'이다.[9] 이와 같은 포부는 인도인 디아스포라 자신에게만 국한되지 않는다. 이는 또한 그 국가 고유의 사이버문화를 실감토록 하고 있다.

외국과 디아스포라의 영향이 합쳐진 인포시스와 같은 IT 회사들은 기본적으로 인도의 전통적 사업문화를 변화시켰다. 인도에는 비즈니스 사업체들이 가족소유회사에 의해 운영되는 관습이 있다. 이 회사들은 효율적인 운영을 위해 중국인들이 '콴시'라 부르는 사회적 비즈니스 관계망에 의존하려는 경향이 있다. 더욱이 전통적인 가족소유의 기업에서 권위라는 것은 소유주 중심일 뿐 아니라 소유자의 가족 내에서 각 세대의 선도자에게로 전달되는 것이다.

그러나 아난드 파트왈단 교수의 지적대로 IT 산업은 실로 대단히 차별화된 형체와 형태를 만들어낸다.[10] 이와 같은 새로운 첨단기술회사들은 크게 보아 신규사업 중에서 나타나는 것이다. 예를 들어 구르차란 다스는 비즈니스 스탠다드(Business Standard)가 발표한 '1999년도 인도인 백만장자' 가운데 상위 10명 중 8명은 사업가들이었음을 지적한다.[11] 이 사업가들이 소유하고 전문경영인이 운영하는 IT 사업은 구시대 산업집단과의 연계와 가부장적 권위주의에 대하여 역행하는 사례가 되고 있다.

이러한 투명한 기업윤리는 IT 산업을 통해 확산되었고 이제는 신규회사들뿐만 아니라 오래된 기존의 회사들로도 확산되고 있다. 예컨대 와이프로와 TCS는 모두 개방과 성실성의 문화를 크게 강조하고 있다. 와이프로의 회장이자 인도의 최고 부유층 가운데 하나인 아짐 프림지(Azim Premji)는 공개적으로 가계전수의 관례를 포기한다고까지 하였다.

> 내 아들 가운데 누구도 후계구도에 포함되지 않는다. 이는 그들이 이러한 자리를 결코 원치 않는다는 것이 아니라 현재로서는 필요한 계획의 일부가 되지 않는다는 것이다. … 결국 이는 80억의 시가총액을 가진 대규모 복합조직인 것이다. 나를 포함한 투자공동체를 향해 너희가 할 수 있는 가장 좋지 않은 일은 잘못된 사람을 지도자의 자리에 앉히는 것이다. 내 아들을 회사의 가치를 반으로 깎아내리는 지도자 자리에 앉히는 것보다 그에게 5억 달러를 주는 것이 보다 저렴한 선택일 것이다.[12]

그러나 이는 다른 어느 회사보다도 비즈니스 윤리를 강조하는 IT를 인도에 소개한 인포시스의 경우라 할 수 있다. 만연한 부패로 유명한 국가에서 인포시스는 그의 수많은 서방측 동업자들을 부끄럽게 할만큼 기업통제에 대한 명성을 가지고 있다. 이 회사는 종종 '인도에서 가장 칭찬받는 기업'으로 알려져 있으며, 세금을 납부하고 부를 공유하여 뇌물을 거부하는 '윤리의 광신자'로 불리고 있다.[13] 인포시스는 머시(Murthy)와 니레카니(Nilekani)를 올해의 아시아 비즈니스맨으로 소개한 포춘지의 글을 통해 8개국(호주, 영국, 캐나다, 프랑스, 독일, 인도, 일본, 미국) 가운데 유일하게 공개적인 재무보고를 한 나라일 것이라고 소개되기도 하였다.[14] 부조리하게 부풀려진 급여로 악명 높은 산업계에서, 특히 최고 경영진인 회장 머시와 CEO 니레카니는 각각 4만 4,000달러와 4만 2,000달러의 연봉을 받는다. 사적인 전화통화료를 회사에 반납하는 등 임직원에 대한 가장 정당한 특혜조차 삼가하는 두 사람 모두 평균 수준의 중산층 생활을 이끌며 널리 칭송받고 있다.[15] 포춘지는 "아마도 가장 중요한 것 가운데 하나는 개인사업체가 가족의 권위에 의해 운영되고 있는 나라에서 머시와 니레카니는 그들의 후손들을 고용하지 않았다는 점이 될 것이다."라고 하였다.[16]

이러한 전형적인 정통가치들을 택하는 것 외에도 인도의 IT 전문가들은 국내외에서 그들 자신이 봉쇄당하는 위험을 인지하고 있다. 그들은 전형적인 윤리경제의 파벌 근성으로 통합된 엔클레이브(enclave, 소수의 이문화 집단의 거주지)로 운영되는 외딴 공동체를 조성하는데 대해 공개적으로 우려한다. 안나리 색스니언은 이와 같은 고유의 위험에 관해 분명히 밝힌 어느 TiE 창립멤버의 발언을 인용하였다. 그는 "이러한 네트워크는 단순히 주류와 연결되지 않는다. 만일 당신이 TiE 회원들이 참여하는 사회적 모임을 들여다본다면 회원 모두가 인도인임을 알 수 있을 것이다. 내 의미는 이것이 잘못되었다는 것은 아니나, 만일 당신이 통합되지 않는다면 그만큼 이득을 얻지 못한다는 것이다."라며 불평하였다.[17]

이러한 비판에 대해 TiE는 그의 정의된 특성 중 하나로서 주류경제와 동화하는 회원들에 대한 지원을 바라고 있다. TiE는 친교, 사회적 네트워킹, 그리고 멘토링을 통하여 미국인들이 어떤 생각을 하며, 벤처캐피탈(VC) 회사들이 구하고 있는 세련되고 전문적 제품들을 어떻게 제공해낼 수 있는가를 젊은 회원들에게 가르치고 있다.[18] 「기업가적 연계(*The Entrepreneurial Connection*)」에 쓰여진 인터뷰 내용 가운데 칸왈 레키가 TiE의 성공에 대해 자랑스럽게 언급한 부분이 있다:

> 나스닥에 상장된 인도기술회사의 개념은 TiE로부터 일어났다. 우리는 우리가 가진 주요한 영향력으로 여러 고정관념들을 깨뜨릴 수 있었다. 예컨대 우리는 인도인들이 좋은 기술자인 것과 같이 좋은 사업가임을 증명하였다. … 실리콘 밸리에 있는 VC들에게 제출된 대부분의 사업계획은 현재 인도인들에 의해 이루어지고 있으며, 오늘날 지원을 받고 있는 프로젝트의 상당수도 인도인들에 의해 진행되고 있다. TiE는 이 가운데 가장 큰 몫을 차지하고 있는 것이다.[19]

이러한 통합의 범위는 전체가 아니더라도 TiE의 일부 지방 지부의 구성에 의해서도 일층 분명해지고 있다. 예컨대 TiE의 워싱턴 지부인 인도첨단기술위원회는 대부분이 인도인이 아닌 950명의 상급 임원들로 구성된 회원으로 채워지고 있다.[20] 신문과 잡지들은 위원회를 두고 어느 특정 종족단체보다 훨씬 뛰어난 전파력(ten-drillr)으로 지방에서 가장 성공한 네트워킹 그룹의 하나라며 열정적으로 기사화 하였다. 워싱턴포스트지는 위원회의 어느 행사에 대해 다음과 같이 기술한다.

> 보라! 영국에의 투자 유치를 위해 두툼한 지갑에 손 벌리고 있는 영국대사가 있다. 버지니아주의 지사가 될 전도유망한 마크 와너(Mark Warner)는 "한마디로 위원회는 지난 십여 년을 통틀어 가장 성공적인 협회가 될 것"이라고 말하고 있다. 또한 전통적인 워싱턴의 상징이자 현 국무부 대변인인 제이미 루빈(Jamie Rubin)은 따돌림당한 10대 소년처럼 구석에서 담배를 피우고 있다. 때때로 터번이나 보랏빛 사리(sari)가 언뜻언뜻 눈에 띈다.[21]

안나리 색스니언은 「실리콘 밸리의 신이민자 경험」이라는 보고서에서 민족경제학의 행로는 외식업과 소규모 소매상과 같은 한계산업에 집중되고 있는 이민인구에 초점이 맞춰지는 경향이 있다고 하였다. 그들은 높은 자영업 수준에도 불구하고 최저임금 범위에 머물러있으며 주류경제 업무에서는 늘 주변적 관심사가 되고 있다.

반면, 인도 IT 디아스포라는 지적이고 상업적인 우수인력으로 형성되는 경향이 있어[22] 이러한 형상에는 맞지 않는다. 최근 미국에서의 인도이민자 물결은 높은 수준의 교육을 받은 자들로 이루어진다. 일을 하고 있는 인도인의 75%가 학부졸업생이고 고등학교 교육을 받지 못한 자들은 단 3%에 그친다.[23]

하나의 단체로서, 그들은 엄청나게 번영하고 있다. 미라 캄다(Mira Kamdar)의 지적대로 미국의 인도이민자들은 어느 이민그룹의 가정보다 최고의 수입을 누리고 있으며 일반적으로 미국의 평균보다 나은 생활수준을 누리고 있을 정도로 매우 성공하였다. 인도계 미국공동체는 이 나라에서 가장 번성한 것 가운데 하나이다.[24]

보다 중대한 사실은 인도 IT 디아스포라가 세계 경제의 최선진 부문에서 활약하고 있다는 것이다. 포춘지는 실리콘 밸리에서 첨단기술산업에 미치는 그들의 파급효과는 너무나도 깊은 나머지 인도이민자들이 없었다면 오늘날의 밸리는 없었을 것이라며 호들갑을 떨고 있다.[25] 정보시대의 가장 핵심에서 활동하고 있으며 인도의 IT 민족경제를 생성하는 확고한 네트워크가 현대 주류의 한계가 된다고는 볼 수 없다.

네크워크의 영향

한계자본주의라는 개념은 기본적으로 주류 또는 일반 경제와 차별화됨으로써 문화적 네트워크를 나타내려 했으며, 비인간적 관계와 관료기계를 통제하는 엄격한 법률로 특성지어진다. TiE는 예상되는 한계그룹이 주류의 줄기에 충분히 주입되도록 보임으로써 이와 같은 차별에 엄격하게 도전하였다. 그러나 이의 역(逆) 또한 사실이다. 주류는 충분히 분산된 문화적 네트워크나 종족그룹에 침투한다.

모든 기업가들은 네트워크를 이용한다. 대부분의 시작은 가족에 의해 재정지원을 받게 되고 개인적 연계는 그의 한계적 암류(暗流)에 이르기까지 현대자본주의에 바로 적용할 수 있다. 『기업가적 과정에서의 네트워크의 역할(*The Role of Networks in the Entrepreneurial Process*)』이라는 글에서 수 버레이(Sue Birley)는 "이는 장비, 공간, 그리고 자본뿐만 아니라 자문, 정보, 확신을 구할 때 지원의 주요 자원이 되는 친구, 가족, 동료들과의 비공식 접촉들이다."라며 다음과 같이 결론짓는다. "비즈니스에서는 접촉을 조성하고 네트워크를 개발하는 능력이 기본이 된다."[26]

이러한 접근들은 비록 백인이 아닌 자들은 민족적이라는 추세로 자주 간과되어진다 해도, 종종 혈연관계가 기초가 된다. 『종족경제에 대한 사고와 재고(*Thinking and Rethinking Ethnic Economies*)』라는 글에서 안토이네 피코우드(Antoine Pecoud)는 한계자본주의의 행로를 비판하기 위해 이 같은 점들을 강조하였다. 그는 "거대한 다수민족의 경우에 인종적이라는 표현은 이민자와 소수민들에 관해 언급할 때에만 사용되는 것이다. 백인종들은 거의 인종적이라 불리지 아니한다."라고 쓰고 있다.[27] 그러나 사업제휴는 골프장에서 착실히 진척되고 아이비리그클럽들은 커리(curry)나 가라오케로 맺어진 결연들로서 마치 문화적 혈연관계를 등에 업고 조성되는 것 같나. 피코우드는 중국 자본주의의 정신을 정의할 때 인용되는 콴시에 대해 언급하며 묻는다. "여기서 중국인이란 정확히 무엇인가? 중국인뿐 아니라 거의 모든 경제를 특성짓는 사적관계-그들이 무엇이라 불리든지-와 사업가 간의 문화적 친숙을 이용할 권리라 할 수 있다."[28]

종족경제에 대한 연구는 이민 사업가들의 기능과 디아스포라인구의 비즈니스웹에 관한 유용한 내용을 보여준다. 그러나 이론적으로 한계와 주류 간의 차별성을 강조하는 것은 그러한 것이 실제 일반경제에서는 전혀 존재하지 않는다는 사실을 무색케 한다. "모든 그룹들은 인종적이며… 모든 경제도 마찬가지이다.[29] 때문에 단일 공통원리로서 주류와 일반경제에 대해 주장하는 것은 하나의 소설에 불과하다."라고 피코우드는 말한다.[30]

정보화시대에서 네트워크는 단순히 문화적일 뿐 아니라 지리적이기도 하다. 이는 특히 네트워크지역인 실리콘 밸리에서는 사실로서, 이를 통해 스스로 네트워크를 조성하는 디지털 기술이 생성되도록 하는 것이다. 실리콘 밸리의 네트워크 구조의 이점은 안나리 색스니언이 쓴 「지역성의 이점(*Regional Advantage*)」이라는 글에서 잘 예시되고 있는데, 미국의 실리콘 밸리가 보다 전통적인 기술생산지역가운데 하나인 보스톤의 128번 국도와 비교되고 있다.[31]

미국 동북부(New England)의 전통적이고 보수적인 사업문화에 깊이 파고들은 128번 국도는 주로 관료적 관리와 엄격한 계층질서와 더불어 작용하는, 내부에 조성된 섬나라 같은 회사들로 주로 이루어져 있으며 이 회사들은 수직통합과 기업체 중심이 주도 하고 있다. 색스니언에 따르면 이들은 완전한 자기충족을 추구하고 외부세계와의 강력한 연계를 개발하지 않고 절대적 순종을 주장하는, 고도로 밀폐되고 격리된 회사들이 추구하는 비밀문화를 조성하고 있다.[32]

반면 실리콘 밸리는 대단히 유연하며 기술적이고 역동적인 환경이며 그 가운데서 사람들은 위험을 감수하도록 길들여진다. 예컨대 그간의 경력과는 전혀 다른 시도(창업)를 하거나 다른 회사로 이동하는 것이다. 칸왈 레키가 말하기를 "밸리의 누구든지 간에 미국이나 해외 어느 곳에서나 찾아오고 있다. 동부의 보다 안정된 기술센터들과는 달리 밸리는 전통적으로 그들의 상상에 제한을 두지 않는다."[33]

그 지역의 주요 연구중심대학인 스탠포드는 하버드와 MIT의 상아탑식 접근법을 거부하고 지역회사들과의 공동연구를 추진한다. 동시에 밸리에 있는 회사들은 외부인들과의 연계를 통해 새로운 기술의 개발비용을 분산화하는 시스템으로 수직통합을 대신하고 있다. 게다가 밸리에는 종종 경쟁사에서 방문하는 작업자들과 사업 및 기술에 관한 대화를 나눌 수 있는 식당과 커피숍들이 들어서고 있다. 이 지역의 상당수의 사회적 전문가 네트워크와 더불어, 이러한 비공식 대화나 협력관계들은 회사들로 하여금 상호간의 기술습득을 하는 강력한 경쟁관계에서도 개방의 수준을 조성하고 있다.[34] 색스니언은 이러한 네트워크기반문화에서 기업가들은 사회적 관계를 추구하게 되며 자신들의 업무에 핵심적인 소문까지 접하게 된다고 쓰고 있다.[35]

실리콘 밸리에 본사를 둔 대기업들간에 조차 중앙통제에서 분산관리 형태를 지향하는 움직임이 일고 있다. 색스니언의 지적대로 실리콘 밸리에서는 휴렛팩커드와 같은 회사들이 새로운 영업문화를 추구하기 시작하였는데, 어느 한 팀의 실적이 저조할 경우 이는 해당 팀원 전체가 공동책임을 져야 한다는 주장이었다. 수시로 진행되는 토론과 배회관리(MBWA, 현장경험을 통한 관리) 전략은 개방적이고 특유한 환경을 조성하고 고용주-고용인 간의 계층화를 파괴하며 정보와 아이디어의 자유로운 흐름을 촉진시킨다.[36]

특히 위와 같은 비교가 주어지면, 어쩌면 정보시대의 특유한 특징의 결과일 수도 있는 네트워크의 영향과 충만함을 새로운 것으로 단정하고 싶어질 것이다. 그러나 자본주의는 그의 시작에서부터 네트워크의 흐름과 연계에 기초를 두었다. 이러한 네트워크들은 그들의 원천에서 분산된 인종그룹에 의해 조성된 웹에서부터 생성되었다.

조엘 코트킨(Joel Kotkin)은 이러한 전통적 · 인종적 웹의 영향이 글로벌 경제의 진화의 핵심요소 가운데 하나가 되고 있다고 하였다. 그는 "그들이 나타나는 곳에는 기술, 산업, 문화가 새롭고 풍성하게 조합된다. 그들이 선택 또는 강요에 의해 떠난다 할지라도 상업적 생명선은 쉽게 메마르지 않는다."[37]

현대자본주의는 그 자체가 영국 디아스포라의 산물이다. 이는 영국이 쏟아낸 해상 · 여행 상품으로 출현했다. 본질적 교역인구는 '비즈니스 확장'에 의도하는데, 이 디아스포라 문화는 문명을 수입하는 것이라기보다는 상업과 무역의 네트워크를 개방하려는 노력에 의해 전 세계로 확산되는 것이다.[38] 그들은 표준화 기법을 설정하는 과정에서 세계 경제가 새로이 작용하게 되는 표준과 방법, 규칙과 규정을 세웠다. 민간비즈니스의 아이디어를 포함하여 현대자본주의의 가치, 법률의 힘에 의해 지원받는 자들, 그리고 비공식적인 개인적 관계로부터의 독립[39]은 이러한 디아스포라 흐름의 산물이라 할 수 있다. 역시나 이것은 오늘날 현대 글로벌사회의 핵심을 조성하는 영국의 디아스포라이다.[40]

만일 주류가 문화를 가진다면 결국 서구사상 지지자들의 신임에 의해 세계화의 교역과 기술을 주도하는 것은 영어구사세계의 것임을 의심치 않게 되는 것이다. 질문은 "산업적 관점과 관료기계에 의해 현혹된 현대자본주의이론가들에 의해 가장 잘 기술될 수 있는가? 또는 디아스포라 인구와 통신의 흐름을 가진 네트워크와 교역, 교환을 일컫는 글로벌 문화를 기술할 때 또 다른 기계를 생성해 내는 것이 최선인가?"가 될 것이다.

앵글로스피어

2003년의 이라크전쟁 이후의 기간 동안, 앵글로스피어(Anglosphere, 공통어인 영어를 중심으로 가치와 문화를 공유하면서 정치적, 경제적, 군사적으로 서로 뭉치는 영어권 국가들을 일컫는 신조어)의 개념은 각종 저널들과, 특히 월드와이드웹의 블로그에서 회자되기 시작하였다. 앵글로스피어의 개념은 영국의 문물, 즉 영어문화라고 일컬어지는 것이 앵글로색슨인들보다는 어떠한 줄기와 주제, 가치들과 관련된다는 것을 의미한다. 아마도 가장 주요한 텍스트가 되는 「앵글로스피어 입문서(An Anglosphere Primer)」에서 제임스 베넷(James Bennet)은 그 특성의 개요를 제시 하였다.

첫째, 앵글로스피어는 계층화보다는 네트워크화를 지향한다. 이 구조는 베넷이 '네트워크 연방(Network Commonwealth)'이라 부른 연방, 무역 블럭, 그리고 공동안보체제를 통해 구성되는 협력 단위체와 일치한다. 앵글로스피어는 베넷이 기록한대로 어떠한 계획이 아닌 네트워크라는 통치패러다임 하에 있는 시대에 적합한 다중 중심적이고 협동적인 것이다.[41]

이러한 네트워크 구조체로 인해 앵글로스피어는 '시민'보다는 '방랑자', 또는 베넷의 어휘로 '체류자'가 보다 알맞은 것이다. 그가 쓰기로 '기계시대(the Machine Age)'에 사는 개개인들은 한 국가의 시민으로서 해당 국가에 거주하고 일하고 세금을 낸다. 그러한 상태를 변화시키는 유일한 방법은 한 국가의 시민권을 포기하고 새로운 국가로 이동하여 거주권, 노동권, 시민권을 선택하는 것이다.[42] '네트워크시대(the Network Era)'는 체류자의 이동성을 갖는 기계시대의 이민자 모델과는 대조를 이룬다.

체류자는 국가와 자신을 동일시하지 않으므로 시민이 되기를 거부한다.[43] 그들은 오히려 일자리를 찾아 국가에서 국가로 이동한다. 체류자들은 그 자신의 연계를 가상적으로 유지함으로써 사이버 공간과 긴밀히 연계된다. 인간이 물리적 공간에서 생활자와 경제적 활동자로서의 역할을 멈춘다면 우리는 물리적 공간과 정보화 공간 간의 '이중적' 존재의 분할을 갖기 시작하는 것이다. 각각의 공간은 그 자신의 규정과 실제성을 가지며 체류자는 이 둘이 융합되도록 도움을 주는 인간이다.[44]

마지막으로 개인의 국가간 이동에 우호적인 네트워크 구조와 추세에 의해 앵글로스피어는 서방에 그 뿌리를 두지 않는다. 앵글로스피어주의는 분명 인종차별주의인 앵글로색셔니즘(Anglo-Saxonism)과는 다른 것이라고 베넷은 주장한다. 이는 유전적 정체성이라기보다는 문화적 구성요소가 된다.[45] 앵글로스피어의 일원이 된다는 것은 어느 특정한 인종그룹에 대한 인종적 단일성이나 충성보다는 자유, 개인주의, 법규정과 같은 기본적인 관습과 가치에 집착하는 것을 요구받는다.

> 앵글로스피어의 언어와 개념을 사용하고자 하는 자들은(그리고 그들의 진화는) 그들의 유전적 계보에 개의치 않는 마그나카르타, 권리장전, 그리고 노예해방선언의 문화구성요소 후계자들이다. '유죄가 입증될 때까지는 무죄'라는 원칙은 이제 스미스(Smith)와 존스(Jones)와 마찬가지로 창(Chang)과 곤잘레스(Gonzales), 그리고 싱(Singh)에게도 적용된다.[46]

이에 따라 앵글로스피어의 출현은 정확히 영어문화가 더 이상 서방에 속하지 않기 때문에 세계화의 서방화를 의미하지 않는 것이다. 베넷은 "캐리비안, 대양주, 아프리카, 그리고 인도에 있는 교육받은 영어구사인구들이 앵글로스피어의 전방권을 형성한다."고 하였다.[47]

세계적 연결 언어

현대 인도에서 영어의 역할은 서방의 뿌리로부터 그 자신을 떼어낼 수 있는 언어능력에 의존한다. 영어는 정확히 식민지시대 후의 인도에서 생존해 왔는데, 고립되고 탈지역화 되었기 때문이다. 브라 카츠루는 영어가 비영어권인 다른 문화에 적용될 때, 그의 영국화(또는 미국화)로부터 탈맥락적(decontextualized)이게 된다고 하였다.[48]

이러한 요소들은 인도에서 영어가 국어로 채택되게 하였으며 국제언어로서의 영어의 성공에도 크게 기여하였다. 실로 글로벌 언어로서의 영어는 어느 특정하고 확고한 문화로부터 떨어져 나온다는 것이 기본이다. 링구아 프랑카(lingua franca, 모국어가 서로 다른 사람들이 상호이해를 위해 습관적으로 사용하는 공통어)는 특정 인종그룹이나 종교, 이데올로기에 관련되지 않는다고 정치학자 사뮤엘 헌팅턴(Samuel Huntington)은 말한다. "과거의 영어는 이러한 수많은 관련을 가졌었으나 보다 최근의 영어는 비인종화 되었다."[49] 영어는 더 이상 어느 특정 국가나 문화와 연관되지 않고 문화 간 교류가 발생할 수 있는 중립적 위상을 제공한다.

어떠한 세계어와도 연계하기 위해서는 기본적으로 이 같은 필요성을 만족해야한다. 카츠루에 따르면 공통어는 그의 다양한 형태와 기능으로 광범위한 문화 및 언어의 배경을 가진 사람들 간에 통신이 용이하도록 많은 사람들에 의해 사용될 수 있어야 한다.[50] 수용, 변화, 적응의 능력을 가진 영어는 인도와 세계 모두에서 이러한 역할들을 담당할 수 있는 것이다.

글로벌 영어는 연결 언어로 작동하기 때문에 동질의 보편적 문명의 확산과는 일치하지 않는다. 오히려 정확하게 문화적 차이를 주장케 한다. 헌팅턴의 주장에 따르면 "문명간 통신을 위한 단일 언어 채택의 필요성이란 이것이 분리된 문화의 존속을 전제로 하기때문에 단일문화의 발전이라는 바로 그 아이디어를 파해치는 것이다. … 링구아 프랑카는 언어와 문화적인 차이를 수용할 수 있는 수단이지 그들을 제거하는 방법은 아니다.[51] 영어는 단일 언어그룹과 문화권으로부터 온 사람들이 상호간의 대화에 사용하는데 유지될 뿐 실제로는 사람들의 분리된 문화권들을 강조하게 된다." 헌팅턴은 사람들은 정확히 그들 자신의 변화를 보존하고 싶어 하기 때문에 다른 문화권의 사람들과 통신하는데 영어를 사용한다고 하였다.[53]

그러나 영어가 어느 특정한 인종적 · 지역적 문화로부터 분리된다는 사실은 이것이 전혀 문화를 가지지 않는다는 의미는 아니다. 영어의 지역적 환경에서의 분명하고 다양한 사용, 그리고 문화권간 교환의 매개로서 기능할 수 있는 능력 등은 정확히 그 언어로 하여금 다중성, 변동성, 변화 등으로부터 만들어지는 단일 글로벌 문화 네트워크를 조성할 수 있도록 하는 것이다.

또 하나의 언어

영어는 결코 문화적으로 순수한 언어가 아니었다. 이는 인도아리아(Indo-Aryan)의 스텝(steppe, 시베리아 초원) 유목민들 사이에서 발생했으며 그의 뿌리는 다양한 문화적 흐름의 혼성적 복합이다. 다양한 사람들과 언어, 즉 고대 영어, 켈트어, 고대 스칸디나비아어, 프랑스어, 라틴어, 그리고 희랍어 간의 교환 가운데서 탄생한 영어는 늘 최하층에서부터 성장해왔다.

더욱이 영어는 위로부터 통제받지 않는 개방형 언어이다. 예컨대 프랑스어와는 달리 중심기구나 조직된 권력을 가지고 있지 않다.[54] 모든 형태의 문화보호주의를 멀리함으로써 영어는 변화를 제한하고 표준모델을 생산하는 정부기관 또는 여타 통제기관을 갖지 아니한다. 이 같은 개방정책은 대단히 성공적이었으며 오늘날에도 단일관계당국으로부터의 표준영어는 전혀 존재하지 않는다.[55]

따라서 영어는 당면하는 각각의 문화로부터 빌려온 새로운 단어를 창조적으로 흡수하고 하층구조에서부터 확산되도록 독려된다. 영국의 가장 유명한 작가 셰익스피어는 언어와 문구를 만들어내는 것으로 유명하다. 오늘날의 영어는 미국의 젊은층이 사용하는 슬랭(slang, 비속어)에서부터 자메이카의 덥(dub, 80년대 레게음악과 트립 합의 중간쯤 되는 장르)과 아시아의 MTV에 이르기까지 모든 것을 이끌고 있다. 다음은 「영어 이야기(*The Story of English*)」라는 책에서 인용한 것이다:

> 영어의 가장 위대한 우수성은 그의 80퍼센트 정도가 외국에서 생성된 풍

부한 어휘를 가지고 있다는 것이다. 보다 정확하게, 그 뿌리는 매우 다양하기 때문에-켈트어, 게르만어(독일어, 스칸디나비아어, 덴마크어), 그리고 로망스어(라틴, 프랑스어, 스페인어)-총체적인 공통어라고 할 수 있다. 게다가 옥스퍼드의 영어사전이나 웹스터사전의 제3판을 보면 모든 페이지에 히브리, 아랍, 힌디-울드, 벵골, 말레이, 중국, 자바, 호주, 타히티, 폴리네시아, 서아프리카, 브라질 등의 토착어로부터 인용된 것이 표시되어 있다.[56]

영어의 개방성은 새로운 단어를 만들어낼 뿐만 아니라 전체적으로 새로운 방언을 확산시키기도 한다. 헌팅턴이 쓰기를, 전 세계에 걸쳐 영어구사자와 더불어 또 다른 영어를 사용하는 사람들 또한 지속적으로 증가하고 있다.[57] 이러한 새로운 영어들은 Jamaica-English, HongKong-English 등과 같이 하이픈(-)으로 표기를 하는 추세이다. 이러한 연결은 보다 친숙함을 쌓아갈 수 있게 하며 칭글리쉬(중국)나 힝글리쉬(인도)와 같이 보다 혼합된 형태가 되기도 한다.

원어민들은 대체로 이러한 지역적 다양성을 거부하고 비웃으며 무시한다. 순수파들은 자신들의 언어에 대하여 퇴폐, 부패, 사망, 그리고 일반적으로 오류의 모든 변형을 무시하는 것에 대해 경고받고 있다. 이러한 새로운 영어에 집중하고 있는 브라 카츠루는 언어연구는 종종 편향적인 추세를 강조하게 되며 원어민의 사용에는 통합적이고 계층적인 수월성이 존재한다고 믿고 있다.[58]

언어학자들, 특히 미국의 언어학자들은 아마도 '원어민' 들에게 유일하게 진실성이 입증되고 신뢰할 수 있는 언어 데이터의 원천이라는 특별한 지위를 오래도록 부여하였다.[59] 그러나 비원어민의 규모는 원어민의 그것을 압도하기 시작했으며, 세계의 대부분의 언어소통은 사용자의 모국어뿐만 아니라 제2, 제3, 아니 그 이상의 언어로 이루어지고 있다.[60] 엄청난 규모의 인구를 가진 중국의 동족 언어의 동질성으로 인해 만다린이 세계에서 가장 널리 이용되는 언어가 된다 할지라도 그들이 제2, 제3, 또는 제4의 언어를 꼽을 때 영어는 단연 으뜸이 된다.[61]

원어민으로부터 초점을 멀리 이동시키려는 노력의 일환으로 카츠루는 비원어민 가운데 확산되고 있는 IT의 창조적 변이와 언어적 혁신을 강조하고 있다. 그의 작업은 새로운 종류의 영어들이 특정 범주와 문화로부터 탈피하는 이탈과 오류 간의 차이점을 반복적으로 강조한다. 왜냐하면 영어는 어떠한 중심정책기관도 가지고 있지 않으므로 이러한 영어의 언어적 변화들을 결정하는 사용자들은 그들 스스로 동화될 수 있는 것이다. 따라서 전 세계의 영어사용자들은 그들 고유의 문화, 환경, 생활방식에 맞춰 지속적으로 언어를 바꾸고 있다.

'브로큰 잉글리쉬(broken english)'에서부터 원어민(또는 2개 국어인들) 수준의 언어실력에까지 이용상의 차이를 가지는 비원어민의 넘쳐나는 규모 및 다양성들은[62] 브라 카츠루로 하여금 영어를 '또 하나의 언어'라 부르게 하였다. 카츠루에 따르면 그의 비영역적인 것과 국가 상호주의적이 되는 이 '별개의' 영어는 실제로 국제적 · 우주적 언어로서의 위상이 상승하고 있다.[63] 그들의 지정학적 분포, 수적인 강세, 그리고 다양한 영어의 사용으로 인해 비원어민 사용자들은 영어를 마치 세계를 향한 창문으로 만들고 있다.[64]

영어가 원어인지, 비원어인지, 외래어인지, 또는 토착어인지 더 이상 분명치 않은 자신만의 입장을 굳힌 복합적 위치에 놓인 인도보다 이러한 창에 잘 닿을 수 있는 곳은 없다.[65] 인도의 영어 사례를 통해 분명해 지는 것은, 영어가 비동질적인 글로벌문화의 언어로서 자신이 속해 있는 세계주의 문화처럼 다양하고 변화와 변동에 뛰어나다는 것이다.

영어의 인도화

안소니 버젯스(Anthony Burgess)에 의하면 영어와 인도 언어들과의 융합은 "통합언어는 캘커타와 런던의 모든 구어체들, 셰익스피어의 고(古)문체들, 시장바닥의 푸념들, 힌두사원과 관련된 참고문헌들, 인도의 법률 소송에 쓰이는 전문용어들, 그리고 신랄한 바부(Babu, 인도 지식인들)의 짜증 등 모두가 결합되어 완성된다. 이는 순수 영어라기보다는 셰익스피어나 조이스, 또는 키플링의 영어와 같은, 즉 훌륭하나 불순한 것이다."[66]

인도에서는 1999년에 이러한 비순수한 어휘 가운데 하나가 보급문화의 밈(meme)으로서 나라 전체에 소개되었다. 그 문구는 펩시광고의 표어로부터 나왔는데, 'Yeh Dil Mange More(예 딜 망게 모어)'라고 읽는다. 지역언어를 사용하지 않는 인도 주재 외국인들은 상당한 기간이 지나서야 이 표어가 힝글리쉬의 어구였다는 것을 이해하게 되었다. 'Yeh Dil Mange More'는 '이 심장은 더 많은 것을 요구한다.'는 뜻이다.

광고는 현란하고 성공적이었기도 했지만 표어는 전염성 짙은 그만의 영향력을 갖게 되었다. 잡지의 칼럼니스트들은 경제개혁의 느린 속도를 개탄할 때 이 문구를 사용하였다. 이 문구는 크리켓과 발리우드의 북돋으어 주는 세상으로 흘러들어갔으며 IT를 둘러싼 소음속으로 흡수되었다. 그러나 가장 인상적이었던 것은 카길(Kargil)에서의 인도군의 승리에 관한 소식이 공표되었을 때였다. 신문들은 군인들이 적들을 물리치고 타이거힐(Tiger Hill)의 핵심고지를 점령했을때 후에 전사한 젊은 대위가 점령지에 우뚝 서서 펩시표어인 'Yeh Dil Mange More'를 부르짖었다는 것을 기사화 한 것이었다.

인도문화는 합성물이다. 외국의 영향과 교역이 층층이 쌓여 항상 외부의 영향을 흡수하고 교환에 의해 강화되어 왔다. 영어는 이전에 산스크리트어와 페르시아어가 그랬던 것처럼 인도인의 삶에 깊은 영향을 끼쳤다. 인도의 영어 흡수는 동일하게 인도가 영어에 미치는 심도 있는 영향과 비교되는 것이다. 200년이 흐른 후 작가 라자 라오(Raja Rao)는 말하기를,

> 영어는 특유한 인도의 범주 내에서 전형적으로 인도인의 필요를 지원하기 위해 사용되어 왔다. 우리들이 인도인인 이상(민족주의가 아닌, 인도의 정서를 가진 진정한 인도인) 우리는 영어를 우리와 함께, 그리고 우리들 가운데에 둘 것이다. 이는 방문객이나 친구로서가 아닌 우리들 자신, 우리의 카스트, 우리의 신념, 우리의 종파, 그리고 우리의 전통 가운데 하나가 될 것이다.[67]

영어의 인도화는 대체로 '인도영어'와 '힝글리쉬'라는 용어로 분류될 수 있는, 두 가지 명백히 다른 현상으로 귀결되었다.[68]

인도영어는 그만의 특유한 발음과 리듬, 그리고 어느 정도의 어휘를 가진 특수한 형태의 영어로서 하나의 방언이라 할 수 있다.[69] 이는 이를 통해 인도의 생활속도가 영어표현으로 주입되는 것을 의미한다.[70] 영어의 이러한 창의적 변이는 영국통치기에 시작되었다. 일찍이 1886년에『홉슨 좁슨 법칙: 앵글로-인도 언어의 모음(*Hobson Jobson: A Glossary of Anglo-Indian Words*)』은 커리(curry), 베란다(veranda), 숄(shawl), 밤부(bamboo), 몬순(monsoon) 등의 공통어를 포함하여 영어로 채택된 수천 개의 인도 단어와 문구를 분류한 바 있다.

힝글리쉬는 훨씬 더 분명히 복합적이고 특유하며 창의적이다. 이는 발표자가 인도어와 영어 간에 앞뒤로 바꾸어 말하는 과정을 기술하는데 사용되었다. 영어 단어와 구문으로 문장을 나누는 이러한 과정은 기술적으로 코드혼합(code-mixing, 언어혼성)이라 불리면서 그만의 언어로서 연구되기 시작하였다. 인도영어가 비교적 소수의 지식인들에 의해 사용되고 있는 동안 힝글리쉬는 보다 확산되어 공공장소나 강의실에서의 대화, 대중연설, TV나 라디오의 인터뷰 등에서 찾아볼 수 있게 되었다.[71] 혼합된 언어의 사용은 서로 다른 영역에서의 모든 공식 · 비공식적인 상황에서 보이는 사실상 모든 교양 있는 인도인들의 구두(口頭)행위의 특성을 나타낸다고 할 수 있다. 이는 영어로 하여금 일상의 공통 어법으로 간주되는 한 훨씬 더 침투적이고 기능적이도록 한 결과이다.[72]

인도의 영어구사자들은 오랫동안 영어는 영국이나 북미의 유일한 자산이 아니라 그를 사용하는 누구에게나 속하는 것이라고 인식해왔다. 1956년 공용어위원회에서의 발언 가운데서 인용된 바,

"영어가 언어란 어느 특정국가의 자산이 아니라 분명 그를 사용하는 모두에게 속한다는 의견에 전적으로 일치한 외국어이기 때문에 단순히 거부되어서는 안 된다는 것은 아니다."[73]

힝글리쉬 광고표어가 가장 열렬한 민족주의에서부터 발리우드의 선전과 IT의 성공에까지 이르는 모두를 간수하는 지역문화를 통해 확산될 수 있다는 사실은 세계문화에 대한 인도의 참여의 한계를 보여주는 것이다. 표어 그 자체는 카츠루가 쓴 바대로 인도인들이 영어에 대해 오랫동안 기교를 사용하고 토착화하고 문화화하는, 즉 인도화하려는 것이다.[74] 인도에서 가장 유명한 영어작가인 살만 루쉬디에(Salman Rushdie)가 말하기를 "영어는 더 이상 영국의 언어가 아니다. 영어는 오늘날 수많은 뿌리로부터 성장하고 있으며, 한때 식민지였던 곳들은 그들 자신을 위한 언어 내에서 커다란 세력으로 파고들고 있는 것이다. 제국이 역습하고 있다."[75]

기술적 변이

단일 세계문화의 개념에 도전하고자 노력하는 자들은 글로벌 기술들이 이미 영어의 주도권을 잠식하고 있음을 주장한다. 그들은 자동번역기, 외국어 소프트웨어, 신속히 공통표준화되고 있는 전 세계적 문자집합인 유니코드(Unicode) 등을 이러한 기술발전의 소개로서 지적한다. 아스키(ASCII)와 같은 과거의 부호화 기법과는 달리, 유니코드는 수천 개의 문자를 프로그래밍할 수 있도록 표현할 수 있고, 문서파일은 다양한 세계의 언어 대부분이 읽고 쓰여 질 수 있도록 조성된다. 이러한 언어복합화는 대부분 과학기술영어(또는 미국영어) 속에서 많은 성장을 하고 있다. 예로써 바바라 왈라프(Babara Walraff)는 윈도우즈 밀레니엄(Windows Millennium)이 28개 언어로 제공되고 있고 현재 인터넷 상에서 사용되고 있는 언어의 80%가 영어이며 그들 중 급속히 성장하는 그룹은 비영어 사용자들이라는 사실에 주목해야 한다고 했다. 글로벌영어는 여전히 계속 성장하고 확산되고 있는 기술네트워크를 사용할 수 있기 때문이다.

시장에 휴대전화기가 맨 처음 선보였을 때만 해도 숫자키보드로 코딩된 알파벳이 그렇게 많이 사용되리라고는 기대하지 못했다. 손가락보다 약간 작은 조그마한 자판들과 화면은 다루기 힘들고 까다로운 인터페이스로 만들어지고 있었다. 초기에는 텍스트기반 응용을 추진하기 위한 작업은 거의 이루어지지 않았었다. 사실 해당 산업은 작성(writing) 장치의 사용가능성에 대해 비관적이었으므로 적어도 얼마간 문자메시지 서비스는 무료로 제공되었었다.

그러나 이들의 명백한 결함에도 불구하고 단문메시지서비스(SMS)는 기하급수적으로 성장하였다. 이는 오늘날 자신들의 전화기를 키보드로 사용하여 매달 수십억 건의 메시지를 주고받는 전세계 수백만의 사람들에 의해 선호되는 통신형태가 된 것이다.

북미에서는 비교적 덜 알려진[76] 이러한 현상은 이미 유럽과 아시아에서는 일반화되었다. 그러나 영어를 구사하지 않는 세계에 의해 확산되고 있다 할지라도,[77] 수많은 세계의 SMS 메세지들은 준(準)영어표기로 전달되고 있으며 그의 강도는 영어자체에 급진적인 변화를 일으키고 있다.

타이핑의 어려움과 함께, 대부분의 전화기가 160개의 영숫자 부호 이하로 메시지를 제약하는 엄격한 SMS 기술의 제한으로 인해 전혀 새로운 영어의 방언이 만들어졌다. 아직 완전히 체계화하기에는 섣부를지도 모르나 그 특성들은 다음과 같다: 어떠한 단어에 대한 하나의 문자나 숫자의 사용('see'를 'C'로, you를 'U'로, 'for'를 '4'로), 창의적인 영숫자 약어들('great'을 'gr8'으로, 'later'를 '18r'로), 오로지 비언어적인 부호로 구성된 항목들('Starbucks(스타벅스)'를 '*$'). 따라서 일반적인 문자메시지는 다음과 같다: CU18r@ *$(see you later at Starbucks).

비록 순수언어학자들이 두려워하게 될지라도, 영어는 글로벌 언어로 남기 위한 이러한 기술언어학적 창의력의 전초에 있다.

2002년 10월에 영어잡지 인디아투데이(India Today)는 「사랑, 섹스, 그리고 SMS(*Love, Sex and SMS*)」라는 표시기사를 실었는데, 기사는 카마수트라의 이미지들을 풍자하는 화보를 사용하였다. 표지에는 인도 전통의상을 입은 한 인도인 커플이 페르시안 항아리에 등과 등을 맞대고 앉은 채 먼 곳을 사랑스럽게 응시하고 있다. 그리고 그들 곁에는 휴대전화기가 놓여있었다.

기사는 그러한 인도영어의 친숙함을 나타낸 알기 쉬운 통계치로 시작된다. "날마다 2,500만 건 이상의 SMS가 40만 휴대폰 소유자들에게 전송되는데 이는 한 사람당 하루 평균 60개의 메시지에 해당하는 수치다."[78] 남성보다 여성들에 의해 더 많이 사용되는 SMS 기술이 어떻게 친구나 연인들 간의 통신형태를 변화시키고 있는가를 보여주고 있다. 기사는 결국 문자기반기술이 인도

생활에 얼마나 심도 있고 친근한 변화를 가져다주는지를 상세히 기술하고 있다.

이러한 메시지의 거의 대부분은 영어나 힝글리쉬, 또는 이 두 가지의 또 다른 변이로 전송되고 있다. 영어의 새로운 변화가 세계에서 가장 인구가 많은 국가 중 한 곳에서, 그것도 가장 창의적인 부문에서 계속 번영하고 있다는 사실은 영어가 글로벌 언어로서 감히 경쟁할 수 없는 상태에 놓여 있다는 것을 분명하게 해주는 것이다.

그러나 일상 영어가 인도의 언어와 문구에서 파생(pepper)되었다는 사실은('pepper'는 근본적으로 산스크리트어의 'pipalli'에서 유래되었다) 이 문화가 동종의 것이 아니라, 세계적인 교환 네트워크를 구성하는 통신과 흐름의 상호연결망 위에 형성되고 있음을 보여주는 것이다.

9 제로 로고

Zero Logo

현대사회는 서구적 유형인 단일형태에 근접해야만 한다는 가정, 즉 현대문명은 서방문명이고, 서방문명은 현대문명이다 … 라는 것은 전적으로 그릇된 일체화(identification)이다.

– 사무엘 헌팅턴(Samuel Huntington)

「문명의 충돌과 세계질서의 재건(*The Clash of Civilizations and Remaking of World Order*)」

효율적인 소프트웨어 해법을 제공하는 인도의 성공 뒤에는 무엇이 숨겨져 있는가. 어떤 이들은 인도인들의 수학적 재능이라고 이야기하기도 하고, 또 어떤 이들은 "어쨌든 숫자 '0'을 창안한 것은 인도이다."라고 말하기도 한다.

– 드왕 메타(Dewang Mehta)

「인도의 소프트웨어 산업: 전략적 평가(*The Software Inderstry in India: A Strategic Review*)」

인도주식회사(India Inc.)의 브랜딩

인도의 IT 산업에서 나스콤의 전 회장인 고(故) 드왕 메타(Dewang Metha) 이상 가는 위대한 홍보담당자는 없었다. 메타는 인도 디지털 기술의 주변여건을 조성하는데 엄청난 기여를 하였다. 그는 종종 전국의 기자회견장에서 빌 게이츠, 빌 클린턴과 같은 유명 인사들과 함께 등장했으며 쉼없이 산출되는 소프트웨어의 최강자로써 끊임없이 국가를 독려해 왔다. 엘비스 프레슬리(Elvis Aron Presley)를 닮은 헤어스타일과 환상적인 강연 덕에 2001년에 갑작스런 죽음을 맞을 때까지 그는 인도 IT 세계에서 슈퍼스타의 위상을 차지하였다.

친구로서 바치는 조사(弔詞)에서 칸왈 레키는 메타를 마케팅의 천재라 일컬으며 그의 지도아래 나스콤은 그의 주요업적 가운데 하나인 '인도주식회사' 브랜드를 정착시키는데 크게 일조하였다고 칭송하였다. 나스콤은 인도에서의 소프트웨어주도형 IT 산업의 성장 촉매로서 1988년에 형성되었다. 초기에 그의 관심은 외국기업을 유치하고 국가 IT 산업을 해외로 확장시키기 위하여 '소프트웨어 부문에서의 인도브랜드'를 조성하는 것이었다.[1] 21세기 초에 이 목표의 기반은 성취되었다. 나스콤의 현 부사장인 써닐 메타(Sunil Mehta)는 "당신이 만약 미국 또는 영국에 간다면 모든 택시기사들이 적어도 인도의 IT에 대해서 들은 바가 있음을 확인할 수 있을 것이다."라고 하였다.[2]

브랜드 인식에 대한 근본적인 중요성은 바뀌었지만 인도 브랜딩은 나스콤이 일구어야 하는 우선순위로 남겨졌다. 이는 2003년도 연차 전체 산업회의에서 분명해졌다. 화려한 행사는 아랍해가 내려다 보이는 뭄바이의 나리만 포인트(Nariman Point)에 위치한 오베로이(Oberoi) 호텔에서 개최되었다. 등록이 시작되자 각 회사의 대표들은 광택 나는 팸플릿 뭉치와 함께 궁수의 윤곽을 그린 펜화가 담긴 마우스패드를 받았다. 우편엽서 크기만한 유인물에는 그 펜화가 최근 나스콤의 마케팅 캠페인을 위한 로고라고 설명되어 있었다. 그림은 고대 인도 서사시에서 유명한 신화적 인물인 위대한 왕자 아르주나(Arjuna)였으며 그림 아래에는 'India is IT(인도는 IT)'라는 표어가 있었다.

드왕 메타는 키란 카닉(Kiran Karnik)에 의해 교체되었는데, 그는 인도 TV에서 디스커버리 채널을 운영한 후 나스콤의 회장 자리로 옮겨왔다. 브랜딩에 대한 그의 끊임없는 집념은「인도와 IT: 프랑스와 와인처럼(*India and IT: like France and Wine*)」이라는 제목으로 나스콤 웹사이트의 미디어부문에 오른 글에서 찾아볼 수 있다. 다음은 카닉의 말을 실은 기사에서 발췌한 것이다. "나는 '인도주식회사'를 해외로 뻗어가는 상표로 발전시키길 원한다. 나는 '인도와 IT'가 '프랑스와 와인' 또는 '스위스와 시계'와 같은 동의어가 되길 원한다."[3] 글은 계속되었다.

> 다른 아시아 국가들은 인도 소프트웨어의 성공을 묘사하는 데 있어 인도가 앞서게 되는 가장 최선의 길을 질, 서비스, 생산성과 같은 것들에 둔다. 인도의 소프트웨어 회사의 임원으로서 그는 말하기를 "당신은 중국이나 필리핀이 비용면에서 당신을 앞지르는 것에 대해 염려할 필요가 없도록 하기 위해 인도의 IT가 무언가에 의해 유지되기를 원한다. 당신이 경쟁할 수 있는 유일

한 길은 비용 측면에서 유리한 다른 분야로 옮겨가는 것이다. 결국 인도 회사들은 지속적인 질적 보장, 옵션기능 추가, 관계조성, 위락요소 등에 초점을 맞출 필요가 있다. 브랜드의 상징을 만들어내라. 이것이 결국 우리에게는 결정적인 것이 된다."[4]

메타와 함께 시작된 나스콤의 브랜딩전략은 국가의 경제와 문화를 촉진시키기 위한 인도 소프트웨어 산업의 마케팅과 연계된다. 이러한 술책이 아주 비정상적인 것은 아니다. 특정 제품이나 산업의 부흥은 종종 국가를 브랜딩하는 프로젝트와 상호연결되면서 일어나기 때문이다. 리투라즈 나스(Rituraj Nath)는 1999년의 인터뷰에서 인도의 소프트웨어를 독일의 자동차와 비교함으로써 나스콤의 목적을 설명하였다. 그에 따르면 독일 문화의 포괄적인 정밀성과 효율성이 독일 자동차산업의 선전에 도움을 주었다. 동일한 절차가 프랑스 와인과 스위스 시계에도 적용된다. 우리 모두가 잘 알고 있는것 처럼 프랑스 문화는 음식과 음료의 맛을 크게 강조하고 있다. 마찬가지로 스위스는 세심하게 잘 정돈되어 있다는 명성을 얻고 있으며 이 나라가 은행과 시계로 유명하다는 것은 놀라운 사실이 아니다.

이러한 사례에서 밝혀진 대로, 국가브랜딩의 실재라고 하는 것은 국가의 문화와 친밀하게 연계되고 있는 것이다. 그러나 국가를 브랜딩한다는 것은 기존의 문화적 특성을 단순히 추려내는 편이한 작업이 아니다. 반대로 만일 그것이 잘 이루어진다면 국가브랜딩프로젝트는 존재하지 않는 것을 만들어내는 것이 아니라, 과거의 전통과 문화적 뿌리에 새로운 관계를 맺도록 하는 재발명이나 재발견의 과정을 통해서 문화생산 그 자체에 기여하는 매우 엄격하게 창조적일 수 있다. 최근의 사례를 보면 '쿨 브리타니아(Cool Britannia)'와 '씽크 브리튼(Think Britain)' 캠페인은 모두 그다지 성공적이진 않았지만[5] 여왕, 스콘(scone), 그리고 차(tea)의 보다 정체적이고 전통적인 연계를 반대하는 선택적 · 창의적 · 인종적으로 혼합된 현대적 실재를 촉진함으로써 해외에서의 영국의 이미지를 변환시켜 보고자 한 것이다.

브랜딩은 국가이미지의 변환에 관여되는 한 종종 문화의 첨단에 존재한다. 적어도 가장 창조적일 때 브랜딩의 실재는 충실하게 재생되어야 하는 일련의 정적인 관습보다는 오히려 발명과 변화의 역동적 과정을 통해 항시 형체가 만들어지는 문화를 관찰하는 것이다.[6] 인도의 경우, IT강국을 형성하려는 시도는 그의 국민들에게 인기있는 신비의 의식적 재(再)브랜딩이 되는 그 자신의 토착문화의 긍정적 재생을 포함한다. 나스콤과 그가 속해있는 인도의 사이버문화세계는 과거는 멈춰서서 기다리는 것이 아니라고 인식하게 되는 문화 창조과정과 관련된다. 이는 재구성되어야만 한다.

인도를 브랜딩하는 프로젝트는 얼마나 오래되었는지에 상관없이 그들이 항상 오늘날의 디지털 기술과 밀접히 연관되어 있음을 보여주는 방식으로 전형적인 인도의 것들을 다시 개념화하자는 것이다. 우리는 산꼭대기에 있는 구루나 동굴 속의 요기(yogi)들을 베버와 같은 이론가들이 논쟁거리로 삼았던 일상생활의 실제적 현실로부터 도피한 자들로 간주하지는 않는다. 오히려 예상되는 물질주의의 결핍과 함께, 명상세계와 아득히 먼 종교적 묵상세계가 미래 정보시대와 긴밀히 연결되어 있음을 재고하게 된다. 금욕생활을 하는 신비주의자들, 고행자들, 그리고 다소간의 경험적 기술로 내세(來世)에 접근하는 뱀 부리는 자들이 추상적인 사색가와(snake charsmers) 재능있는 수학자들, 즉 이상적인 지식인들로 대체된 것이다.

카일라쉬 조쉬는 실리콘 밸리에 있는 TiE 본부 회의실에 머무르는 동안 "인도의 장점은 지식기반산업이다."라고 비공식적인 평가를 내렸다. "중국인과 일본인들이 손재주를 지닌 데 반해 인도인들은 그러한 축복을 받지 못했다. 나의 강한 추측은 인도의 전통은 물질문화가 아니라는 것이다. 제조업은 그 문화에 대한 물질적 측면을 가지고 있다. 우리는 6천년이라는 세월이 뒷받침해주는 지식기반전통을 지니고 있다."[7]

인도주식회사의 마케팅 담당자들은 인도문화, 특히 숫자문화와 IT코드 간에 형태상 존재하는 친근도를 자연스럽게 발전시키면서, 인도의 수학적 유산을 이용한 이러한 전통을 '소생' 시키고자 노력한다. 메타가 본 장의 서두에서 "인도 소프트웨어 산업의 성공 뒤에 남겨진 신비는 무엇인가?"에 대하여 밝힌 바대로, 몇몇 사람들은 숫자 '0'의 발명과 십진법 체계의 수립을 지적하며 인도의 재능을 칭찬하였다.[8] 베다(Vedas)의 지식으로는 카탁(Kathak, 인도의 4대 무용의 하나로 북부의 것) 춤의 수치적 형태, 산스크리트어 만트라(Sanskrit mantras, 진언(眞言))의 정보적 설계, 그리고 명상 도식에 이르기까지 인도문화는 숫자놀이에 대한 굉장한 의욕, 그리고 서방에서는 도무지 찾아볼 수가 없는 숫자의 복잡성과 정교성의 합성을 나타낸다. 인도인 스스로도 이러한 예상되는 본래의 수학적 천재성을 자랑하고 있다. 구르차란 다스는 "인도 국민들은 수식

을 마치 시(詩)처럼 읽어 내린다."라고도 하였다.[9]

이러한 전통 위에서 나스콤의 목표는 진정 문자 그대로 자본화를 위한 것이었다. 파이낸셜타임스와의 인터뷰에서 드왕 메타는 "역사가들은 당신들에게 숫자 '0(제로)'을 발명한 것은 인도였다고 말할 것이다. 이진법은 '0'과 '1'로 이루어져 있다. 따라서 만일 우리가 '제로 시스템'을 독점했었다면 전자계산기 발명의 50%는 인도가 기여한 것이었을 것이다"라고 하였다.[10] 메타의 논조는 가벼운 마음으로 한 농담이었으나 그 주장은 계산된 파급효과를 가진다. '0'의 발명과 더불어 인도의 IT산업은 오늘날 가장 발전한 기술에 직접 적용되는 한편, 여전히 도래하는 미래와 활발히 맞대고 있는 고대의 과거요소인 완벽한 문화적 유산을 찾은 것이다.

글로벌 문화의 흐름

나오미 클레인(Naomi Klein)의 「노 로고(*No Logo*)」란 책의 성공 이후, 브랜딩은 반(反)세계화 운동의 주요 관심사가 되었다. 시위자들은 서방화의 명백한 신호, 또는 보다 정확히 '세계의 미국화'라는 표어로 글로벌브랜드를 공격하면서, 미국과 유럽을 거쳐 아시아와 그 너머로까지 진군하였다. 나이키의 스위시(swish)와 맥도날드의 황색 아치(arche)는 그의 경로에 나타나는 모든 토속물과 다양한 지역특성을 분쇄하는 저거너트(juggernaut, 엄청난 파괴력을 가진 존재)로서 활용되는 우둔한 기업문화의 표식으로 힐난받고 있다.

시위자들의 공격은 흔히들 표면의 심벌을 목표로 한다 해도 그들의 주장은 보다 깊고 기본적인 세계화 구조와 함께하고 있는 것이다. 이들의 비평은 1960년대의 이론들로 거슬러 올라간다. 브랜딩은 중심과 주변지역 간의 역학관계를 유지한다고 평가받는 새로운 국제 노동부서에 기여한다고 비난받는다. 글로벌 기업들은 높은 임금을 받는 마케팅 담당자들과 서방에서 브랜드를 조성하는 창조적 업무를 수행하는 자문인력을 고용하는 반면 이들 제품의 실제 생산은 주변으로 아웃소싱되고 있는데, 해당 지역의 노동은 값싸고 경제는 상표도 없는 저가제품들로 뒤덮이고 있다.[12]

그러나 인도 소프트웨어 산업의 브랜딩은 또 다른 시사점을 갖는다. 인도주식회사가 글로벌브랜드라 하지만 이는 서방에서 발생한 것이 아닐 뿐만 아니라 주변의, 그리고 주변에 의한 긍정적 혁신을 강조한다. 문화적으로, 소프트웨어 강국인 인도는 동시에 수많은 방향으로 동시에 흐르고 있는 네트워크로써 세계 문화의 이념과 그 자리에 소개되는 획일적인 세계화의 개념에 도전하고 있다.

「다수의 세계화: 현대세계에서의 문화적 다양성(Many Globalizations: Cultural Diversity in the Contemporary World)」이라는 우수한 연구에서 투라시 스리비나스(Tulasi Srivinas)는 문화적 세계화란 제품과 아이디어가 서방에서 나머지 세계로 이동하는 것이라고 결론지었다. 스리비나스는 「운명과의 만남: 문화적 세계화의 인도 사례(*A Tryst with Destiny: The Indian Case of Cultural Globalization*)」라는 제목의 글에서 특히 인도로부터 점점 더 발산되고 있는 문화적 모델에 초점을 맞춘 두 가지 방법으로 문화적 세계화를 검토하였다. "인도의 문화적 인증물은 전 세계에서 판매되

고 있다: 실크로 만든 사리 침구가 블루밍데일즈(Bloomingdale's)에서 홍보되고 있으며 인도의 보석, 의복, 헤나 문신, 다즐링 차, 그리고 발가락 반지 등은 유럽과 미국인들의 일상에도 소개되고 있다."[13] 커리에서 카르마(Karma, 인과응보를 의미하는 불교 용어)에 이르기까지 인도의 문화요소들(새 시대의 구루, 아유르베다의학(Ayurvedic medicine), 요가, 명상 등을 떠올려 보라)이 서방에 넘쳐흐르고 있으며, 다이어트의 습성에서부터 철학적 상상에 이르는 모든 것에 영향을 미치고 있다.

그러나 인도가 세계문화에 미친 가장 깊은 공헌은 십진법의 제시이다. '0'의 발견 및 발명이 인류역사상 가장 중요한 사건 중 하나라는 것은 의심의 여지가 없다. 수학역사가 존 맥리쉬(John Mcleish)는 "이는 불의 이용이나, 농경의 개발, 바퀴, 글짓기, 증기기관의 발명 등의 업적 이상으로 중요한 것으로서 인류역사의 가장 큰 단일 업적 가운데 하나로서 영원히 기록될 것이다."라고 한 바 있다.[14]

조지 이프라(Georges Ifrah)는 그의 묘비「우주의 역사 숫자(*The Universal History Numbers*)」에다 인도의 숫자가 '수학적 완성상태'에 도달했다고 기록하고 있다. 그는 "더 이상의 수학적 표시의 개선은 필요하지도, 가능하지도 않다."고 했다. "일단 이런 발견이 이루어지면 남겨진 유일한 변화들은 오로지 기수(基數)의 선택 … [또는] 그림의 도식형태에만 영향을 줄 수 있을 것이다."[15] 이프라는 "인도의 '0'의 발견이 갖는 중요성을 강조하는 것은 무의미하다.[16] 그만큼 인간의 마음에 엄청나게 강력한 가능성을 가져다 준 것이다. 어떠한 다른 인류의 창조물도 인류의 지능개발에 이토

록 지대한 영향을 행사한 적은 없다."라고 역설한다.[17]

문화평론가들은 자주 숫자에 대해 언급하지는 않으나 사실상 깊은 내용이 있는 것은 아니다. 조지 이프라는 "당신들의 숫자시스템은 당신들의 문화이다."라며 "사람들이 어떻게 셈하는가를 아는 것은 그들이 어떠한 종류의 사람들인가를 아는 것과 같다."라고 하였다.[18] 자본주의 문화에서 십진법은 시간과 돈을 동시에 결정하며 이에 따라 일상생활의 존재를 형성하는 기본이 된다. 더욱이 인도식 셈법은 사이버공간의 초월적 추정(transcendental presuppositions) 가운데 하나이다. 이프라에 따르면 컴퓨터의 개발은 인도인에 의해 개발된 '자릿수 기수법(place value systems)'이 없었다면 결코 이뤄지지 못했을 것이다. 또한 만일 '0'을 가진 자릿수가 존재하지 않았다면 계산절차를 기계화하는 문제의 해결 및 그 처리과정을 자동화하는 것조차 결코 구상할 수 없었을 것이다.[19]

현대적 세계화가 서방화 과정과 등식화될 수 있다는 주장은 세계의 무역과 통신의 여러 흐름을 하나의 총체적 단위체로 종속시킬 수 있다는 뜻이다. 결국 이는 가장 기본적인 수준에서의 서방화 개념이 된다. 단위체에 특권을 부여한다는 개념은 '1'을 최우선시하는 문화(그리고 숫자시스템)를 포함한다. 역설적으로 이러한 과정의 통합은 매우 의문시되고 있다. 이어지는 본문의 내용대로 사실 세계화의 교역과 기술은 서방의 토착적 숫자문화에 놓여있지 않다. 오히려 동방으로부터 온 숫자시스템으로 조성되고 있으며 그것은 '1'이 아닌 '0'에서부터 시작된다.

인도로부터의 기원에서 서방에서 맞이한 저항에 이르기까지 '0'의 이야기는 세계화와 그것이 속해있는 문화를 나타낼 수 있는 자신만의 이야기이다. 이는 숫자 '0' 그 자신의 형태와 같이 중심에는 아무것도 없고 모든 주변에 날이 선 팽팽한 네트워크로서 작동하는, 세계문화를 조성하면서 중심을 향해 밀어닥치는 주변의 이야기이다.

'0'의 기원

대부분의 역사기록은 기원전 3세기의 바빌론으로 거슬러 올라가 '0'을 추적하게 되는데, '0'은 비록 숫자로서는 아니지만 기조인자로 쓰이고 있었다.[20] 대개의 고대문화와 같이 바빌론 사람들은 계산기(또는 주판)를 사용했다. 기초적인 자릿수 기수법을 포함한 이 계산법에서 숫자들은 지정된 열에 따라 분류되었다. 이러한 기수법의 문제점은 공란을 나타내는 다른 어떠한 방법이 필요하게 된다는 것이다. 기원전 300년 쯤에 이르러서야 수많은 바빌론 사람들이 '0'이라는 최조의 기호를 사용함으로씨 이 문제를 헤결하는데, 그들은 공란을 나타내기 위해 두 개의 기울어진 쐐기모양을 그리기 시작하였다.[21]

바빌론의 '0'은 숫자로 고정되어 있지 않았기 때문에 그 자신의 수치적 가치를 소유하지 않았다. 주판에서는 빈 공간 이상의 그 무엇도 아니었고, '빈칸'이라는 숫자적인 동의어로 이해되지도 않았으며, 결코 '영(0)의 수치'라는 의미가 주어지지도 않았다.[22] '0'이라는 수치선 상의 자리 없이 단지 아라비아숫자에 불과했으며 그 자신은 아무런 값도 가지지 못했던 것이다.

여러가지 선구적인 것들이 있었기는 해도[23] 대개의 역사가들은 우리의 숫자시스템의 발견이나 발명은 '0'에서 '9'까지의 십진법이 처음으로 출현된 고대 인도에서 일어났던 것에 동의하였다. 조지 이프라와 존 맥리쉬에 따르면 인도 숫자문화의 풍요와 혁신성은 세 가지 위대한 아이디어에 의존하였다. 첫째는 추상적 숫자기호의 사용이다. 이러한 기호들로서 개개의 기본 형태는 그들이 표현하는 단위들을 시각적으로 환기시키지 않는 모든 직관적 연합으로부터 제거된 도식부호로 주어졌었다.[24] 둘째는 숫자의 가치가 그의 단위인 십 자리, 백 자리, 천 자리 등에 달려있는 자릿수 기수법의 사용이었다. 그러나 맥리쉬에 따르면, 마지막으로, 그 무엇보다 중요하고 수레바퀴의 발명만큼 문명의 역사의 핵심적 초석이 된 것은[25] '0'이라는 기호의 사용이었다. 인도의 '0'이 실로 특유하게 된 것은 단순한 자리매김의 역할을 했던 공란의 표시가 처음으로 실제 숫자로서의 기능으로 변환된 것이었다. 전자와는 달리 인도의 '0'은 기호표식과 숫자개념, 즉 빈자리와 '0'이라는 수치로서 작용하게 되었다.

이러한 발견의 불꽃은 모헨조 다로(Mohenjo Daro, BC 2550~ 1550)로 거슬러 올라가게 되는데 당시에는 간단한 십진법이 존재했던 것으로 보인다. 0'이 완벽히 작용된 것은 '이보다 훨씬 뒤의 일이다. 존 바로우(John Barrow)는 '0'에 관해 쓴 책에서 인도가 '0'을 사용했던 가장 빠른 사례는 현재까지 명맥을 잇고 있는 자이나(Jain)교의 우주론에 관한 업적에 나타난 A.D. 458년으로 나오고 있으나, 간접적인 증거는 그보다 이른 B.C. 200년이었을 것이라고 지적한다.[26] 400년 후 '0'은 상당히 잘 자리 잡힌 것 같다. 6세기의 시인 바사바다따(Vasavadatta)는 "별들은 4번 빛났고 … '0'과 같은 점으로 하늘에 흩어지고 있다."라고 하였다.[27]

'0'의 개념은 유명한 인도의 천문학자인 브라마굽타(Brahma-gupta)가 '0'에 의한 더하기, 빼기, 곱하기, 나누기에 대한 상세한 방법을 설명함으로써 완성시켰다.[28] 그는 또한 숫자로서 '0'의 사용을 분류하는 것 이상으로, '0'의 존재를 숫자 선상에 고정시킴으로써 부(−)의 숫자 개념을 개발하였다.

브라마굽타의 논문은 '0'이 고도로 신비한 방법으로 작용하는 범위를 최초로 보여주었다. 이는 이미 덧셈, 뺄셈, 곱셈의 간단한 계산에서 증명되었다. 덧셈과 뺄셈에서 영은 아무런 작용도, 어떠한 효과도 내지 않는다.(어떠한 숫자에 '0'을 더하거나 빼면 언제나 그 숫자 자신이 된다.) 한편 곱셈은 '0'으로 하여금 '모든 숫자를 자멸하게 하는' 힘을 나타내게 함으로써 그러한 영향력의 결여를 역전시켰다. '0'에 곱해지는 어떠한 숫자도 '0'이 되는 것이다.

그러나 이런 '0'의 신비한 영향력은 나눗셈에서 가장 분명히 나타났다. 나눗셈은 자연의 법칙과 같은 '0의 뫼비우스의 띠(Mobius strip)'를 보여주게 되는데, 그 가운데 그의 두 가지 요소, 즉 '0'(nothingness)과 무한대(infinity)가 서로 교환되는 것이다. '0'에 의해 나누어지는 어떠한 숫자는 무한대가 되고, 어떠한 숫자가 무한대에 의해 나누어지면 '0'이 된다. 찰스 세이프(Charles Seife)는 말하기를 "'0'은 강력하다. 왜냐하면 무한대의 쌍둥이이기 때문이다."[29]

그리스의 기하학과 인도의 산술

우리의 숫자시스템의 기원이 분명치 않다 할지라도, 그의 발명 또는 발견이 고대 인도의 풍요로웠던 특정한 숫자적 · 철학적 추세에 의존한다는 것은 명백하다. 플로리안 카조리(Florian Cajory)는 그의 저서 「수학의 역사(*History of Mathematics*)」에서 인도 수학자들이 우리 시대의 과학에 관여하는 범위는 놀랄 정도라고 하였다. 현시대의 산술적 대수의 형태와 정신 모두는 기본적으로 인도식이지 그리스식은 아니다.[30] 인도 IT 산업은 '0'의 발명으로 인도를 브랜딩함으로써 글로벌 문화 네트워크에 대한 가장 결정적인(그리고 단연코 비서구적인) 기여를 서서히 확대해 왔다.

수학의 역사에 관한 대부분의 문헌은 모든 지적 혁신이 고대 그리스에 뿌리를 둔다고 가정하는 서구적 편견을 가진다. 왜 서방의 두 위대한 전통 문명(그리스와 로마)에 '0' 부호의 흔적이 없느냐라는 의혹은 상당한 관심을 불러일으킨다. 이에 대한 보다 솔직한 의견 가운데 하나로서 바로우(Barrow)의 말을 인용하자면, "위대한 '0'의 신비는 그리스조차 놓쳐버린 것이다."[31]

이러한 간과의 가장 직접적인 이유는 고대 그리스에서는 숫자가 측정과 연계되었다는 사실이다. 보다 정확하게, 일반적인 연산이 형편 없는 물질주의 노예들에게 남겨진 반면 철학가와 정치가들은 형태 및 규격에 대해 고심하였다. 이러한 특정한 수학적 과학에 대한 플라톤 학파의 존경은 소크라테스가 그의 노예들에게 형체의 이상적인 성격을 증명하기 위하여 사각형의 측정을 사용했을 때의 대화기록에 분명히 나타난다. 또한 플라톤 학술원의 출입문에 낙인 되었던 "기하학을 알지 못하는 자는 누구라도 이곳에 드나들 수 없다"라는 문구에서 보다 뚜렷해진다. 그리스인들은 숫자와 그들이 나타내는 형체 간의 약간의 차이를 보게 됨으로써 사각형과 삼각형 숫자에 대해 다소간의 특유한 호감을 가지게 되었다. 고대 그리스인들로 하여금 기하학의 장인들이 되게 한 것은 숫자와 형체의 등가성이다. 그러나 이러한 등가성은 심각한 결점을 가지고 있었는데, 그 누구도 숫자로서 '0'을 다루지 못하게 한 것이다. 결국 '0'은 어떤 형태란 말인가?[32]

'그리스 기하학주의'가 그리스의 도시국가에서 출현했던 초험적(transcendent)인 것과 이상주의자의 철학에 긴밀히 연계되어 있다고 철학자 들뢰즈(Deleuze)와 가타리(Guattari)는 주장한다. 수학을 측정과 연계함으로써 그리스인은 숫자문화를 운영하고 있었으며, 그 숫자는 그의 변화와 이동을 통제하기 위한 즉 국가의 시공간 구조로 수용케하는 자연에 대한 지배력을 얻도록 하는데 쓰인 것이다.[33] 「기하학 원론 제1권에 대한 논평(*Commentary to the First Book of Euclid's Elements*)」에서 프로클로(Proclus)는 기하학적인 특정 영역과 국가 간의 연계를 분명히 하였는데, 그것은 그들의 영토를 재 측정하는 기원이 되기도 하였다. 이는 나일강의 범람으로 인해 재산 간의 경계선이 변동했던 당시의 그들에게 매우 필요한 것이었다.[34]

들뢰즈와 가타리는 그리스의 기하학주의를 인도-아랍의 산술주의와 상반되게 하였다. 이러한 산술문화는 국가보다는 유목민에 해당되었다. 들뢰즈와 가타리는 산술주의는 측정치로부터 독립된 '평활한 공간'에 속하는 '수치를 부여하는 숫자'와 함께 작용한다고 하였다.[35] 그들은 이러한 매끄러운 공간을 '노모스(nomos)'라 부르며 이를 그리스식 또는 서구식 로고의 외형이라고 주장하였다. 그리스의 기하학주의가 인도-아랍의 산술주의에 반하여, 후자는 로고에 대항할 수 있는 노모스를 수반한다는 것이 분명해진다: 이는 유목민이 산술 또는 대수학을 쓰지 않아서도 아

니고, 산술과 대수학이 강력한 유목민의 영향을 받은 세계에서 발생했기 때문에서도 아니다.[36]

로고와 노모스, 그리고 국가와 유목민 간의 이러한 구별은 들뢰즈와 가타리의 가장 중요한 작품인 「자본주의와 정신분열증(*Capitalism and Schizophrenia*)」을 통해 가능하다. 그러나 우리는 그들이 이루고자 한, 구별을 인식하는 그들의 복잡한 철학에 관여할 필요가 없다. 카조리가 쓰기를 "매우 두드러진 것은 힌두와 희랍인의 마음의 성향 간에 존재하는 차이였다: 희랍인들의 마음은 누구보다 뛰어나게 기하학적인 반면, 인도인들은 산술을 그 무엇보다 우선시하였다. 힌두는 숫자를 다루고 희랍인은 형태를 다룬 것이다."[37]

인도의 숫자문화는 측정과 형태를 숫자와 연계시키는 기하학과 논리학에 기반을 두지 않는 대신 산술능력에 기반을 둔다. 희랍인들과 달리 인도인들은 두 개의 다른 숫자를 곱할 때 평방제곱이나 직사각형의 면적을 떠올리지 않았다. 대신 그들은 숫자의 상호교환을 생각하였다.[38] 숫자들은 기하학적 의미가 제거됨으로써 그들 자신의 긴밀한 특성을 지닌 추상적인 기호로서 사용될 수 있었던 것이다. 숫자는 더 이상 단순하게 물체의 측정에 사용되지 않았고, 마침내 기하학과는 전혀 다른 것이 되었다.[39] 숫자에 열정적인 인도문화는 숫자의 순수한 작용에 기반을 두는 연산에서부터 복잡한 율동적 예술에 이르기까지 일련의 동작들을 개발해냈다.

무(無)의 숭배

공간의 측정을 숫자와 연계시키는 서방의 수학전통은 '0'의 추상적 개념을 받아들이기가 매우 어려웠다. 그러나 '0'이 동방에서 나왔다는 것은 수학적일 뿐만 아니라 철학적이고 종교적인 것이다. 바로우가 쓰기를 "인도에서는 회계원장에 무량(無量) 또는 큰 공란을 표시하기 위한 숫자의 조성이 세계의 어느 곳보다 철학의 큰 부분에 대한 재조정할 필요 없이 취해질 수 있는 한 단계이었다."[40]

'0'의 산스크리트(Sanskrit)어는 쉬야(shunya)인데, 이는 자릿수 기수법보다 아주 오래전부터 존재하였다. 쉬야가 문자로 무효, 또는 공란을 의미하기는 하나[41] 이러한 영어 번역은 그 용어가 가지는 수많은 복잡성을 상실하는 것이다. 조지 이프라가 쓴 「인류의 숫자 역사(*Universal History of Numbers*)」의 부록인 「인도의 숫자 부호 사전(*Dictionary for Indian Numerical Symbols*)」을 보면 '0'에 대하여 다음과 같은 내용을 읽을 수 있다:

1. (우주의) 공간(Shunya). 2. 결핍(Shunya). 3. 무(無)(Shunya). 4. 아무것도 없음(Shunya). 5. 무의미(Shunya). 6. 무시해도 좋을 정도의 미량(Shunya). 7. 무효(Shunya). 8. (작고 둥근) 점(Bindu, Vindu). 9. 구멍(Randhra). 10. 에테르(Ether) 또는 어떠한 것도 꽉 채우는 성분(Akasha). 11. (지구를 둘러싼) 대기(Abrha, Ambara, Antariksha, Nabha, Nabhas). 12. 하늘(Nabha, Nabhas, Vyant, Vyoman, Vishnupuda). 13. 공간(Akasha, Antariksha, Kha, Vyant, Vyoman). 14. 창공(Gagana). 15. 천국의 지붕(Gagana). 16. 광대한 공간(Innuendo). 17. 물위의 항해(Jaladharapatha). 18. 비슈누의 발(Vishnupada). 19. 천정(天頂)(Vishnupada). 20. 풍요(Puma). 21. 완전하거나(entire) 완성되었거나(complete) 끝마쳐진(finished) 상태(Puma). 22. 완전무결(Puma). 23. 본래의 모습(Puma). 24. 달성(Puma).

25. 내세(來世)의 뱀(serpent)(Innuendo). 26. 무한대(Innuendo, Vishnupada).[42]

'0'은 강력한 개념이자 숫자이다. 인도에서 쉰야(또는 우주공간)는 극한 우주 종교적 추세로서 이러한 모든 측면을 신격화한다. 리그 베다(Rige Veda)는 "초창기 신들의 시대에는 '존재'라는 것은 '무(無)존재'로부터 발생했다."고 가르친다. 인도문화는 우리가 이곳에 오기 전에 머물렀던 곳과 다시 돌아가게 될 곳은 모두 '무'이며, 사실 이 두 상태간의 이동은 끝도 시작도 없이 수없이 일어나고 있다고 이야기한다.[43] 세이프가 쓰기를 '무'란 이 세상의 근원지이자, '무'의 성취는 또다시 인류의 궁극적인 목표가 된다는 것이다.[44]

공허, 허무주의, 무, 무의미, 결핍, 그리고 그리스와 라틴 철학의 비존재(nonbeing)의 외생 개념들을 일층 간과함으로써,[45] '0'에 대한 인도의 개념은 보다 풍요롭고, 다양하며, 난해한 의미를 갖게 되었다. 이프라는 다음과 같이 썼다.

> 25가지 형태의 쉰야를 구별함으로써 다음의 것들은 별개의 의미를 나타내게 된다; 무존재, 비존재, 무형, 무출생, 무생산, 무창조; 무존재의 결핍; 무본질적, 무사고, 무물질적; 무본질적의 결핍; 무가치, 결여, 무의미, 아주 적은 가치, 아무것도 아닌 가치의 결여 등....[46]

'0'을 나타내는 기호로는 점, 또는 빈두(bindu, '점'의 산스크리트어)가 있었다. 빈두는 탄트라(Tantric)와 불교 도식의 구조적 형태로 자주 사용되었다. 이프라가 기록한 바대로 "명확하지 않은 형태의 우주신호로서, 결과적으로 세계의 표현으로 변환하기에 앞서 우주의 표현이 되고 있다."[47] 기호의 신비함과 명상수련에의 적용이 비존재의 상태가 어떻게 불교나 힌두교에 의해 활발히 추구되었는지를 보여주는 것이다.[48] 문자 그대로 빈두는 단지 점일 뿐이며 이러한 신비한 얀트라(yantra, 명상할 때 쓰는 기하학적 도형)와 만다라(mandala)들은 이 점을 비창조적 우주의 가상적 에너지의상징으로 해석한다. 베로가 쓰기를 "이러한 움직임에 의해 단순한 점은 선을 그릴 수 있고, 그의 동작에 의해 평면을 생성할 수 있으며, 우리 주변에 모든 3차원 공간을 생성할 수 있다. 빈두는 만물로부터 흐를 수 있는 '무(the Nothing)'이었다."[49]

인도문화는 무(無)로서 '0'을 포용할 뿐만 아니라 이같은 측면에서 무한대를 포용하기도 한다. 찬도기야 우파니샤드(Chandogya Upanishad)에는 "무한대가 있는 곳에 기쁨이 있고 기쁨이 있는 곳에 무한대가 있다."라고 쓰여진다. 산스크리트어에서 '0'을 표현할 때 구어로는 '아난다(Ananda)', 문자로는 '무한대'이다. 인도 신화에서 아난다는 비슈누 왕의 창조물들 사이에 남겨두는 커다란 뱀의 이름이다. 신화적이고 우주적이고 형이상학적인 관점에서, 인도인에게는 시간과 공간 모두에서 '0'과 무한대는 통합되는 것이다.[50]

단일체와 서방

인도에서 수용되고 존중받는 것이 서방에서는 이질적인 것으로 여겨지거나 단호히 적대시되고, 심지어는 추방되기까지 한다. 세이프는 과학과 종교에서의 가장 큰 쟁점은 '무(nothingness)'와 '영원(eternity)', 즉 '결여(the void)'와 '무한대(the infinite)'라고 한다. '0'에 관한 충돌은 철학, 과학, 수학, 그리고 종교의 기반을 뒤흔드는 전쟁이었다. 모든 혁명의 저변에는 '0'과 '무한대'가 있었으며 '0'은 동방과 서방 간의 전쟁의 심장부에 놓여있었다.[51]

서구의 문화와 문명은 일반적으로 유대-기독교인(Judeo-Christian)의 성서적 전통과 그리스의 이성적 철학 간의 통합으로 이해되었었다. 이런 줄기 모두는 그들 각각의 방법으로 강제적으로 '0'을 제거하였고 그 모든 것을 내포하였다. 세이프는 말하기를 "유럽에서 '0'은 추방자였다.[52] '0'은 서방의 기본 철학사고, 즉 '0'에는 서구주의에 유해한 두 가지 개념이 포함되어 있다는 사고와 충돌하였다. … 이들의 위험한 개념들은 바로 '무'와 '무한대'이었다."[53]

그리스인들은 '무'가 '유'가 될 수 있다고 생각하는 논리를 지나치게 존중하고 있었다. 플라톤이 그의 독백 「테아이테토스(*Theaetetus*)」에서 "위대한 파르메니데스(Parmenides)는 수시로 산문과 운문으로 반복되었다: 이러한 사고는 결코 살아남지 않을 것이며, 존재하지 않을 뿐만 아니라, 너의 정신은 이 같은 방식의 탐구로 부터 멀어지게 될 것이다."라고 하였다.[54] 그리스인들은 '1'의 수월성을 지지하고 '무'의 공포로부터 뒷걸음질 치면서 '0'을 분명하게 거부하였다. 제노(Zeno)에서부터 파르메니데스, 아리스토텔레스(Aristotles)까지 이어지는 서구철학은 이같은 '1'의 단위성에 대한 존중에 중심을 두었다. "전 그리스세계는 이러한 지주(支柱) 아래 놓이게 되었다: '무'는 존재하지 않는다. 피타고라스

(Pythagoras), 아리스토텔레스, 프톨레마이오스(Ptolemy)에 의해 조성된 그리스식 우주관은 그리스 문명의 몰락 이후에도 오랫동안 잔존하였다. 그러한 우주에는 '무'와 같은 것은 존재하지 않는다. '0'은 없는 것이다."[55]

마찬가지로, 유대-기독교적 전통에서 '무'는 신(神)에 반(反)하는 것으로 간주되었다. 신이 정의를 내리는 행위(defining act)는 '무'로부터 나오는 것이었다. 따라서 '무'는 신이 없는 상태, 즉 신의 영역 밖에 놓여있는 혼돈과 무질서의 상태이다.[56] 유일신 원칙에 의한 통치는 문화가 신이 내린 명령 이전과 이상에서의 두려움의 영역이 되는 공허와 혼돈의 근원적 공포로 이어진다. '실낙원(Paradise Lost)'의 문구를 인용하면:

> 그들의 눈앞에 별안간 심연의 비밀이 드러났는데
> 그 곳은 길이도 폭도 높이도 없고, 시간도 장소도 사라진 곳이었다.
> 그곳에서 '자연'의 조상들인 '밤'과 '혼돈'이 끝없는 전쟁의 소란 속에서
> 영원한 무질서를 유지하고 있다.[57]

바로우가 쓰기를 "히브리(Hebrew) 전통은 '무(void)'를 신의 행동과 말로 조성된 상태로 여겼다. 이는 달갑지 않은 일련의 함축적 의미들을 지녔다. 이는 후퇴를 위한 상태였으며 가난과 비옥한 땅의 결핍을 의미했다. 또한 신으로부터 격리되고 그의 가호로부터 제외당함을 의미하는 것이었다. 이는 저주였다 …"[58]

기독교인들은 더 나아가 사탄(Satan)과 '0'을 연결시키기까지 하였다. 철학자 라이프니츠(Leibniz)는 텅 빈 공간들과 음산한 황

무지가 '0'에 속하고, 신의 정신과 빛 모두가 '강력한 1'[59]에 속하는 것만은 진실이라고 말한다. 교회로서는 인도의 숫자는 요망하고 악마적인 기질이 있는 것이다.[60] 아퀴나스(Aquinas)는 천지창조를 신의 창조적 변화의 행위에서의 '무'의 전멸로 바라봄으로써 아리스토텔레스파의 '무'에 대한 혐오를 돋운다.[61] 아우구스티누스(Augustine)는 한층 더 나아가 '무'를 악마와 직접적으로 동일시하였다: 이는 신과의 완전한 분리를 의미하는 것으로서, 신의 일부분이자 궁극적인 죄악의 상태에 놓이고 은총의 상태와는 매우 대조가 되는, 실재하는 신이었던 모든 것으로부터의 완전한 상실을 의미한다. '무'는 가장 큰 악마를 상징하였다.[62]

유럽이 동방의 숫자를 수용할 수 있으려면 심도 있는 문화적 변환이 있어야만 했으며 서방은 '공간'과 '무한대'의 존재에 대한 인식을 강제해야만 했으며 근본적인 토대로서 단일하게 시작되지 않는 숫자시스템을 받아들여야만 했다. 세이프는 "'0'은 서방의 기초철학과 충돌한다."고 하였다.[63] 서방에 있어 '0'을 수용한다는 것은 그의 개념적 우주가 파괴되는 것이다.

힌두-아랍 숫자의 확산

기호 '0'에 대한 서방의 근원적인 종교철학적 목적들은 대단히 현실적이다. 인도의 산술은 그리스와 로마의 영숫자시스템보다 단순하였다. 이같이 보다 민주적인 형태의 산술은 수위권(首位權, primacy)과 교회의 권위에 대한 직접적인 도전이었다. 이러한 다소 복잡한 숫자문화의 침투 이전에는 과학과 철학은 교회조직의 통제 하에서 어쩔 수 없이 종교적 교리와 부합되어야만 했으며 신학 수업을 지지해야만 했다.[64] 수학적 예술이 몇몇 사람들에게만 알려졌을 때 그의 권력과 특권을 유지한다는 것은 교회로서는 더욱 쉬운 일이었다.

그러나 교회는 산술에 대한 독점권을 유지하기 위해 투쟁해야만 했다. 8세기 말부터 이슬람세계에 '0'이 도입되어 아랍-이슬람 문화권에 급속하고 광범위하게 확산되었다. 이슬람교와 동양 유대교는 그의 창조 전후에 최초의 혼돈을 구실로 삼아 '0'을 채택할 수가 있었다.[65] 일찍이 기원후(CE) 9세기에 이르러 인도의 '0'은 이 같은 아랍문화의 경로를 통해 스페인을 거쳐 유럽의 문턱으로 가는 통로를 발견하였다.[66]

그러나 '0'과 숫자문화는 또 다른 500년 동안 유럽의 보호벽을 통해 스며들려 하지 않았다. 유럽으로서는 현시대의 새벽은 리차드 라이온하트(Richard Lionheart)가 예루살렘의 벽에 도달했을 때까지 실제로 일어나지 않았다. 기독교 기사와 왕자들은 중동의 내륙지에 그들의 종교와 전통을 심기 위해 노력하였다.[67] 힌두-아랍의 숫자시스템의 확산은, 오늘날 일컬어지는 바대로, 피보나치(Fibonacci)가 리베르 아바치(Liber Abaci, 산술교본)를 출간한 1202년에 크게 지지받았다. 이프라가 쓰기를 "1202년 이후의 추세는 수학자들에 의해 크게 지지받기 시작했으며, 결국 우리는 그 해를 유럽 숫자민주화의 원년으로 기록할 수 있게 되었다."[68]

그러나 새로운 방식에 대한 저항은 쉽게 극복되지 않았다. 고유의 타성(惰性)과 보호주의는 16세기가 훨씬 넘어서까지 주요 상인들에 대한 인도-아랍시스템의 대대적인 소개를 제한하고 있었다.[69]

서방은 새로운 시스템의 교육을 거부했을 뿐만 아니라 그를 제거하기 위한 법률을 통과시켰다. 1299년에 플로렌스(Florence)에서는 '0'의 사용을 금지하는 법안이 통과되었다. 이유는 사기 행위에 대한 우려에서 였다.[70] 이프라는 아래의 일화를 통해 지독히 고약했던 15~16세기 유럽의 산술 상황을 설명한다:

> 아들에게 좋은 실무교육을 시키려 한 부유한 독일인 상인이 유럽의 대학 중 어느 곳이 가장 좋은 교육을 제공할 수 있는지에 대해 전문가와 상담하였다. 그 전문가는 "만일 당신의 아들이 덧셈과 뺄셈을 다룰 수 있기를 원한다면 프랑스나 독일의 어느 대학이든 가도 좋다. 그러나 만일 그가 곱셈과 나눗셈까지 하기를 원하고, 또 그가 그럴 만한 재능을 가지고 있다면 당신은 그를 이태리로 보내야만 할 것이다."라고 하였다.[71]

서방은 약 2천 년 동안 '0'을 거부하였고 그 결과는 처참했다. '0'의 결여는 수학의 성장을 지연시켰고 과학의 창의를 가로막았으며 동시에 달력을 복잡하게 만들었다.[72] 두 번째 천년의 시작에서, 많은 논란과 더불어 모든 사람이 밀레니엄은 실제로 2000년이 아니라 그레고리식(Gregorian) 달력의 MM년임을 인식하게 되었을 때 이 유럽의 수리적 사고의 결핍은 전 세계에 명백히 드러났다. 교황 그레고리 13세가 율리우스력(Julian calendar)의 수정을 명한 1582년에는 단지 정확도만을 추가하였을 뿐 모든 기본요소들인 연대, 숫자, 기념일, 그리고 대부분의 계산시스템은 변경하지 않았었다. 그레고리식 달력도 '0'이란 해를 가지고 있지 않았으며 기원전 1세기부터 기원후 1세기까지 혼란스럽게 이동되었다.

그러나 이것이 지구전체에 분포되고[73] 오늘날 전 세계에서 가장 우세한 시간 등기부로 나타난다 해도 '0' 부호를 포함하지 아니했던 로마제국의 숫자문화로서 작동할 뿐이다.

그레고리식 달력의 예외에도 불구하고, 최근 우리의 달력에 대한 수수께끼가 명백히 드러나는 것을 보았을 때 우리의 숫자문화는 분명 서방의 형태의 것이 아님을 알 수 있다. 세계의 숫자시스템은 결코 서방으로부터 온 것이 아니다. 오히려 서방의 문화적 권위에 의해 적극적으로 방해받고 강압된 것이었다. 존 맥리쉬가 그의 책 「숫자(*Number*)」에 쓴 바대로, 계산의 발달이 고려되는 한 개발의 전체 라인이 유럽의 외부(수마리아, 바빌론, 중국, 인도, 그리고 아랍반도)에 놓여있다 해도 과언이 아니다. 7~15세기의 과학적 부흥에서 아랍에 의해 발굴되기까지 서방 유럽은 수학적 후진국이었다. 원인은 그리스인의 베일에 가려진 전설에 있었다.[74] 세이프는 " '0의 이야기'는 숫자를 측정에민 메어놓음으로써, 그리고 '1'이라는 단위체를 지지함으로써 '무'와 '공간'을 지독하게 거부하며 동방의 사고(思考)를 막으려했던 노력에 그 스스로 실패했던(때로는 난폭했던) 서방세계의 이야기이다.[75]

자본주의, 영(0), 그리고 서방

조셉 콘라드(Joseph Conrad)의 소설 「비밀 첩보원(*Secret Agent*)」의 핵심은 자본주의 생활방식에서 우리의 숫자시스템이 맡는 중심 역할에 대한 깊은 인식이다. 1884년의 런던을 배경으로 한 『비밀 첩보원』의 핵심은 첩보요원인 버록(Mr Verloc)과 그의 상사이자 러시아 앞잡이인 블라디미르(Vladimir) 간의 주요 대화와 관련된다. 블라디미르의 사무실로 소환된 블록은 그의 신임을 얻기 위해서는 영국인들 사이에서 혁명주의자들을 의심하고 부르주아 내 소동을 야기하는 극단주의를 일으키려 했던 일련의 테러리스트 활동을 감시하기 위한 무정부주의자 단체인 '프롤레타리아의 미래(Future of the Proletariat)'와의 유대관계를 이용해야만 한다고 통보받는다. 블라디미르는 이 같은 목적을 달성하기 위해서는 테러리즘의 모든 전통적인 형태를 포기해야만 한다고 주장했다. 충성심이나 종교에 대한 공격은 하지 않을 것이며 암살이 예상되었다. 그들은 확실히 다소간의 공포를 일으키기는 했으나 공공건물에 대한 습격은 광적인 나홀로 행동으로 치부되었다. 블라디미르는 "국립미술관에 대한 폭탄테러는 약간의 소동을 일으킬 뿐, 계획했던 사람들 사이에 동요를 일으키기에는 무리다."라고 인정했다. 버록은 부르주아의 심장을 치기 위해서는 누군가가 '과학과 학문의 수업시간의 충실한 물신(fetish)'[76]에 맞서 공격해야만 한다고 지시받는다. 그의 상사는 자신만의 논리적 설득에 자못 흡족한 듯 "만일 누군가가 순수 수학에 폭탄을 던질 수 있다면 그거야말로 효과적일 것"이라고 말한다.[77]

콘라드의 책은 이 성공적이지 못한 (의사표시로서의) 행위의 잔혹성과 근거없는 우둔함을 조롱하기 시작한다. 이 책은 정치적 타락, 이데올로기의 악(惡), 감정적 반역, 그리고 개인적 슬픔에 관한 이야기이다. 세계문화를 공격하려는 열정적인 마르크스주의 혁명자들은 아마도 가장 열렬한 반(反)세계화 국가들에게조차도 수학을 터무니없는 것으로 보이게 하는 목표를 세워야 했다. 그러나 콘라드의 암시에는 의미심장한 논리가 있는 것이다.

과거의 강력했던 저항에도 불구하고, 오늘날 0에서 9까지의 숫자들은 시간, 돈, 과학, 기술등 자본주의의 핵심요소들에 대한 기호로써 작용한다. 그들은 필적할 수 없는 현대의 '언어'로서, 디지털 컴퓨터의 0들(zeroes)과 1들(ones)로 수렴됨으로써 사이버공간의 근간을 이루는 단계가 되기 시작했다. 현대세계에서 힌두-아랍 숫자들은 우리가 세계어로 삼아야 하는 것에 가장 근접한 언어이다. "인도의 계산시스템은 아마도 이제껏 인간에 의해 개발된 것 중 가장 성공적인 지능 혁신으로서 전 세계에서 받아들여졌다."라고 바로우는 쓰고 있다.[78]

> 숫자의 바벨탑은 없다: 한번 손에 들어오면, 그들은 어느 곳에서든지 동일한 방법으로 이해되었다. 지구상에는 4,000개 이상의 언어가 존재하며 그 가운데 수백 개는 널리 확산되고 있다. 그들을 표현하기 위한 수십 개의 알파벳과 작성시스템도 있다. 그러나 오늘날 숫자를 기록하는 데에는 유일한 단일시스템이 있을 뿐이다. 이 시스템의 기호는 가시화된 에스페란토(Esperanto)의 일종이다: 구어(口語)를 이용하여 서로 의사를 소통할 수 없는 유럽인, 아시아인, 아프리카인, 미국인, 또는 오세아니아인들은 0, 1, 2, 3, 4 등을 사용하는 숫자를 기록할 때 상호간 완벽하게 이해할 수 있다. … 이는 우리의 숫자시스템의 가장 뛰어난 특징 가운데 하나이다.[79]

그러나 기이하게도 숫자시스템의 동질성이나 문화적 제국주의에 관한 어떠한 한탄도 들리지 않는다. 특정 지방의 계산방식을 보호하려는 아우성은 널리 확산되지 않았으며, 우리의 숫자시스템이 영어보다 훨씬 동질적이라할지라도 토착적 숫자를 보존하고자 하는 압력은 미미한 수준에 그친다. 벤자민 바버에 의하면 "개개의 문화는 특정언어를 사용하고 상업과 과학은 영어를 보다 많이 사용하고 있으나, 전 세계는 공통적으로 대수(對數)와 2진법 수학을 사용하고 있다"[80]

이에 대한 이유들은 수수께끼 같기만 하다. 우리가 우리의 언어에 했던 것과같이 우리의 숫자에 대해서는 투자를 하지 않았기 때문인가? 우리의 숫자시스템이 서방으로부터 온 것이 아니라는 이유로 그의 보편성이 조롱받지 않았기 때문인가? 또는 숫자시스템이 통합되지 않은채 작동하는 아마도 비의식적 감각 때문인가? - 즉 그것이 단일체로 시작되지 않았기에 실로 우주화 되지 아니한 것인가?

우리의 숫자시스템은 수천년동안 통신, 교역, 기술적 발전을 위한 네트워크로서 기능해 왔다. 그러나 이는 '1'의 중요성에 대한 포기를 기반으로 조성된 시스템이다. 힌두-아랍 숫자들은 어떠한 핵심 동인에 의해 통제되거나 통합력에 의해 강요받지 않았다. 오히려 어느 특정 영역이나 국가의 독립된 통신네트워크를 설정하는 상인들과 교육자들의 실제적인 필요를 통해 확산된 것이다. 우리의 숫자시스템은 순수 어용론(語用論)을 통해 상업과 기술의 경로들에 영향을 미치고 변환시킨다. 이는 오로지 서방의 힘이 성장했던 이러한 경로들의 요구를 수용함으로써 이루어진다.

오늘날 '0'은 상업, 내비게이션, 공학, 과학과 기술 등 현대 세계화의 핵심 요소들의 중심에 있다. 이들 분야가 '1'에서부터 계산을 시작하지 않는 숫자문화에 놓여있다는 사실은, 어떠한 고도의 단일성에 대한 종속을 거부하는 광범위한 통신의 교역질서를 암시하는 것이다. 중앙이 아닌, 오로지 주변에 있어서 인도의 '0'은 비통합적 네트워크의 모델과, 글로벌 다중성의 진정한 개념적 바탕을 제공하고 있다.

1999년 9월의 뉴델리

학술회의이자 무역전시회인 '인도 인터넷 세계(India Internet World)'가 시내 중심부에 위치한 광활한 전시센터인 프라가티 메이단(Pragati Maidan)에서 개최되고 있다. 인터넷 포털, 소프트웨어 솔루션, 웹사이트, 그리고 e-biz 등을 촉진 진행하는 부스를 설치했던 다수의 회사들 가운데 '원더온라인닷컴(wonderonline.com)'이라는 벤처기업이 있다. 이 회사의 특징은 그들의 홍보 슬로건에서 찾아 볼 수 있는데, 그들의 부스 앞에서 받아볼 수 있는 흑백 인쇄물에는 "spirituality is all about writing smart code(영성은 스마트코드 작성의 전부이다)"라고 쓰여있다.

이는 진행중인 문화의 신호로서 세계시스템의 동질성으로의 동화에 의존하지 않으며, 그렇다고 고대의 전통으로 되돌아가는 것도 아니다. 이는 수동적이거나 반응적인 주변성이라기보다는 이질적이고 예상하기 어려운 새롭고 창의적인 세계문화의 설립에 활발히 참여하는 것이다. 스마트코드의 작성에 정신력을 연결시키는 것은 지역이 항상, 적어도 전적으로 세계화된다는 확신을 내포하는 것이다. 인도, 그리고 인도와 관계 맺는 모두에게 세계화의 미래는 결코 세계의 서방화가 아닌 것이다.

주석

Notes

서 론

01. 일례로, 인도는 1998년 10월에 약 1만 명의 목숨을 앗아간 '초강력 사이클론(supercyclone)'에 의해 초토화되었었다.

02. Gurcharan Das, *India Unbound* (New Delhi, New York: Viking, 2000), p.ix.

03. Ibid., p.346.

04. 'DotKarma' in Cheyl Bentsen and Tom Field, "India Unbound: CIO Field Report", *CIO: The Magazine for Information Executives*, 1 December 2000, p.104.

05. 'The Software Industry in India: A Strategic Review' (New Delhi: Nasscom, 1999), p.3.

06. Ibid, p.188.

07. 1장에서 상세히 논의되는 '현대자본주의' 개념은 혼란스런 산업생활에 잘 적응하지 못하는 한계인구들이 생산적이고 합리적인 외래시스템에

점차적으로, 그러나 냉혹하게 흡수되는 수동적 주변지역을 사전에 추정한다. 오늘날 이 이론은 민족성, 국가주의, 종교관, 그리고 부족 또는 지역성 결합의 깊은 뿌리에 맞서는 현대자본주의라는 보다 저항적인 모델의 사고방식을 수용하도록 성장해왔다. 주변의 시각은 (만일, 적극적이지 않다면) 적어도 민감해지기 시작하였다. 더 이상 순수하게 영향을 받는다는 것이 쉽지 않은 주변인구들은 이제 외부에서 그들에게 부가된 공화력에 대항하는 전통과 정체성에 의존하는 것처럼 보이도록 하는 경향이 있다. 이러한 방법으로 그들은 세계화에 기여하는 한편, 동시에 부정적일 뿐만 아니라 맹렬히 반대하고 있다. 이 책은 세계화의 긍정적 개념이 제안되는 이론들과는 단연 배치된다.

08. V.N. Balasubramanyam, *Conversations with Indian Economists* (London: Palgrave, 2001), p.11. 이러한 태도가 적절히 유발되는 난폭행위는 Shashi Tharoor에 의해 강력히 언급된다.

09. Arvind Singhal and Everett M. Rogers, *India's Communication Revolution: from Bullock Carts to Cyber Marts* (New Dehli: Sage, 2001), p.57.

10. 'India Versus China: How to Bridge the Gap', *Businessworld*, 10 June 2002.

11. Arvind Singhal and Everett M. Rogers, *India's Communication Revolution: from Bullock Carts to Cyber Marts*, p.107~108.

12. 'The Wiring of India', *The Economist*, 25 May 2000.

13. Rekhi는 말을 이었다. "또, 한 가지가 센터의 개방화를 통해 유발되었다. 뉴델리 정부는 대단한 약체였고, 지난 40년을 통치해온 의회당은 부스러기 집합체였다. 지역정당들은 계속발전하고 있었다. … 이 시점에 위성 TV가 들어오게 되었다. … 그 이전에 인도에서 TV는 전적으로 정부의 통제 하에 있었다. 그들은 하나의 통신전파를 내보냈는데,

그것은 두르다샨(Doordarshan)이었다. 인도 전역에 걸친 TV 방영이 시작되자마자 기업가들은 유선 TV를 설립하기 시작하였다. … 이들은 정부가 정보를 통제하지 못하도록 하였다. 지금 인도를 방문하여 TV 토론을 시청한다면, 그들은 대단히 인상적이고 기본수준에서 논쟁을 벌이고 있을 것이다. 내가 인도로 떠나려던 시기에 4,000만의 인구는 어떠한 제약도 없이 생방송을 시청할 수 있었다. 과거에는 불가능한 일이었다." – Kanwal Rekhi와의 개별 면담 (Silicon Valley, 17 June 2002).

14. Allen Hammond and Elizabeth Jenkins. 'Bottom-up, Digitally Empowered Development', *Information Impacts Magazine*, February 2001.
15. Pramod Mahajan, Paper presented at the Hyderabad IT Forum, Hyderabad (22-24 January 2003).
16. Personal interview with Osama Manzar (New Delhi, 2003).
17. C.K. Prahalad, Paper presented at TiEcon, New Delhi (8 January 2003).
18. C.K. Prahalad, *India as a Source of Innovations: The First Lalbahadur Shastri National Award for Excellence in Public Administration and Management Sciences Lecture*, 30 September, 2000, New Delhi (Digital Dividend, 2000 [cited 2 February 2004]); www.digitaldividend.org/pdf/0203ar03.pdf
19. Tom Field, 'Power Point Prophet', *CIO: The Magazine for Information Executives* (1 December 2000), pp.158~64.
20. 'what's Stopping Us? Businessworld Round Table,' *Businessworld*, 17 February 2003.
21. Madamnohan Rao와의 개별면담 (Bangalore, 18 January 2003).

22. Jagdish Bhagwati, 'Why Your Job isn't Moving to Bangalore', *New York Times*, 15 February 2004.

1. 서구사상

01. Ashish Sen과의 개별면담 (Bangalore, 20 January 2003).
02. Mehrotra Raja Ram, *Indian English Texts and Interpretations* (Amsterdam, Philadelphia: John Benjamins Publishing Company, 1998), p.2. – Khushwant Singh이 인용.
03. R. S. Gupta, 'English in Post-Colonial India', *in Who's Centric Now? The Present State of Post-Colonial Englishes*, ed. Bruce Moore (Oxford: Oxford University Press, 2001), p.150.
04. Ibid.
05. Braj B. Kachru, *The Alchemy of English: Tho Spread, Functions, and Models of Non-Native Englishes*, 1st edn, English in the International Context (Oxford [Oxfordshire]; New York: Pergamon Institute of English, 1986), p.1.
06. Ibid. p.14.
07. Barbara Wallraff, 'What Global Language', *Atlantic Monthly* 2000, p.53.
08. Robert MacNeil, Robert McCrum and William Crun, *The Story of English* (London: Faber & Faber and BBC Books, 1992), P.10.
09. Ibid.
10. 라틴어와 그리스어에 앞섰던 이른바 총체적 언어와 같은 영어의 수월성이 결국 퇴조하게 될 것이라고 주장한 자들이 있다. 이들 이론가들은

영어의 수월성이 원어민들의 문화적, 지정학적 힘의 결과임에 동의한다. Samuel Huntington은 그의 매우 저명한 저서인 「문명의 충돌(The Clash of Civilizations)」에서 전 역사에 걸쳐 세계의 언어분포는 세계의 활력분포를 반영한다고 하였다. – Samuel P. Huntington, *The Clash of Civilizations and the Remaking of World Order*, 1st Touchstone (New York: Touchstone, 1997), p.62.

이러한 비전에 따라 미국의 힘이 다른 국가나 문명에 의해 불가피하게 그늘지게 되는 미래의 어느 시점에 영어의 수월성을 상실하게 될 것이다. Huntington은 중국이 세계의 영향력 있는 문명으로서 서방을 대체하게 되는 장래 어느 시점에서, 영어는 세계의 언어적 프랑카로서 만다린에게 길을 열어주게 될 것이라고 예측한다. – Ibid. p.63.

이런 주장에 의심이 가는 여러 가지 이유들이 있다. 그들 중 다수는 후에 논의될 영어의 고유 특성들과 함께 해야 한다. 그러나 역시 생각할 가치가 있는 것은 중국 내에서 일고 있는 영어에 대한 대단한 역동성과 해외에 있는 수많은 차세대 중국인들이 자신들에게 지나치게 어렵다고 느끼는 모국어보다 영어를 선호하고 있다는 사실이다.

11. Braj B. Kachru, *The Other Tongue: English across Cultures* (Urbana: University of Illinois Press, 1982), p.3.
12. Arjya Sircar, 'Indianization of English Language and Literature', in The Glory and the Grief, R.S. Pathak, ed (New Delhi: Babri Publications), p.73.
13. Benjamin Barber, *Jihad vs McWorld: How Globalism and Tri-balism are Re- shaping the World* (J. Ballantine Books, 1996), p.84.
14. Samir Amin, *Eurocentrism* (New York: Monthly Review Press, 1989), p.105.

15. Max Weber, 'The Social Psychology of World Religions', in *From Max Weber*, ed. H.H. Gerth and C.W. Mills (New York: Oxford University Press, 1946), p.269.

16. Weber의 주장대로, 청교도가 자본주의의 발생원인 또는 자본주의적 생활이라고 예측하는 것은 실수일 수도 있다. 그는 "경제적 윤리는 종교에 의해 결정되지 않는다. 세계의 인간 형태적 측면에서 종교 또는 다른 '내적' 요소에 의해 결정되는 경제적 윤리는 물론 자율성이 높게 측정되는 것이다. 경제적 지리와 역사에 주어진 요소들은 최고수준의 자율적 측정을 결정짓는다. 그러나 생활방식에 대한 종교적 결정은 경제적 윤리의 결정치들 가운데 오로지 하나에 불과하다." – Max Weber, *The Protestant Ethic and the Spirit of Capitalism*, trans. Talcott Parsons (New York: Charles Scribner's Sons, 1958), p.268.

17. Max Weber, From Max Weber: *Essays in Sociology*, ed. H.H. Gerth and C. Wright Mills (New York: Oxford University Press, 1946), p.290.

18. Ibid., p.148.

19. Ibid., p.289.

20. Weber, *The Protestant Ethic and the Spirit of Capitalism*, pp.113~114.

21. Weber, *From Max Weber: Essays in Sociology*, p.290.

22. Weber를 인용하자면: 내적인 금욕주의에서, 종교적으로 자격을 얻은 인간의 은총과 선택 받은 신분은 일상생활에서의 그들 자신을 입증한다. 확실한 것은 이들이 주어진 일상생활에서 뿐만 아니라, 신에 대한 봉사에서 평일의 통상활동에서도 방법론적이고 합리적으로 이루어진다는 것이다. 합리적으로 소명 내에 상승됨으로써, 일상의 품행은 은총의 상태를 입증하기 위한 궤적이 된다. – Ibid., p.291.

23. 변증법의 세 가지 법칙, 즉 양을 질로 변환시키거나 질을 양으로 변환시키는 법, 반대의 침투에 대한 법, 그리고 부정의 법칙은 마르크스주의자에게 이러한 순서에 대한 과학적 기반을 제공한다. – *Reader in Marxist Philosophy*, ed. Howard Selsam and Harry Martel (New York: International Publishers, 1980), pp.122~123.

24. Karl Marx, *A Contribution to the Critique of Political Economy*, trans. S.W. Ryazanskay (Moscow: Progress Publishers, 1970), p.21.

25. Joseph Alois Schumpeter, *Ten Great Economists, from Marx to Keynes* (New York: Oxford University Press. 1951), p.13.

26. Engels, *The Essentials of Marx: The Communist Manifesto*, p.32.

27. Karl Marx, *Capital*, trans. Eden and Cedar Paul (London: George Allen & Unwin Ltd, 1928), p.377.

28. Ibid.

29. Ibid.

30. Marx가 Engels에게 보낸 편지를 Shlomo Avineri가 옮김. – *Karl Marx on Colonialism and Modernization: His Dispatches and Other Writings on China, India, Mexico, the Middle East and North Africa* (New York: Doubleday, 1968), p.451.

31. Marx, *Capital*, p.379. – Marx의 아시아에 대한 논의의 또 다른 주요 특성은 공익사업의 정부통제와 관련된다. 이 문제는 '동양적 독제정치'라는 관념의 중심에 놓이게 되며, Karl Wittfogel의 업적에 의해 아주 상세히 다뤄진다.

32. 우리는 Marx가 여기서 Hegelian의 편견에 대한 유물론적 기반을 제공하고 있다고 주장한다. Hegelian을 인용하면 "한편에서 우리는 기간, 안정성에서, 제국은 비역사적 역사인 것과 같이 단순히 공간에 속

해 있음을 알게 된다." 그들 자신의, 또는 그들의 존재원리에 있어 어떠한 변화도 택하지 않는 문제의 국가들이 서로를 향한 그들의 위치를 상시적으로 변화시키고 있다. 급속한 파괴를 가져오는 쉴 새 없는 분쟁에 놓여있다. 이런 역사는 또한 대부분 비역사적이고 동일한 주권적 파괴의 반복 때문이다. – Georg Hegel, *Philosophy of History* (New York: Dover Publications, 1956), pp.105~106.

33. Karl Marx, 'The Future Results of British Rule in India', *New York Daily Tribune*, 8 August 1853. – 아시아형의 생산에 대한 비역사적 특성의 이러한 주장은 Marx의 식민주의 분석에 기이한 복잡성을 더해 준다. 일면, Marx는 자본주의의 종합적 추세를 개탄하기는 하나, 역사적 유물론주의의 원칙은 그가 식민주의를 필요악으로 보도록 강요 받은 것이다. 자본주의는 오로지 전 지구적 포섭에 의해서만이 내부적으로 변화할 수 있다. 따라서 Marx에 의하면, 영국의 상업은 인도 공동체에서의 혁명적인 영향을 부여하였다. 생산적 식민주의 수준에서 변화를 강요함으로써 인도 땅에서 이제껏 일어났던 첫 번째 사회혁명을 가져오게 하였고, 인도사회에 최초의 역사적 변동의 역동성을 불어넣은 것이다.

34. Engels, *The Essentials of Marx: The Communist Manifesto*, p.34.

35. Ibid., p.36.

36. Karl Marx, *Grundrisse: Foundations of the Critique of Political Economy* (New York: Vintage Books, 1973), p.646.

37. Marx, *Capital*, p.863.

38. Baran A. Paul and E.J. Hobsbawm, "The Stages of Economic Growth: A Review", in *The Political Economy of Development and Underdevelopment*, ed. Charles K. Wilber (New York: Random House, 1973), p.9.

39. Terence Hopkins et al., 'Patterns of Development of the Modern World-System', in *World-Systems Analysis: Theory and Methodology*, ed. Immanuel Wallerstein and Terence K. Hopkins (London: Sage Publications, 1982), p.279.

40. Amin, *Euro-centrism*, p.71.

41. Immanuel Maurice Wallerstein, *The Capitalist World-Economy: Essays, Studies, in Modern Capitalism* (Cambridge [England]; New York: Cambridge University Press, 1979), p.19. - 그러나 이 개념은 Marx로부터 직접 전승된 것이며, "'아메리카에서의 금과 은의 발견, 원주민 말살과 노예화, 그리고 광산에서의 매장, 동인도에 대한 정복과 탈취의 시작, 아프리카를 상업적인 흑인 사냥터로 만든 것 등은 자본주의 생산 시대의 여명을 알린 것이다."로 유명한 Marx의 문장에 남아있다.

42. Terence Hopkins and Immanuel Maurice Wallerstein, *World-Systems Analysis: Theory and Methodology, Explorations in the World-Economy*', V.1(ed. Immanuel Wallerstein and Terence K. Hopkins (London: Sage Publications, 1982), p.279.

43. 전 세계적인 자본주의의 확장이 그의 동반자 가운데 하나인 극도의 불평등에 의해 수반되었다는 자명한 사실에 누구도 반론을 내세우지 않는다. 그러나 이런 일련의 사건들의 결과가 대부분 추적방식의 과정을 늦추게 하는 여러 가지 불리한 내부요소에 기인하는 것인가? 아니면 이러한 불평등이 자본주의 확장 그 자신의 산물이며 이러한 시스템의 기조를 초월하는 것은 불가능한 것인가? - Amin, *Eurocentrism*, p.109.

44. Ibid., p.107.

45. Ibid., p.75.

46. Gurcharan Das, *India Unbound* (New Delhi, New York: Viking, 2000), p.74.

47. Terence K. Hopkins, 'The Study of the Capitalist World Economy: Some Introductory Considerations', in *World Systems Analyses: Theory and Methodology*, ed. Terence, K. Hopkins and Immanuel Maurice Wallerstein, *Explorations in the World-Economy*; V. 1 (Sage Publications, 1982), p.13.

48. Daniel Yergin and Josheph Stanislaw, *The Commanding Heights: The Battle for the World Economy* (New York: Simon & Schuster), p.71.

49. Das, *India Unbound*, p.86.

50. Ibid., p.126.

51. Daniel Yergin and Josheph Stanislaw, *The Commanding Heights: The Battle for the World Economy*, Rev. and Updated edn (New York: Simon & Schuster), p.53.

52. Ibid., p.59.

53. Das, *India Unbound*, p.170. – Jawaharlal Nehru의 인용.

54. Ibid., p.90.

55. 이 문구는 1922년 11월에 상트페테르부르크에서 열린 제4회 공산당 인터내셔널 전당대회에서 레닌이 연설한 내용 가운데 옮겨온 것이다. – Daniel Yergin and Joseph Stanislaw, *The Commanding Heights: The Battle for the World Economy*, p. xii.

56. Das, *India Unbound*, p.157.

57. Ibid., p.158.

58. Daniel Yergin and Joseph Stanislaw, *The Commanding Heights: The Battle for the World Economy*, p.90.

2. 개막

01. Susan Sontag, 'The World as India', *Times Literary Supplement*, 6 June 2003; http://www.the-tls.co.uk/
02. Ibid.
03. Ibid.
04. 'Outstanding to India: Back Office to the World', *Economist*, 5 May 2001.
05. Ibid.
06. Apratim Barua, 'Cyber-Coolies, Hindi and English; Letter', *Times Literary Supplement 2003*; http://www.the-tls.co.uk/
07. Harish Trivedi, 'Cyber-Coolies, Hindi and English; Letter', *Times Literary Supplement*, 27 June 2003; http://www.the-tls.co.uk/
08. Ibid.
09. Ibid.
10. Harish Trivedi, 'Cyber-Coolies, Hindi and English; Letter', *Times Literary Supplement*, 27 June 2003; http://www.the-tls.co.uk/
11. Trivedi, 'Cyber-Coolies, Hindi and English; Letter'.
12. Barua, 'Cyber-Coolies, Hindi and English; Letter'.
13. Ibid.
14. Ibid.
15. Ibid.
16. Trivedi, 'Cyber-Coolies, Hindi and English'.
17. Ibid.
18. Ibid.

19. Ibid.

20. Gurcharan Das, 'Cyber-Coolies, Hindi and English; Letter', *Times Literary Supplement*, 12 September 2003; http://www.the-tls.co.uk/

21. Ibid.

22. Ibid.

23. Ibid.

24. Joshua A. Fishman, 'The New Linguistic Order', in *Globalization and the Challenges of a New Century: A Reader*, ed. Howard D. Mehlinger, Patrick O'Meara and Mathew Krain (Bloomington: Indiana University Press, 2000), p.436.

25. Braj B. Kachru, *The Indianization of English: The English Language in India* (Delhi; New York: Oxford, 1983), p.19.

26. R.S. Gupta and Kapil Kapoor (eds), *English in India: Issues and Problems* (Academic Foundation, 1991), p.15.

27. Ibid., p.36.

28. Braj B. Kachru, *The Alchemy of English:The Spread, Functions, and Models of Non-Native Englishes*, 1st edn, *English in the International Context* (Oxford[Oxfordshire]; New York: Pergamon Institute of English, 1986), p.7.

29. 어떠한 인도의 토착어도 추월하는 영어의 우수성에 대한 식민주의적 신뢰는 유럽의 어느 훌륭한 도서관의 책장 하나가 전 인도와 아라비아의 원주민의 문헌만큼의 가치가 있다는 마카레이의 자주 반복되는 주장에 의해 요약된다.

30. Ibid., p.6.

31. 이 견해는 Charles Grant가 인도에서의 언어와 교육에 관한 첫 번째

공식 청사진을 준비한 1792년 초에 분명히 제시되었다. 그의 보고서는 특히 대영제국의 아시아적 주체 가운데서의 사회상태, 그리고 그의 개선에 도덕성(Morals)과 방안(Means)에 관한 제목이 있었다. 이 청사진은 서방 교육제도의 교육수단을 인도에 소개되도록 하기 위해 영어를 필요로 하였다. 또한 통치자와 피통치자 간의 용이한 통신을 위해 정부의 공식 언어로서 영어가 채택되어야 한다고 제안하기도 하였다. Grant는 세 가지 중요한 목표를 요약하였는데, (1) 종교: 이런 지식을 어디에서 얻어지든지 간에, 나무와 석조의 괴물들로 이루어진 모든 천하고 타락한 신들에 대한 우상숭배는 … 사라질 것이다. (2) 상업: 교육이나 변환 작업의 진행과정에서, 우리는 또한 인도를 방문하는데 본래의 계획을 이용할 것이고, 그 계획은 여전히 우리의 상업적 확장이 이루어지는 이 국가에게도 중요한 것이 된다. (3) 정치: 교육을 통해 인도인들은 통치자와 보다 가까이 할 수 있을 것이다. 성서의 가르침은 그들이 충성되게 남을 것임을 보장할 것이다. – Gupta (ed.), *English in India Issues and Problems*, p.31.

32. ibid., p.32.
33. ibid., p.46.
34. Archana S. Burde and N. Krishnaswamy, *The Politics of Indians English* (Oxford: Oxford University Press, 1998), p.13.
35. Arjya Sircar, 'Indianization of English Language and Literature', in *The Struggle with an Alien Tongue: The Glory and the Grief: Indianization of English Language and Literature*, ed. R.S. Pathak (New Delhi: Babri Publications), p.64.
36. Kachru는 "비원어민들은 영어를 서방화로의 인도에 필수적인 악영향을 주는 것으로 간주하지 말아야 한다. 남아시아와 남아프리카에서 자유를 향한 투쟁에서 대규모 지식인들의 동원과, 그리고 국가주의 개발

에 대한 영어의 역할이 지나치게 강조되었다고 할 수는 없다"라고 하였다. – Braj b. Kachru, *The Other Tongue: English across Cultures* (Urbana: University of Illinois Press, 1982), p.51.

37. Robert MacNeil, Robert McCrum and William Crun, The Story of English (London: Faber & Faber and BBC Books, 1992), p.33.

38. William Richter, 'The Politics of Language in India' (PhD Dissertation, University of Chicago, 1968), p.49.

39. Gandhi와 Nehru 모두는 영어를 인도의 국가언어가 되기에 가장 적절한 토착 언어인 힌두스탄어(Hindustani)로 대체하기 위해 애썼는데, 이는 힌두어와 우르두어(Urdu)를 통합하고 힌두와 무슬림 간의 연합력이 될 수 있는 언어였다. 1925년에 그들은 국회에서의 공식 변론으로 힌두스탄어를 채택하였다.

40. Mehrotra Raja Ram, *Indian English Texts and Interpretations* (Amsterdam, Philadelphia: John Benjamins Publishing Company, 1998), p.5.

41. Tulsi Ram, *Trading in Language: The Story of English in India* (New Delhi: GDK Publications, 1983), p.5. – Gandhi의 인용.

42. David Crystal, *English as a Global Language* (Cambridge, England; New York: Cambridge University Press, 1997), p.114.

43. Gupta and Kapil Kapoor (eds) *English in India Issues and Problems*, p.130.

44. Ram, *Indian English Texts and Interpretations*, p.6.

45. Richter, 'The Politics of Languages in India', p.28.

46. Ram, *Indian English Texts and Interpretations*, p.1.

47. Ram, *Trading in Language: The Story of English in India*, p.275.

48. Jyotindra Dasgupta, *Language Conflict and National Development*:

Group Politics and national Language Policy in India (Berkeley: University of Berkeley Press, 1970), p.162.

49. 힌디에 대한 공격 가운데 어느 것도 영어 지지자들에 의해 시작된 것처럼 열렬하지는 않았다. 유명한 앵글로-인디안 지도자인 Frank Anthony는 남부에서 개최된 주요 언어회의에 참석하여 힌디들에게 반복적으로 새삼 경고하였다. 그는 새 힌디들이 국가의 반동적이고 반계급적인 모두의 상징이라고 하였다. 오늘날 새 힌디들은 지방자치주의의 상징이 되었다; 이는 종교와 언어에 대한 맹목적 애국주의의 상징이자, 가장 최악의 억압된 소수언어의 상징이다. – Ibid., p.193.

50. Ibid., p.192.

51. Ibid.

52. Ibid., p.227.

53. Ibid., p.237.

54. MacNeil, *The Story of English*, p.367.

55. Gurcharan Das, India Unbound (New Delhi; New York: Viking, 2000), p.98.

56. Yergin, *The Commending Heights: The Battle for the World Economy*, pp.214~215.

57. Ibid.

58. Das, *India Unbound*, p.94.

59. Kailash Joshi는 인터뷰에서 다음과 같이 그 과정을 설명하였다. "인도에서 현존하는 산업 가운데 대규모 산업체들은 잘 운영되고 있었다. 이곳에는 큰 시장이 있는데 그들은 불량제품이라도 생산하고 판매하며 호황을 누렸다. 그러고 나서 그들은 정치가들과 관리들과 함께 하였다. 이들 셋은 말했다. '이봐, 우리는 매우 잘 나가고 있다. 우리들만으로 이 기업가 정신을 제한하는 것이 어떤가? 여기서 좀 즐겨보자. 너희들

은 너희가 만든 불량품을 팔아라. 그리고 우리들의 선거와 관리를 위해 충분한 돈을 지불하라' 여기에는 어떠한 부패가 있을 수 있다. 따라서 그들은 이 몫을 가지게 되고 그의 주변에서 맴돌게 하는 것이다." - Kailash Joshi와의 개별면담 (Silicon Valley, 17 June 2003).

60. 통계치는 세계은행(World Bank) 웹사이트 http://www.worldbank.org/data 에서 확인 가능.

61. Sonia Gandhi는 1997년까지 국민회의파(the Congress Party)의 입당을 거부하다 1998년에 당의장이 되었다.

62. Das, *India Unbound*, p.214.

63. Ibid., p.213.

64. Ibid., p.215.

65. Yergin, *The Commanding Heights: The Battle for the World Economy*, p.221. - Singh의 인용.

66. Ibid., p.219

67. Das, *India Unbound*, p.216.

68. Ibid., p.219.

69. 'A Celebration of Freedom', *Businessworld*, 10 January 2000, p.70.

70. Archana Burde and Krishnaswamy, *The Politics of Indians' English*, p.38.

71. Ram, *Trading in Language: The Story of English in India*, p.48.

72. V.N. Balasubramanyam, *Conversation with Indian Economists* (London: Palgrave, 2001), p.49.

73. V.K. Gokak, English in India: Its Present and Future (New York: Asia Publishing House, 1964), p.5.

74. Richter, 'The Politics of Language in India', p.133에서 Nehru가

인용.

75. MacNeil, *The Story of English*, p.33.

76. Ram, *Indian English Texts and Interpretations*, p.8.

77. 유니코드란, ASCII를 대체하기 시작한 세계의 다양한 언어의 대부분을 처리할 수 있는 부호화기법으로서 전 세계의 표준이 되고 있다.

78. 전통적인 ASCII는 7비트 코드로 형성되어 있어 128자만을 표시할 수 있으나 확장된 ASCII는 8비트 시스템으로서 256자를 나타낼 수 있어 다소간 유연성을 가지고 있다.

79. 영국대사관 웹사이트의 FAQ에서 발췌; http://www.britishcouncil.org/english/engfaqs.htm

80. 통계치는 글로벌 리서치(Global Research) 웹사이트 http://www.glreach.com/globstats/index.php3 에서 확인 가능.

81. 통계치는 글로벌 리서치(Global Research) 웹사이트 http://global-reach.biz/globstats/refs.php3 에서 확인 가능.

3. 동방의 영향

01. 하이테크(Hi-Tech) 도시란 하이데라바드의 정보, 기술, 공학, 컨설팅 도시를 일컬으며, 80%의 지분을 보유한 Larsen & Toubro의 유한회사(L&T)와 Andhra Pradesh의 Industrial Infrastructure Corporation Ltd.의 공동투자로 이루어졌다. 하이테크 도시는 '최우수 현대기술도시'로 소개되고 있다. 이는 12년의 기간 동안 개발될 예정이며, 계획은 기본적으로 500만 스퀘어 피트의 토지를 필요로 하고, 전자, 컴퓨터 소프트웨어/하드웨어 공학과 컨설팅, 은행, 재무서비스 등의 시설이 갖추어 질 것이다.

02. Mircea Eliade, *Yoga: Immortality and Freedom* (princeton: Bollingen, 1969), p.19.

03. Sam Pitroda, Paper presented at the TiEcon, New Delhi (8 January 2003).

04. Rajat Gupta, Paper presented at the TiEcon, New Delhi (8 January 2003).

05. 'What's Stopping Us? Businessworld Round Table', *Businessworld*, 17 February 2003.

06. C.K. Prahalad, Paper presented at the TiEcon, New Delhi (8 January 2003).

07. 2004년 초, 이것이 발생되기 시작한다는 신호가 있었다. 2004년 1월에 이코노미스트지는 인도의 GDP가 8.4% 성장했다는 기사를 실었다. – 'Emerging-Market Indicators', *The Economist*, 17 January 2004.

08. Daniel Yergin and Joseph Stanislaw, *The Commanding Heights: The Battle for the World Economy* (Rev. and updated edn) (New York: Simon & Schuster, 2002), p.220.

09. 이는 인터넷과 더불어 가장 분명히 될 것이며, 수직 또는 역사적 비율에 대한 수평적 확산을 대신하게 되는 문화적 교류에 대한 새로운 현대화를 소개하게 된다.

10. '웹 마켓(Web Markets)'이란 신선하고 흔히 살아있는 음식재료를 판매하는 아시아의 생동적인 시장을 말한다.

11. Tharman Shanmugaratnam, Paper presented at the Hyderabad IT Forum, Hyderabad (22–24 January 2003).

12. 이코노미스트지로부터 인용: 수십 년 동안 사람들은 아시아의 경제적 기적을 이야기해 왔는데, 그들이 실제 의미하는 것은 동아시아이다. –

'Let It Shine', *The Economist*, 21 February 2004.

13. Patwardhan은: 인도의 지식층들이 그들의 인접국가와 비교하여 서방과의 상당한 친숙도가 때때로 마음을 대단히 심란케 한다. 내가 어떻게 우리가 그토록 오랫동안 그러할 수 있는지를 의미하는 것인가? 나는 우리와 종교적, 문화적 교류를 수천 년 동안 가져온 방콕과는 매일 항공노선이 없고, 봄베이에서부터 아삼(Assam)까지는 먼 거리로 느껴지는데 반해, 유럽의 도시들과는 매일 6회의 노선을 가지고 있다는 사실이 불합리하게 느낀다. – Anand Patwardhan과의 개별면담 (Mumbai, 6 February 2003).
14. Ibid.
15. Kanwal Rekhi와의 개별면담 (Sillicon Valley, 17 June 2002).
16. Madamnohan Rao와의 개별면담 (Bangalore, 18 June 2003).
17. Ibid.
18. Kanwal Rekhi와의 개별면담.
19. 'What's Stopping Us? Businessworld Round Table', *Businessworld*, 17 February 2003.
20. V.N. Balasubramanyam, *Conversation with Indian Economists* (London: Palgrave, 2001), p.127.
21. Jean Dreze and Amartya Sen, *India Development and Participation* (New Delhi: Oxford University Press, 2002) p.114.
22. Gurcharan Das, *India Unbound* (New Delhi: New York: Viking, 2000), p.25.
23. Jean Dreze and Amartya Sen, *India Development and Participation*, p.115.
24. 통계수치들은 'India Versus China: How to Bridge the Gap', *Businessworld*, 10 June 2002와 인도 NGO인 I-watch에 의한 보고

서 'Wake up India' (Mumbai: I-watch, 2002)에서 발췌; www.india.watch.com.

25. 장기적 추세의 시작을 알리는, 8%를 웃도는 2004년도 인도의 성장률은 불분명한 채로 남아있다.

26. Joanna slater, 'In the Zone', *Far Eastern Economic Review*, 8 May 2003.

27. Niranjan Rajadhyaksha, 'Culture Matters', *Businessworld*, 19 March 2001.

28. Pitroda.

29. Niranjan Rajadhyaksha, 'The Chinese Opportunity', *Businessworld*, 17 February 2003.

30. Ibid.

31. 'China Crises', *The Economist*, 7 June 2003.

32. Sunil Mehta와의 개별면담 (New Delhi, 13 January 2003).

33. Das, *India Unbound*, p.25.

34. Yergin, *The Commanding Heights: The Battle for the World Economy*, p.213.

35. Jean Dreze and Amartya Sen, *India Development and Participation*, p.142.

36. R.S. Shah, Paper presented at the TiEcon, New Delhi (8 January 2003).

37. Gurcharan Das, *The Elephant Paradigm: India Wrestles with Change* (New Delhi: Penguin, 2002). p.ix.

38. 'What's Stopping Us? Businessworld Round Table', Businessworld, 17 February 2003.

39. Tavleen Singh, 'A Freedom Foiled', *India Today*, 27 May 2002.

40. Das, *India Unbound*, p.213.

41. Ibid.,

42. Ibid.,

43. 어느 정당이 개혁으로부터 이득을 얻는다면 이는 BJP가 될 것이다. 왜냐하면 개혁기간 동안 권력을 쥐고 있으면서 사람들의 일상과 가장 분명한 영향을 주어왔기 때문이다.

44. Ibid., p.213.

45. 2004년도 선거에서 Chandrababu Naidu의 패배는 민주주의와 경제성장 간의 관계에 관한 의문을 가일층 격화시켰다. 보다 상세한 내용은 아래를 참조: Anna Greenspan, *Taxed by Democracy*? in Tech Central Station (2 June 2004); http://www.techcentralstation.com/advertising-sky.htm

46. Editorial, 'Dr Politics and Mr Economics', *Businessworld*, 4 September 2000, p.72.

47. Eria Zwingle, 'World Cities', *National Geographic*, November 2002.

48. Ibid., p.95.

49. Ibid.

50. Ibid.

51. 개인 교신

52. *Businessworld*, 25 October 1999. – Naldu의 인용.

53. Zwingle의 글은 내셔널지오그래픽의 기고문에서 계속된다. "만일 이 방문이 오직 거센 에어컨 바람을 위한 것이라면 약간의 수수료의 가치는 있을 것이다. 사무실은 가득 채워졌다. 처음 두 시간 동안의 업무에서 센터 전체의 직원들은 140만 루피에 해당되는 업무처리를 진행시켰다. 또 다른 8시간은 열게 될 것이다." – Zwingle, 'World Cities'

54. Ibid.

55. 이 주제는 7장에서 보다 상세히 다뤄질 것임.

4. 한계자본주의

01. TiE는 이제 보다 개방적이고, 윤리적으로 덜 영향을 받는 표어를 사용 한다: 재능, 아이디아와 기업. 이는 8장에서 보다 상세히 논의 될 것이다.

02. AnnaLee Saxenian, *Silicon Valley's New Immigrant Experience* (California: Public Policy Institute of California, 1999), p.10.

03. Anthony Spaeth, 'The Golden Diaspora', Time, 19 June 2000.

04. Saxenian, *Silicon Valley's New Immigrant Experience*, p.10.

05. H1-B 비자는 해당 지방의 신청자로는 채워 질수 없는 특수 업종들을 위해서 주어전다.

06. 이민국에 따르면, H1-B 전문가듬의 절반가량이 인도인이며, 이들 직종의 최소한 50%는 프로그래밍이나 시스템 분석과 관련되어 있다. 인도로부터의 유입되는 H1-B 작업자들 숫자는 미국 전체 인도 인구를 1,700만 명까지 증가시켰다. – Lavina Melwani, *Back2bangalore* (www.littleindia.com, 2001 [cited 9 March 2004]); http://www.littleindia.com/India/July2001/B2B.htm.

07. 지난 10년 동안 인도의 인구는 여러 기술허브들, 예컨대 버지니아주의 패어팩스(Fairfax) 카운티, 매사추세츠주의 미들섹스(Middlesex) 카운티, 그리고 마이크로소프트사의 본부가 위치한 워싱턴주의 킹(King) 카운티보다 배가되었다. – Rachel Konrad, *Chasing the Dream* (News.Com, 2001 [cited 3 February 2004]); http://news.com.com/2009-1017_3-270647.html.

08. Saxenian, *Silicon Valley's New Immigrant Experience*, p.v.

09. Ibid., p.viii.

10. 'E-Billionaires', *New Indian Express*, 18 September 1999.

11. Vidya Viswanathan, 'Indian Internet Mafia', *Businessworld*, 24 May 1999.

12. Spaeth, 'The Golden Diaspora'.

13. *Angel Investor News*는 엔젤투자자를 가리켜 훨씬 전통적인 투자로부터 얻게 되는 것보다 고도로 높은 수익을 추구하는 사업에 투자하는 개개인으로 정의한다. 일반적으로 벤처 자본가가 제공할 수 있는 재정 지원수준을 비즈니스가 필요로 하는 점으로 비즈니스의 자기 자본단계로부터 다리를 놓게 된다. – http://www.angel-investor-nes.com/glossary.htm

14. Max Weber, *Max Weber on Capitalism, Bureaucracy and Religion*, ed. Stanislav Andreski (London: George Allen & Unwin, 1983), p.158.

15. Ibid., p.115.

16. Max Weber, *The Protestant Ethic and the Spirit of Capitalism*, trans. Talcott Parsons (New York: Charles Scribner's Sons, 1958), p.182.

17. Karl Marx and Frederick Engels, *The Essentials of Marx: The Communist Manifesto* (New York: Vanguard Press, 1926), p.31.

18. Max Weber, *From Max Weber: Essays in Sociology*, eds H.H. Gerth and C. Wright Mills (New York: Oxford University Press, 1946), p.216.

19. Ibid., p.228.

20. Ibid., p.214.

21. Joseph Alois Schumpeter, *Capitalism, Socialism, and Democracy*, 2nd edn (New York, London: Harper & Brothers, 1947). p.206.
22. Weber, Max Weber on *Capitalism, Bureaucracy and Religion*, p.159.
23. Schumpeter, *Capitalism, Socialism, and Democracy*, p.206.
24. Karl Max, *Capital*, trans, Eden and Cedar Paul (London: George Allen & Unwin Ltd. 1928), pp.690~691.
25. Weber, *From Max Weber: Essays in Sociology*, p.215.
26. Schumpeter, *Capitalism, Socialism, and Democracy*, p.83.
27. Ibid., p.134.
28. Ibid., p.133.
29. Ibid.
30. Ibid., p.132.
31. Ibid., p.133.
32. Kotkin, *Tribes: How Race, Religion, and Identity Determine Success in the New Global Economy*, p.3.
33. Ibid.
34. 이러한 비전은, 상반되는 이중성에 따른 거의 모든 우리들의 예상을 구조화하는 문화와 자본주의 간의 현대적 관계에 대한 사고를 독점하게 한다. 한 극점은 서방화 된 균일성의 열은 맥월드(McWorld)인 자본주의문화의 공동(空洞)성이다. 다른 측에서는 전통적이고 흔히들 충돌을 많이 하게 되는 국가적, 인종적, 또는 종교적 정체성이 강화되고 확인되어지는 일종의 문화적 반발이 존재한다.
35. Kotkin, *Tribes: How Race, Religion, and Identity Determine Success in the New Global Economy*, p.3.

36. Constance Lever-Tracy, David Fu-Deung Ip and Noel Tracy, *The Chinese Diaspora and Mainland China: An Emerging Economic Synergy* (Houndmills, Basingstoke, Hampshire, New York: Macmillan Press; St Martins Press, 1996), pp.24~25.

37. Ivan Light and Steven J. Gold, *Ethnic Economies* (San Diego: Academic Press, 2000), p.7.

38. Lever-Tracey, Ip and Tracy, *The Chinese Diaspora and Mainland China: An Emerging Economic Synergy*, pp.24~25.

39. Light, Ethnic Economies, p.6.

40. Lever-Tracey, Ip and Tracy, *The Chinese Diaspora and Mainland China: An Emerging Economic Synergy*, p.12.

41. Kotkin, *Tribes: How Race, Religion, and Identity Determine Success in the New Global Economy*, p.4.

42. Light, *Ethnic Economies*, p.110.

43. Ivan Light, 'Immigrant and Ethnic Enterprise in North America', *Ethnic and Racial Studies* 7: 2 (1984), p.199.

44. Kanwal Rekhi 와의 개별면담 (Silicon Valley , 17 June 2002).

45. Lever-Tracey, Ip and Tracy, *The Chinese Diaspora and Mainland China: An Emerging Economic Synergy*, p.8.

46. The largest is the African diaspora.

47. Lever-Tracey, Ip and Tracy, *The Chinese Diaspora and Mainland China: An Emerging Economic Synergy*, p.15.

48. Ibid., p.21.

49. Light, *Ethnic Economies*, p.95.

50. Lever-Tracey, Ip and Tracy, *The Chinese Diaspora and Mainland China: An Emerging Economic Synergy*, p.23.

51. Kotkin, *Tribes: How Race, Religion, and Identity Determine Success in the New Global Economy*, p.204.

52. Ibid., p.9.

53. Ibid., p.232.

54. Warner, 'The Indians of Silicon Valley'.

55. 회의에는 300명 이상의 자원봉사자들의 참여와 6개월간의 작업이 필요하였다.

56. Kailash Joshi와의 개별면담 (Silicon Valley, 17 June 2002).

57. Kanwal Rekhi 와의 개별면담.

58. Ibid.

59. Ibid.

60. Vish Mishra 와의 개별면담 (Silicon Valley, 17 June 2002).

61. Kanwal Rekhi 와의 개별면담.

62. bid.

63. bid.

64. bid.

65. bid.

66. 실리콘 밸리에서의 TiE 기원이 첨단기술산업과의 긴밀한 연계를 보장한다 할지라도 이것이 그 조직의 근본은 아니다. 기술적 부문이 그다지 중요치 않은 다른 지역의 지부들은 지역경제를 지원하도록 개발되었다. 예컨대 디트로이트의 TiE는 자동차산업에서 활발하며, 플로리다의 TiE는 여행업계와 연계되어 있으며, 인도의 자이푸르(Jaipur)에서는 보물, 보석, 수공예품 등을 특별관심부류로 두고 있다. 이러한 다각화는 TiE의 중심 사명으로부터 멀리하지 않는 것이기에 문제를 제기하지 않는다. – Kailash Joshi와의 개별면담. Mishra가 말한 바대로, 핵심이 되는 기업주의를 번영케 하는 한 그러할 것이다. – Vish Mishra와

의 개별면담.

67. Kanwal Rekhi와의 개별면담.

68. Ibid.

69. Vish Mishra와의 개별면담.

70. Ibid.

71. Kanwal Rekhi와의 개별면담.

72. 'Dot Hatao, Desh Bachao', *Economic Times Online*, 2000.

73. 문화, 사업, 또는 기술 어떤 것에서든 모든 네트워크는 어떠한 핵심적 형태로 특성화될 수 있다.

    - 네크워크는 곧 단일 또는 다중적인 것을 의미한다. Kevin Kelly는 "사슬형, 피라미드형, 트리형, 원형, 허브형 등의 어떠한 다른 배열도 전체로서 작용하지 않는 실제적 다양성을 포함하고 있다."고 하였다. 네트워크는 개방형 플랫폼으로 동작하게 되고, 정보, 통신, 그리고 교역의 다양한 흐름의 촉진을 추구한다. 그들이 비록 통합되었다 할지라도 전적으로 동질화된 것은 아니다. "네트워크는 다중성의 표상이다." 완전히 상호연결된 것은 전혀 동일한 것이 아니다. 각각의 정점은 수많은 방법으로 전체를 자유로이 연결시키기 때문이다.
    - 네트워크들은 위로부터 통제할 수 없는 평판 시스템이다. 실제 네트워크는 아래에서 위로 성장하는 엄격히 비 계층적 이다. 그들은 표준 또는 규칙과 더불어 받아들이나, 전형적으로 명령에 따라야 하는 명령어보다 정보의 전형적 방식들이다. 네트워크는 명령어를 지시하는 위치에 있지 않다. 이것이 바로 Kelly가 "네트워크에 숨겨진 것은 보이지 않는 손의 신비 즉, 권위 없는 제어이다."라고 쓰게 된 이유이다.
    - 네트워크는 본질적으로 분산 형 시스템으로 구성되어 있으며 그들의 행동은 명령의 '중심 설계'의 지시와 관련하여 그들이 행동이 결정되거나 예측되지 아니한다. "Net icon은 어떠한 중심센터를 가지지

않으며, 다른 점들과 연계된 수많은 점들이며, 뱀의 집과 같이 서로 얽혀져 있고 결정되지 않은 끝점에서 소멸되는 불안한 이미지들이다." 진정한 네트워크는 전적으로 주변성으로 이루어진다.

네트워크와 네트워크 과학에 관한 상세는 다음을 참조: Kevin Kelly, *Out of Control: The New Biology of Machines, Social Systems and the Economic World* (Cambridge: Perseus Books, 1994); http://www.kk.org/ outofcontrol/contents.php, Albert-Laszlo Barabasi, *Linked: The New Science of Networks* (Perseus, 2002).

74. Lever-Tracey, Ip and Tracy, *The Chinese Diaspora and Mainland China: An Emerging Economic Synergy*, p.13.
75. 보다 많은 내용은 다음을 참조: 'the Spacemen Have Landed' in Joel Kotkin, *Tribes: How Race, Religion and Identity Determine Success in the New Global Econoy*.
76. Lever-Tracey, Ip and Tracy, *The Chinese Diaspora and Mainland China: An Emerging Economic Synergy*, p.13.
77. Ibid., p.27.
78. Ibid., p.31.
79. Ibid., p.6.
80. Ibid., p.11.
81. Ibid., p.86.
82. Ibid., p.282.
83. Ibid., p.280.
84. Satyajit Datta, 'Look, Here's Booming Market', *Businessworld*, 7 February 1999.
85. 'Magnates in Manacles', *Businessworld*, 21 May 1999.

86. Ibid.

87. Saxenian, *Silicon Valley's New Immigrant Experience*, p.63.

88. Cheryl Bentsen and Tom Field, 'India Unbound: CIO Field Report', *CIO: The Magazine for Information Executives*, 1 December 2000, p.102.

89. Kailash Joshi와의 개별면담.

90. 보다 상세한 내용은 7장에 다뤄질 것임.

91. Vinod Khosla, TiEcon 제출 보고서, Silicon Valley (2002).

92. http://www.alfoundation.org/

93. http://www.ashanet.org/

94. http://www.ffe.org/

95. Kailash Joshi와의 개별면담.

96. Ibid.

97. Ibid.

98. Ibid.

99. Kanwal Rekhi, Paper presented at the TiEcon , Silicon Valley (14-15 June 2002).

101. Ibid.

102. Viswanathan, 'Indian Internet Mafia'.

103. Kanwal Rekhi와의 개별면담.

104. AnnaLee Saxenian, 'The Bangalore Boom: From Brain Drain to Brain Circulation?', eds Kenneth Kenniston and Deepak Kumar (Bangalore: National Institute of Advanced Study, 2000).

105. AnnaLee Saxenian, 'Local and Global Networks of Immigrant Professionals in Silicon Valley' (Public Policy Institute of California, 2002), p.51.

5. 기술적 우위

01. 유일하고 가능한 경쟁은 뭄바이이다. 그러나 Ashok Desai가 말한 바대로, “만일 뭄바이가 25년 전에 인도에서 가장 세계화된 도시였다면, 오늘날의 그것은 벵갈로르이다.” – Ashok Desai, ‘Why Bangalore Won’, *Businessworld*, 23 September 2002, p.10.

02. Ibid. – 2004년 1월 6일, Gagan Gupta는 *Bangalore overtakes Silicon Valley*라는 한 토막의 기사를 작성했으며, 벵갈로르에는 현재 15만명의 엔지니어가 근무 하고 있다; http://www.techtree.com/techtree/jsp/showstory.jsp?storyid=4352

03. 인도의 벵갈로르는 바로 이곳과 같다. [그곳은]동일한 기후와 다양성을 가지고 있다 … 이 곳, 실리콘 밸리 … 그의 뛰어난 특성들은 무엇인가? 이 지역은 아이디어와 사람들을 대단히 환영하고 있다. 벵갈로르 또한 매우 개방적이라는 동일한 사실을 가지고 있다. 마드라스(체나이)와 같은 인도의 다른 지역에서는 이방인들의 출입을 달가워하지 않는 매우 폐쇄적인 사고를 가지고 있다. 나는 18세 때 벵갈로르의 훨씬 북쪽으로부터 내려와 공부를 했었다. 나는 언어를 말하지 못했었음에도 불구하고 마치 내 집에 온 것같이 환영받았었다. 나는 이곳이 매우 훌륭한 곳이라고 말했다. 사람들은 대단히 친절했다. 그 후 집으로 돌아가는 길에 나는 체나이로 가는 열차를 탔으며, 때때로 5시간을 기다리기도 했다. 그럴 때면 그들은 타밀어(Tamil)를 쓰지 않고 어딘가 이상한 나를 쳐다보았다. 그런 까닭에 체나이는 크게 진전하지 못했다. 나는 당신이 사람을 어떻게 대하고, 또 얼마나 개방적인가를 생각해 본다. 나는 이 지역이 번영과 상당히 연계되어 있다고 생각한다. – Kailash Joshi와의 개별면담 (Silicon Valley, 17 June 2002).

04. 벵갈로르의 인구는 2010년에 가서는 700만 명에 이를 것으로 추정된다. - Meenu Shekar, 'The Changing Face of Bangalore', *Businessworld*, 22 July 1997.

05. Tom Field 'For a Few Rupees More' in Cheryl Bentsen and Tom Filed, 'India Unbound: CIO Field Report', *CIO: The Magazine for Information Executives*, 1 December 2000, p.168.

06. 1999년도 Nasscom-McKinsey 보고서에서 발췌.

07. Bentsen, 'India Unbound: CIO Field Report', p.174.

08. 메타는 2001년도에 돌연사 하였다.

09. 'Power Lobbying', *Business India*, 19 February to 4 March 2001, p.52.

10. 'Q&A with Ajit Balakrishnan, Chairman, Founder and CEO Rediff on the Net', *Asia Source*, 13 September 1999.

11. Madamnohan Rao 와의 개별면담 (Bangalore, 18 February 2003).

12. Manas Patnalk 와의 개별면담 (Bhubaneshwar, 1999).

13. Gurcharan Das, *The Elephant Paradigm: India Wrestles with Change* (New Delhi: Penguin, 2002), p.61.

14. 뭄바이는 인도에서 유일하게 전기 공급이 매우 잘 되는 도시이다. 이는 Tata Electricity라는 개인회사에 의해 관리되고 있기 때문이다.

15. Bentsen, 'India Unbound: CIO Field Report', p.183.

16. Asma Lateef, 'Linking up with the Global Economy: A Case Study of the Banglaore Software Industry', *International Institute for Labour Studies* (1996-1997), p.7.

17. Edward Yourdon, *Decline & Fall of the American Programmer*, *Yourdon Press Computing Series* (Englewood Cliffs, NJ: Yourdon Press, 1992).

18. 첫 번째 인도공과대학은 1950년 5월에 히즐리 강제수용소 캠프(Hijli Detention Camp) 지역의 서벵골주(West Bengal)인 카라그푸르(Kharagpur)에 설립되었다. 4개의 다른 캠퍼스도 계속하여 설립되었는데 1958년 뭄바이, 1959년 체나이, 1960년 칸푸, 그리고 1961년 뉴델리의 순이다. 1995년에는 구와하티(Guwahati)에 6번째 캠퍼스가 추가되었으며, 가장 최근인 2001년에는 7번째 캠퍼스가 인도의 가장 오래된 공과대학인 루키(Roorkee) 대학을 업그레이드하면서 설립되었다.

19. Kamla Bhatt, 'IITS', *Outlook*, 3 February 2003.

20. Ibid.

21. Ibid.

22. Anand Patwardhan 과의 개별면담 (Mumbai, 6 February 2003).

23. http://www.niit.com/niit/home.asp

24. www.iiit.net

25. 'Growth Scenarios of IT Industries in India', *Communications of the ACM* 44:7 (2001).

26. Lateef, 'Linking up with the Global Economy: A Case Study of the Banglaore Software Industry', p.8.

27. Ibid., p.9.

28. '드왕 메타와의 인터뷰', *Financial Times*, 1999.

25. 'Growth Scenarios of IT Industries in India'.

30. www.tcs.com

31. www.wipro.com

32. "1991년 이후로 인포시스의 어떠한 업무에 대한 허가를 얻기 위해 델리를 방문할 때 마다 어떠한 문제도 일어나지 않았다. 오늘날에는 인가를 얻기 위해 한명의 관리를 만나고 미리 신청하지 않고도 수백만 달러 어치의 컴퓨터를 수입할 수 있다."라는 Merthy의 말이 인용된다. –

Daniel Yergin and Joseph Stanislaw, *The Commanding Heights: The Battle for the World Ecnomy* (Rev. and updated edn) (New York: Simon & Schuster, 2002), p.228.

33. Clay Chandler, 'Asia's Businessmen of the Year: They Get IT', *Fortune*, 17 February 2003, p.41.

34. See Alam Srinivas, 'A Debugged Operating System', *Outlook*, 27 January 2003.

35. 왜냐하면 '19' 년도는 '00' 년도를 2000년이 아닌 1900년으로 계산하는 숫자시스템이기 때문이다.

36. 1997년 이후로 이코노미스트지로부터 인용: 공포를 염려하는가? 만일 밀레니엄 버그가 1900년도를 위해 2000년도의 오류를 세계의 수많은 컴퓨터가 범하게 된다면 … 두 개의 별 볼일 없는 숫자가 실제로 문명을 정지시킬 수 있는가? – 'Yes, Yes – 2000 Times Yes!', *The Economist*, 4-10 October 1997.

37. 'The World in 1998', *Economist Publications* (London: 1998), p.135.

38. Cheryl Bentsen and Tom Field, 'Good Stuff Cheap' *CIO: The Magazine for Information Executives*, 1 December 2000, p.174.

39. 1999년 12월에 인도는 1억5,000만 달러로 사티암을 매입하였다. 이는 인도에서 가장 큰 닷컴 취득 가운데 하나였다. 그것은 모든 것을 급상승 시켰다. – Madamnohan Rao와의 개별면담.

40. Ranjan Acharya와 Anurag Behar 와의 개별면담 (Bangalore, 20 January 2003).

41. Alam Srinivas Manish Khanduri, 'Software Hard Knocks', *Businessworld*, 26 March 2001.

42. Chandler, 'Asia's Businessmen of the Year: They Get IT'.

43. Ranjan Acharya, Anurag Behar 와의 개별면담.

6. 주변 경쟁력

01. 최근 미국의 우려 섞인 보고서들은 (일반)아웃소싱과 해외아웃소싱을 혼합하는 추세에 관해서 이다. 사실 대개의 외주계약들은 여전히 미국 회사들이 들어간다. Daniel Drezner와 Glenn Reynolds는 블로거 Chuck Simmons의 말을 인용하면서 "대개의 아웃소싱 직종들은 인도로 가지 않는다. 그들은 이익이 남는 바로 이곳 미국에 남는다. 어카운템프(Accountemps)의 점원, 켈리(Kelly)의 비서, 당신이 다니는 병원의 간호사들, 사무실의 청소직원들, 모두가 아웃소싱 된 직종들이다.
02. Thomas Friedman, 'Tom's Journal', *The Online News Hour* (10 March 2004); http://www.pbs.org/newshour/newshour_index.html
03. Madamnohan Rao와의 개별면담 (Bangalore, 18 January 2003).
04. Raj Chengappa and Malini Goyal, 'Housekeepers to the World', *India Today*, 18 November 2002.
05. 'Stolen Jobs?', *The Economist*, 13 December 2003.
06. Ibid.
07. 'Outsourcing to India: Back Office to the World', *The Economist*, 5 May 2001.
08. Raj Chengappa, 'Housekeepers to the World'.
09. Shelley Singh and Mitu Jayashankar, 'The BPO Boom', *Businessworld*, 14 January 2002.
10. Pramod Bhasin (President GE Capital), Paper presented at the Hyderabad IT Forum, Hyderabad (2003).

11. 'America's Pain, India's Gain', *The Economist*, 11 January 2003. – 와이프로는 BPO 영역에 들어가기 위해 스펙트라마인드(Spectra-mind)를 사들였다. 니푸나(Nipuna)는 사티암의 BPO 자회사이다.
12. Ritu Sarin, 'Software Superpower: India Banks on the Knowledge Trade', *Asia Week*, 7 April 2000.
13. Raj Chengappa, 'Housekeepers to the World'.
14. Animesh Thakur 와의 개별면담 (Mumbai, 4 February 2003).
15. Raj Chengappa, 'Housekeepers to the World'.
16. 'Back Office to the World', *The Economist*, 3 May 2001.
17. 불완전한 구조조정이 된 회사들은 30~70%에 달하는 감축율을 수행한다.
18. Animesh Tharkur 와의 개별면담.
19. Brian Cravalaho 와의 개별면담 (Bangalore, 21 January 2003).
20. Animesh Tharkur 와의 개별면담.
21. Kripalani, 'The Rise of India'.
22. Ravindra Walter의 설명으로는, 이러한 관계의 관리는 'yes'가 무엇을 의미하느냐를 설명함으로써 단순하게 무엇이든지 포함될 수 있다. 인도에서 누군가가 무언가에 대하여 'yes'라고 말했을 때, 고객은 굳이 동의의 의미를 두지 않으면서도 그렇게 대답할 수도 있다. 당신은 '네, 무슨 말씀인지 들었습니다.'라는 의미로 받아들여야지, '네 무슨 말씀인지 이해했습니다.'라거나 '네 그렇게 하겠습니다.'라고 받아들여서는 안 된다. – Ravindra Walters와의 개별면담 (Bangalore, 17 January 2003).
23. Animesh Tharkur와의 개별면담.
24. Ashish Gupta(Business Head, Hero MindMine), Paper presented at the Hyerabad IT Forum, Hyderabad (22–24 January 2003).

25. Animesh Tharkur와의 개별면담.

26. Brian Cravalaho와의 개별면담.

27. 고객들은 거래해야만 하는 벤더의 수를 줄이기를 원하고, 소프트웨어, IT 서비스, 그리고 BPO에 대한 계약을 하나의 패키지로 묶고자 한다. 많은 인도인 벤더들은 이를 인식하고 BPO 공간으로 이동한다. – Ranjan Acharya와 Anurag Behar와의 개별면담 (Bangalore, 2003).

28. Sunil Mehta와의 개별면담 (New Delhi, 13 January 2003).

29. 그러나 해당 산업은 다소 심각한 도전을 맞게 된다. 인도는 필리핀, 중국, 동유럽, 한국, 싱가폴, 아일랜드, 그리고 이스라엘과 경쟁하고 있으며, 비록 지금은 드러나지 않고 있다하더라도 잠재적으로 엄청난 위험 손실을 내포하고 있다. 여기에는 높은 통신요금과 긴 설정시간, 변덕스러운 규제환경, 복잡한 허가들, 고른 접속 가능성을 위한 문제들, 그리고 인도 특유의 형편없는 기반구조 문제 등을 포함한다.

30. Shelley Singh, 'The BPO Boom'.

31. Ibid.

32. 'Relocating the Back Office', *The Economist*, 11 December 2003.

33. Vidya Viswanathan, 'The Smiles Are Back', *Businessworld*, 9 December 2002.

34. Shelley Singh, 'The BPO Boom'.

35. Raj Chengappa, 'Housekeepers to the World'.

36. Daniel H. Pink, 'The New Face of the Silicon Age: How India Became the Capital of the Computing Revolution', *Wired*, 2004.

37. 인도에서의 운영경비는 현재 중국 보다는 37%, 말레이시아 보다는 17%가 저렴하다.

38. 'Stolen Jobs?'

39. 지역회사들은 미리 문제를 발굴하고 해답을 제공하기 위해 열심히 노

력한다. 예를 들어 인도-파키스탄 간 전쟁이나 테러리스트 공격과 같은 정치와 안보상의 위험들을 완화하기 위해 지역회사들은 위험회피책으로서 제2 또는 제3의 지사를 설치함으로써 다중 로케이션을 구축한다. 이런 예방계획을 갖도록 하는 필요는 9/11 사태와 발리 폭격사건 이후 상당히 증가하였으며, 당시 모든 회사들은 그들의 예상이 빗나가기를 바랐다. 이러한 이유로 위치간의 유동성은 이제는 인도 BPO 부문의 계속적인 성공에 대한 열쇠로서 보여 진다. 따라서 인도의 BPO 운영자들은 필리핀, 중국, 미국, 캐나다, 싱가폴, 말레이시아 등지에 예비 장비 오프쇼어(outfit offshore)를 설정하도록 하고 있다. 특히 C.K. Prahalad가 '마이크로 MNCs' 라 부르는, 인도 외부에서 운영되나 시작에서부터 세계적인 새로운 종류의 다국적 회사가 설립되었다. – Animesh Thakur와의 개별면담.

40. Suan Sontag, 'The World as India', *Times Literary Supplement*, 6 Juen 2003.
41. Brian Cravalaho 와의 개별면담.
42. 예를 들어 보험회사의 콜센터 직원들은 가장 최근에 자신들의 가옥, 가정용품들, 또는 가족들조차 잃게 된 고객들을 상대해야 될 지도 모른다.
43. Brian Cravalaho 와의 개별면담.
44. Suan Sontag, 'The World as India'.
45. Raj Chengappa, 'Housekeepers to the World'.
46. Cravalaho에 따르면, 이 같은 사정은 사람들이 자신들의 통화에 대한 회신이 해외에서 올 수도 있다는 생각에 익숙해짐으로써 변화되고 있다. 영국과 같은 나라에서는 대규모로 동남아시아 국민들이 밀집해 있는 곳에서 이러한 문화적 관심사들은 산업조성을 위한 엄청난 기회로 말려들어가고 있다.

47. Ibid.

48. Ibid.

49. Madamnohan Rao 와의 개별면담 (Bangalore, 18 January 2003).

50. Ibid.

51. 'Back Office to the World'.

52. Tome Field 'For a Few Rupees More' in Cheryl Bentsen and Tom Field, 'India Unbound: CIO Field Report', *CIO: The Magazine for Information Executives*, 1 December 2000, p.168.

53. Ibid.

54. 나스콤의 Sunil Mehta는 가치사슬의 관념에 대해 질문한다. 그가 설명하기로 "이 산업에는 가치사슬이라는 개념이 없다. 가치사슬이란 내가 보다 높이 이동하면 할수록 보다 많은 돈을 번다는 것을 의미한다. 상상할 수 없을 만큼 고도의 업무를 담당하고 있는 액센츄어(Accenture)는 3%의 매출이익률을 내는 반면, 인포시스의 매출이익률은 29%에 달한다. 그러니 누가 가치사슬에 놓여있다는 것인가? 인도인들은 소위 '저임금 작업'에는 대단히 우수하다. 그래서 어떻다는 것인가? 누구든지 해야만 하는 것이다." – Sunil Mehta 와의 개별면담.

55. 많은 자유무역 옹호자들은 Lou Dobbs의 보호주의적 수사법을 특히 불건전한 것으로 지적한다. 아웃소싱에 관하여 '선도자'인 이코노미스트지는 "모든 실직 공고를 테러리스트 습격과 유사한 것으로 받아들인다."라는 Dobbs의 발언을 밝혔다. – 'The New Jobs Migration', *The Economist*, 21 February 2004.

56. Viswanathan, 'The Smiles are Back'.

57. 'Stolen Jobs?'

58. Pink, 'The New Face of the Silicon Age: How India Became the

Capital of the Computing Revolution'.

59. Kripalani, 'The Rise of India'.

60. Vivek Agrawal and Diana Farrell, 'Who Wins in Offshoring', *McKinsey Quaterly*, 2003, p.2.

61. 블로고스피어는 오프쇼어 아웃소싱의 의의를 서술하는데 좋은 역할을 담당하였다. 수집된 기록들은 Daniel Drezner의 블로그 http://www. danieldrezner.com/blog/ 에서 검색할 수 있다.

62. Sunil Mehta와의 개별면담.

63. 'Stolen Jobs?'

64. Agrawal, 'Who Wins in Offshoring'. – 의심의 여지없이, 외주로 인한 고통스러운 일자리 손실이 있다. 매킨지는 69%가 뉴욕에서 새 일자리를 찾았지만, 이는 그러지 못한 엄청난 규모의 실직자들을 남기기도 했다라고 보고한다. 더욱이 새로운 직종을 찾은 이들 가운데 55%가 급여를 삭감당한 한편, 25%는 30% 내지는 그 이상의 급여삭감을 당했다. 매킨지의 보고서는 자유무역으로부터의 어떠한 이득은 실업 또는 과소임금고용에 영향을 준다는 것을 시사한다.

65. 2001년이 그들의 정점이라 할지라도, '교역 관련' 퇴직자 수는 미국 실업자들의 단 0.6%에 해당될 뿐이다. – 'The Great Hollowing-out Myth', *The Economist*, 2004.

66. Kripalani, 'The Rise of India'.

67. Manoj Chandran, *India Not to Be Perturbed by New Jersey Bill* (CIOL IT Unlimited, 2002 [cited 2 February 2004]), http://www. ciol.com/content/news/trends/102123001.asp

68. Editorial, *Financial Times*, 21 February 2003.

69. 왜 노동조합이 이러한 종류(일자리의 외주)의 것을 반대하는가에 대해 쉽게 이해할 수 있다 할지라도, 나에게는 자율적 문제로서 바라보기가

참으로 어려운 일이다. 결국 자유주의자들은 부유층에서 덜 부유한 층으로 부의 재분배적인 것이 생산되지 않는가? 이러한 직종들은 결국 소멸되지 않을 것이다. 그들은 해외로 가게 되고 아마도 그들을 더 필요로 하는 사람들에게 돌아가게 될 것이다. 이는 좋은 일이지 않는가? 적어도 나에게는, 말하자면 기업들로 하여금 일자리를 줄이도록 하는 세금부과, 그리고 외국 원조를 위한 지불보다는 덜 나쁜 것이다. 사실상 전체적으로 봤을 때, 통상 외국원조로부터 비롯되는 일종의 의존성(그리고 부패)을 키우는 대신, 다른 국가에 있는 교육받은 전문가 집단을 조성하는 것이 보다 나을 것이다. – Glenn Reynolds, *Outsourcing Elections* (Tech Central Station, 2003), 웹사이트 http://www.techcentralstation.com/062503A.html

70. Pink, 'The New Face of the Silicon Age: How India Became the Capital of the Computing Revolution'.
71. Editorial.
72. Bill Clinton의 NAFTA 옹호 발언을 담은 비디오클립을 William Cran과 Daniel Yergin이 복사하였음. – 'The Agony of Reform', in *Commanding Heights: The Battle for the World Economy* (WGBH, 2003).
73. Rajeev Dubey, 'India as a Global R&D Hub', *Businessworld*, 17 February 2003.
74. p.Hari, 'Bangalore Technopolis', *Busnessworld*, 26 February 2001.
75. Rajeev Dubey, 'India as a Global R&D Hub'.
76. Clay Chandler, 'Asia's Businessmen of the Year : They Get IT, Fortune, 17 February 2003.
77. Shelley Singh, 'BPO. Cover Story', *Businessworld*, 19 August 2002.

78. Don Tapscott, Nasscom India Leadership Forum 제출 보고서, Mumbai(11-14 February 2003).

79. Singh, 'BPO. Cover Story'.

80. Tapscott.

81. Singh, 'BPO. Cover Story'.

82. Tapscott.

83. Kripalani, 'The Rise of India'.

7. 디지털 배당

01. 통계치는 다음에서 확인: *How Many Online?* (Nua: The World's Leading Resource for Internet Trends and Statistics, 2002 [cited 2 February 2004]); http://www.nua.ie/surveys/how_many_online/index.html

02. Celia Dugger, 'Connecting Rural India into the World', *New York Times*, 28 May 2000.

03. Aruna Sundarajan의 제출 보고서, Hyderabad IT Forum, Hyderabad (22-24 January 2003).

04. Allan hammond, 'Digitally Empowered Development', *Foreign Affairs* (2001).

05. 세계은행의 경제학자 Carsten Fink와 Charles Kenny에 의한 새 논문이 이코노미스트지에 의해 인용되었는데, 개발도상세계와 개발세계 간의 디지털 배당은 축소되는 것 같이 보일지라도, 인도와 같은 개발도상국가 내에서는 디지털 배당에 관한 관심이 증가하고 있다고 주장한다. - 'Canyon or Mirage?', *The Economist*, 24 January 2004.

06. C.K. Prahalad, *India as a Source of Innovations: The First Lalbahadur Shastri National Award for Excellence in Public Administration and Management Sciences Lecture*, September 30, 2000, New Delhi (Digital Dividend, 2000[cited 2 February 2004]); www.digitaldividend.org/pdf/0203ar03.pdf

07. Narayana MurthyNasscom, Paper presented at the India Leadership Forum, Munbai (11-14 February 2003).

08. Bhoomi의 웹사이트는 다음에서 접근 가능: http://www.revdept-01.kar.nic.in/

09. 'Mirage, or Reality?', 20 Years: 1982-2002. Dataquest: *Collectors Issue*, 15 December 2002.

10. Rajeev Chawla에 따르면, 만일 전자정부계획들이 뚜렷한 목표인 부패와의 전쟁을 촉발한다면 그들은 엄청난 저항을 맞게 될 것이다. 예로써 그는 부미가 곡물의 데이터 수집을 위해 컴퓨터를 사용하고 있다는 사실을 거론하였다. 마을의 회계사들은 IT가 제공할 수 있는 투명성을 두려워한 나머지, 이 기법들이 작동되지 않 토록 하기 위해 자신들의 모든 권력을 동원했다는 것이다. - Rajeev Chawla, Paper presented at the Hyderabad IT Forum (22-24 January 2003).

11. 이는 빈곤한 농촌지역에서부터 세계화된 첨단기술도시로 향하는, 기대하지 않은 방향으로의 이동이 IT혁신을 위해 가능하다는 것을 입증하는 충분한 가치를 가지고 있다.

12. ITC의 웹사이트는 이러한 '악순환'을 다음과 같이 기술하였다: low risk taking ability>low investment>low productivity>weak market orientation>low value addition>low margin>low risk taking ability; http://www.itcibd.com/e-choupal1.asp

13. e-Choupal의 웹사이트: http://www.echoupal.com/default.asp

14. 관련 데이터는 ITC의 e-Choupal 웹사이트에서 가능: http://www.itcibd.com/e-choupal1.asp
15. e-Choupal의 웹사이트에서 인용.
16. Anupama katakam, 'The Experiment', *Frontline*, 5-18 January 2002.
17. Ibid.
18. Madanmohan Rao (ed.), "I-India: The Hope Amidst the Hype", in *The Asia-Pacific Internet Handbook. Episode IV: Emerging Powerhouses* (New Delhi: Tata McGraw-Hill, 2002), p.224.
19. Gurcharan Das, *India Unbound* (New Delhi; New York: Viking, 2000), p.208.
20. Ibid., p.209.
21. Rao, 'I-India: The Hope Amidst the Hype', p.204.
22. Sam Pitroda, Paper presented at the TiEcon, New Delhi (8 January 2003).
23, Prasanto K. Roy, 'Foundation and Empire', *20 Years: 1982-2002*. Dataquest Collectors Issue, 2002.
24. Dugger, 'Connecting Rural India into the World'.
25. 'Getting India to Go Online', *Businessworld*, 31 January 2000.
26. J. Satyanarayana (IT secretary Andhra Pradesh), Paper presented at the Hyderabad IT Forum (22-24 January 2003).
27. 이의 주요 원인은 비우호적인 비즈니스 환경과 극도로 강경한 노동조합, 그리고 결과적으로 결여된 기업가정신들이다. 기업풍토가 날씨만큼이나 우호적이도록 사람들을 독려하는 전국적 벽보들은 정부가 적어도 문제를 인식하고 있다는 사실을 증명해 준다.
28. ICT는 다른 고립된 공동체에 대한 접근을 조성할 수 있으며, 사람들에

게 확실한 신원, 신용기록, 심지어 가상 주소까지도 제공하는 것과 같이 분배와 시장의 기회를 개방한다. 이 모두가 세계경제에 참여하기 위해 요구되는 것들이다.

29. Rakesh Khanna, 'Tarahaat: Achieving Connectivity for the Poor: Case Study', Digital Partners, [cited 3 February 2004]; http://www.digitalpartners.org/tara/html

30. SARI의 웹사이트에서 인용: http://edev.media.mit.edu/SARI/mainsari.html

31. http://gyandoot.nic.in/

32. 지안두트 이야기는 Rajora Rajora가 다음의 책에서 언급한 것이다. *Bridging the Digital Divide: Gyandoot, the Model for Community Networks* (New Delhi: Tata McGraw-Hill, 2002).

33. 통신 및 컴퓨터 네트웍스 그룹(TeNeT, Telecommunication and Computer Networks Group)의 생산부문으로부터 얻은 정보임; http://www.tenet.res.in/Products/ tele_prod.html

34. http://www.digitaldividend.org/

35. Madamnohan Rao와의 개별면담 (Bangalore, 18 January 2003).

36. Prahalad, *India as a Source of Innovations: The First Lalbahadur Shastri National Award for Excellence in Public Administration and Management Sciences Lecture*, 30 September 2000, New Delhi.

37. 나의 절친한 친구 C.K. Prahalad 교수는 제3세계는 어떠한 자원의 결핍이라기보다는 마음의 상태라고 하였다. 그러나 나는 더 이상 그에게 동의할 수가 없다. - N.R. Narayana Murthy, 'It is all in the Mind, Stupid', Business Today, 19 January 2003.

38. Prahald, *India as a Source of Innovations: The First*

Lalbahadur Shastri National Award for Excellence in Public Administration and Management Sciences Lecture, 30 September 2000, New Delhi.

39. Ibid.

40. C.K. Prahalad and Stuart Hart, 'The Fortune at the Bottom of the Pyramid', *Digital Dividend*, 2002; http://www.digitaldividend.org/pubs/pubs.htm

41. C.K. Prahalad and Allen Hammond, *What Works: Serving the Poor, Profitably* (Digital Dividend, 2002 [cited 2 February 2004]); http://www.digitaldividend. rog/pubs/pubs.htm

42. Ibid.

43. Hermando de Soto, *The Mystery of Capital: Why Capitalism Triumphs in the West and Fails Everywhere Else* (New York: Basic Books, 2000), p.35.

44. Ibid., p.37.

45. Prahalad, *What Works: Serving the Poor, Profitably*.

46. 가난한 자들은 신용을 위해 엄청난 금액을 지불한다. 통상 40~70%의 이자율을 비영리 대출기관에 지불한다.

47. 소액융자와 소액신용대출은 취급수수료로 인해 대단히 비싸진다. 시티그룹은 소액예치 자들을 지원하도록 설계된 개발은행 키오스크에 대한 실험을 수행하고 있다.

48. Prahalad, *What Works: Serving the Poor, Profitably*.

49. C.K. Prahalad, Paper presented at the TiEcon, New Delhi (8 January 2003).

50. Hammond, 'Digitally Empowered Development'.

51. Ibid.

52. Ibid.

53. Prahalad.

54. Hart, *The Fortune at the Bottom of the Pyramid.* – Hart와 Prahalad는 말을 이었다. "그들은 시장을 형성하지 않는다는 반대인식이 모든 개발국가에서의 경제활동 전부의 40~60%에 해당되는 비공식 경제성장의 중요성을 무시하고 있다고 주장한다.

55. Ibid.

56. Hart, The Fortune at the Bottom of the Pyramid.

57. Hernando de Soto interviewed in Yergin, 'The New Rules of the Game'.

58. Prahalad, *What Works: Serving the Poor, Profitably.*

59. Ibid.

60. Ibid.

61. Prahalad, What Works: Serving the Poor, Profitably.

62. Hart, *The Fortune at the Bottom of the Pyramid.*

63. Prahalad.

64. Prahalad, *What Works: Serving the Poor, Profitably.*

65. Prahald, *India as a Source of Innovations: The First Lalbahadur Shastri National Award for Excellence in Public Administration and Management Sciences Lecture*, 30 September 2000, New Delhi.

66. Partha Iyengar, Paper presented at the Hyderabad IT Forum, Hyderabad (22–24 January 2003).

67. Ramalinga Raju, Paper presented at the Nasscom India Leadership Forum, Mumbai (11–14 February 2003).

68. Clayton Christenson, Thomas Craig and Stuart Hart, 'The

Great Disruption', *Foreign Affaris* (2001), p.81.

69. Joseph Alois Schumpeter, *Capitalism, Socialism, and Democracy*, 2nd edn (New York; London: Harper & Brothers, 1947), p.82.
70. Ibid., p.83.
71. Friedman이 다음에서 인용: James Surowiecki in Thomas L. Friedman, *The Lexus and the Olive Tree* (New York: Anchor Books, 2000), p.11.
72. Schumpeter, Capitalism, Socialism, and Democracy, p.83.
73. 관련 정보 참조: Clayton Christensom, *The Innovator's Dilemma* (HarperCollins, 2000).
74. Christenson, 'The Great Disruption', p.81.
75. Mukesh Ambani, 'Preparing the Indian Mind for the New World', *Business Today*, 18 January 2003.

8. 글로벌 네크워크

01. Kanwal Rekhi가 말하기를 "우리는 20개 지부 모두가 참여한 복잡한 선거과정을 거쳤다. 우리는 합법적인 대회를 가졌으며 모든 과정을 명확히 밝히기 위해 Prahalad 교수를 선정하였다. 이를 위해 1년이 소요되었고 최초의 규정과 선거과정의 초안을 작성하는데 또 1년을 소요한 후 지난 10월에야 완성하였다.
02. Kailash Joshi와의 개별면담.
03. TiE의 웹사이트에서 발췌: http:/www.tie.org/
04. Kanwan Rekhi와의 개별면담.

05. Ibid. 훨씬 최근에 TiE는 주류와 또 다른 인종그룹으로 뻗어나가는 분명한 목적을 가지고 있었으며, Valley 있는 유태인과 중국인과도 행사를 함께 진행하였다. 이러한 개방성으로 인해 TiE는 다른 인종그룹과 경쟁할 가치를 지닌 단체로 간주되고 있다.

06. Kailash Joshi와의 개별면담.

07. TiEcon 2002에서 배포된 TiE 판촉용 인쇄물 참조.

08. TiE의 웹사이트에서 'About TiE' 항목을 참조: http://www.tie.org/site/About/About%20TiE

09. TiEcon 2002에서 배포된 판촉용 인쇄물 'TiE News and Views' 참조.

10. Anand Patwardhan 교수와의 개별면담 (Mumbai, 6 February 2003).

11. Gurcharan Das, *India Unbound* (New Delhi; New York: Viking 2000), p.261.

12. 'Ramp-up Mode', *Business Today*, 23 June 2002.

13. Alam Srinivas, 'A Debugged Operating System', *Outlook*, 27 January, 2003.

14. Clay Chandler, 'Asia's Businessmen of the Year: They Get IT', *Fortune*, 17 February 2003.

15. Ibid.

16. Ibid.

17. AnnaLee Saxenian, *Silicon Valley's New Immigrant Experience* (California: Public Policy Institute of California, 1999), p.49.

18. Kanwal Rekhi가 다음에서 인용: *Upside Today* (28 November 2000).

19. Kanwal Rekhi가 다음에서 인용: Gurmeet Naroola, *The*

Entrepreneurial Connection: East Meets West in Silicon Valley (California USA: Special TiE Edition, 2001), p.93.

20. L. Copeland, 'A Capital Idea for the High Tech Elite', *Washington Post*, Friday, 26 May 2000.

21. Ibid.

22. Anthony Spaeth, 'The Golden Diaspora', *Time*, 19 June 2000.

23. Ibid.

24. Mira Kamdar, 'Reinventing India', *the-south-asian.com*, 2001.

25. Melanie Warner, 'The Indians of Silicon Valley', *Fortune Magazine*, 15 May 2000.

26. Sue Birley, 'The Role of Networks in the Entrepreneurial Process', *Journal of Business Venturing* 1 (1985), p.109.

27. Antoine Pecoud, 'Thinking and Rethinking Ethnic Economies', *Diaspora* 9:3 (2000), p.454.

28. Ibid., p.458.

29. Ibid., p.456.

30. Ibid., p.455.

31. 이론가 Manuel Delanda는 Saxenian의 업적을 인용하면서 주장하기를, 두 지역 간의 차이점들은 역사가 Fernand Braudel에 의해 이루어진 시장과 자본주의, 또는 Delanda가 선호한 시장과 반시장성 간의 차별성에 해당되는 것이다. 국도 128번은 중심적 명령을 통해 운영되는, 소수의 대기업에 의해 유도되고 있는 '반시장적'으로 주정부와 긴밀한 연계를 가지고 있다. 정보기술경제의 중심지역인 실리콘 밸리는 이러한 사실 때문에 브로델적인(Braudelian) 의미로 시장과 공통점을 가지고 있다. 밸리는 시끄럽고 혼합한 시스템이라고 Delanda는 주장하는

데, 그 가운데서 다양한 규모의 기업 집단들이 소규모 생산자들의 상호 연계 네크워크를 형성하고, 분산화된 의사결정과정으로 작용하고 있다. – Manuel Delanda, paper presented at the 'Markets, Antimarkets and Network Economics', Virtual Futures (Warwick University, UK, 1996). Rekhi가 말한 바대로, 경제는 IBM이나 GM과 같은 글로벌기업보다는 개별적인 구두수선공, 목수, 그리고 대장장이들이 자연스럽게 주도하는 것으로 되돌아가고 있다. – Vidya Viswanathan, 'Indian Internet Mafia', *Businessworld*, 24 May 1999.

32. AnnaLee Saxenian, *Regional Advantage: Culture and Competition in Silicon Valley and Route 128* (Boston: Harvard University Press, 1996).

33. TiEcon 2002에서 배포된 TiE 판촉용 인쇄물 참조.

34. Sazenian, *Regional Advantage: Culture and Competition in Silicon Valley and Route 128*, p.33.

35. Ibid.

36. Constance Lever-Tracy, David Fu-Keung Ip and Noel Tracy, *The Chinese Diaspora and Mainland China: An Emerging Economic Synergy* (Houndmills; Basingstoke; Hampshire; New York: Macmillan Press; St Martins Press, 1996).

37. Joel Kotkin, *Tribes: How Race, Religion, and Identity Determine Success in the New Global Economy*, 1st edn (New York: Random House, 1993), p.17.

38. Ibid., p.89.

39. Ibid.

40. Ibid., p.70.

41. James C. Bennett, *An Anglosphere Primer*, Paper presented at the the Foreign Policy Research Institute, ©2001 (2002); http://www.pattern.com/bennetth-anglosphereprimer. html

42. Ibid.

43. Ibid.

44. Ibid.

45. Ibid.

46. Ibid.

47. Ibid.

48. Braj B. Kachru, *The Other Tongue: English across Cultures* (Urbana: University of Illinoies Press, 1982), p.8.

49. Samuel p. Huntington, *The Clash of Civilizations and the Remaking of World Order*, 1st Touchstone edn (New York: Touchstone, 1997), p.62.

50. Brag B. Kachru, *The Indianization of English: The English Language in India* (Delhi; New York: Oxford, 1983), p.127.

51. Huntington, *The Clash of Civilizations and the Remaking of World Order*, p.61.

52. Ibid.

53. Ibid., p.62.

54. 이러한 개방정책의 힘을 포착하기 위해서는 영어이야기를 '18세기와 같이 최근까지 영어보다 많은 사용자를 보유했던 언어' 인 프랑스어와 비교하는 것이 유용하다. – Kotkin, *Tribes: How Race, Religion, and Identity Determine Success in the New Global Economy*, p.75. 프랑스는 엄격한 문화보호주의 정책을 오래도록 추구해 왔다. 1635년 이전까지 프랑스어는 언어의 보존 및 그의 규칙의 수정을 전담

하는 조직인 파리 소재의 프랑스학술원에 의해 엄격하게 통제되어 왔다. Joel Kotkin의 서술에 의하면, 프랑스의 언어와 문화의 '보편성'은 당연히 앞서 말한 프랑스학술원에 의하여 불순물로부터 통제되고 보호될 수 있는 하나의 공유된 표준을 의미하였다. - Ibid.

학술원의 권위적인 규정은 어느 외국의 영향권으로부터 프랑스어를 보호하도록 설계된다. 오늘날의 세계에서 이로부터 가장 위협받는 것은 물론 영어이다. 따라서 비록 사용이 광범위한 대중적 기반을 가진다해도, 공식적인 범주 내에서 프랑스어가 존재하는 곳에서는 영어의 사용은 불법이다. - David Crystal, *English as a Global Language* (Cambridge, England; New York: Cambridge University Press, 1997.

55. 그러한 표준들은 예를 들어 BBC와 연계된 RP(received pronunciation, 용인발음)나 언어적 융통성에 대한 어필(GA - Gerneral American, 미국 언어의 변동을 받아들이는 데 대한 요구로서 한 모델이 아닌 일반적인 미국의 것)로서 일반적으로 미디어로부터 나와서 존재하게 된다. 일종의 표준인 옥스포드 영어사전은 스스로 하층에서 상향하는 혁신을 따라잡으려고 하는 것이다. Kachru가 지적한 바대로, 표준영어의 한 가지 흥미 있는 측면은 모든 영어구사 공동체내에서 표준영어만을 습관적으로 사용하는 공동체는 소수자에 속한다는 것이다. - Kachru, *The Other Tongue: English across Cultures*, p.34.

56. Robert MacNeil, Robert McCrum and Willian Crun, *The Story of English* (London: Faber & Faber and BBC Books, 1992), pp.43~44.

57. Huntington, *The Clash of Civilizations and the Remaking of World Order*, p.62.

58. Peter Stevens, 'The Localized Forms of English', in *The Other*

Tongue: English across Cultures, ed. Braj B. Kachru (Urbana: University of Illinois Press, 1982), p.24.

59. Ibid.

60. Kachru, *The Other Tongue: English across Cultures*, p.viii.

61. Madelaine Drohan and Alan Freeman, 'English Rules', in *Globalization and the Challenges of a New Century: A Reader*, ed. Howard D. Mehlinger and Patrick O'Meara, Mathew Krain (Bloomington: Indiana University Press, 2000), p.428.

62. Kachru, *The Other Tongue: English across Cultures*, p.2.

63. Ibid.

64. Braj B. Kachru, *The Alchemy of English: The Spread, Functions, and Models of Non-Native Englishes*, 1st edn, *English in the International Context* (Oxford [Oxfordshire]; New York: Pergamon Institute of English, 1986), p.20.

65. 영어는 정부의 인도어 중앙연구소(Central Institute of Indian Languages)의 일부분이 아닐 뿐만 아니라, '타외국어' 중앙연구소(the Central Institute of Other Foreign Languages)에 속해있지도 않다(외국어가 아니기 때문이다). - Archana S. and N. Krishnaswamy Burde, The Politics of Indians' English (Oxford: Oxford University Press, 1998), p.44.

66. Anthony Burgess가 다음에서 인용: MacNeil, *The Story of English*, p.355.

67. Kachru, *The Indianization of English: The English Language in India*, p.2.

68. 인도영어를 통제하는 규정에 관한 것은 'R.S. Gupta, Kapil Kappor, eds, *English in India Issues and Problems* (Academic

Foundation, 1991), pp.197~198' 을 참조. 힝글리쉬의 코드혼합을 통제하는 구조와 규정에 대한 것은 'Gupta, ed., *English in India Issues and Problems*, p.210' 참조.

69. Kachru는 컴퓨터의 지원으로 인도영어의 특별한 문자를 연구하고 있는 IIT의 M. P. Jain 교수에게 편지를 썼다. Jain박사는 인도영어의 네 가지 중요한 문자를 강조 한다: (1) 고어(古語)의 사용(예: time-piece(시계)), (2) 인도어에서 빌려온 단어의 사용(예: lakhs(10만)), (3) 두 개의 영단어의 합성 (예: eve-teaser), 그리고 (4) 인도영어의 복합(예: newspaper). 그는 또한 영어의 인도화는 단어나 문구에 제한되지 않고, 문법구조를 포함하고 있다고 지적한다.

70. R.S. Gupta, 'English in Post-Colonial India', in *Who's Centric Now? The Present State of Post-Colonial Englishes*, ed. Bruce Moore (Oxford: Oxford University Press, 2001), p.155.

71. Gupta, ed., *English in India: Issues and Problems*, p.208.

72. Ibid.

73. 다음에서 인용: Mehrotra Raja Ram, *Indian English Texts and Interpretations* (Amsterdam, Philadelphia: John Benjamins Publishing Company, 1998), p.6.

74. Kachru, *The Alchemy of English: The Spread, Functions, and Models of Non-Native Englishes*, p.12.

75. Salman Rushdie가 다음에서 인용: MacNeil, *The Story of English*, p.34.

76. 이에 대한 여러 가지 이유가 있는데, 북미의 무선네트워크규정, 값싼 지상선, 그리고 일반 휴대전화기의 부족 등의 문제를 포함한다.

77. 서방국가 가운데, 광범위하게 SMS를 사용하고 있는 유일한 영어사용국가는 영국이다.

78. Shefalee Vasudev, 'Love, Sex, and SMS', *India Today*, 14 October 2002.

9. 제로 로고

01. 나스콤의 임원인 Ritraj Nath는 1999년에 어느 강연에서 '브랜딩 인디아' 가 조직의 주요 목표 가운데 하나임을 분명히 강조하였다.
02. Sunil Metha와의 개별면담 (New Delhi, 13 January 2003).
03. Bruce Einhorn, India and IT: 'Like France and Wine' (*Advantage India*, 28 January 2002 [cited 5 February 2004]); http://www.nasscom.org/artdisplay.asp?Art_id=1415
04. Ibid.
05. 쿨 브리타니아 운동은 본고장에서 그의 하향식 접근방식과 Tony Blair의 신노동당에 지나치게 연계되는 것에 대해 비판받았다.
06. 보다 많은 국가 브랜딩은 다음을 참조: Wally Olins, *Trading Identitles: Why Countries and Compaines Are Taking on Each Others' Roles* (London: The Foreign Policy Centre, 1999).
07. Kailash Joshi와의 개별면담 (Silicon Valley, 17 June 2002).
08. Nasscom, 'The Software Industry in India: A Strategic Review', p.34.
09. Gurcharan Das, *India Unbound* (New Delhi; New York: Viking, 2000), p.174.
10. 'Man with a Mission: Interview with D Mehta', *Financial Times*, 1999.
11. 저거너트(Juggernaut)란 말은 주로 퓨리(Puri)와 오리사(Orissa)에서

섬겨지는 인도인 원주민의 신인 '저건나트(Lord Jagannath)'에서 비롯되었다. 매년 그와 그의 배우자들의 거대한 초상화가 큰 마차에 안치되어 행렬에 끌려간다. 14세기에 인도를 방문한 프랑스 선교사 Friar Odoric은 그의 학술지에 저거너트 기도행렬에 관한 글을 쓰면서, 행렬에 참가하는 자들이 마차바퀴에 부딪히기 위해 어떻게 스스로 몸을 던지는지를 기술하고 있다. Odoric에 따르면 사람들은 신에 대한 희생으로 자신들을 바치는 것이다. 그러나 많은 인도인들은 이를 부정하고 있으며 어떠한 죽음이든 엄청난 기도 군중들에 의해 일어난 사고라고 말하고 있다.

12. 다소 풍자적인 표현으로, 아웃소싱에 대한 반발에 대항하기 위하여 마케팅 전략을 담당하는 대표적 홍보회사인 힐앤놀튼(Hill&Knowlton)사를 고용하였다.

13. Tulasi Srivanas, 'A Tryst with Destiny: The Indian Case of Cultural Globalization', in *Many Globalizations: Cultural Diversity in the Contemporary World*, eds Samuel P. Huntington and Peter L. Berger (New York: Oxford University Press, 2003), p.90.

14. John McLeish, Number, 1st American edn (New York: Fawcett Columbine, 1992), p.115.

15. Georges Ifrah, *The Universal History of Numbers: From Prehistory to the Invention of the Computer*, trans, E.F. Harding David Bellos, Sophie Wood and Ian Monk (New Yo가: John Wiley & Sons, Inc., 2000), p.346.

16. Ibid., p.510.

17. Ibid., p.245. – Ifrah는 표현하려는 자릿수 기수법에서 단순히 공백점을 허용하고자 하는 것도 아니고, 어떠한 단어, 그림, 또는 부호를 보

여주고자 하는 것도 아닌 "0의 근본적인 중요성을 과장한다는 것은 불가능하다."고 썼다. 이 모든 것 가운데 당장 숫자 개념과 산술적 연산, 수학적 무한대, 역으로 동등한 실수로서, 그리고 동시에 한 세대로부터 다음 세대로의 분수와 실수, 복소수 등으로써 이해가 되는 관념이다. … 이 근본 개념은 현대수학의 모든 분야, 즉 정수와 분수의 산술, 스칼라(scalar)와 벡터(vector) 량의 대수, 텐서(tensor) 계산, 행렬 계산, 수치 해석, 무한소 해석, 미적분학, 집합론, 대수적이고 위상적인 구조 등의 일치점으로서 자리 잡고 있는 것이다. 그리고 자연스럽게 물리학, 천문학, 천체물리학, 통계학, 경제학, 또는 미시경제학에서부터 생물학, 과학, 언어학, 컴퓨터, 로보틱스 와 사이버네틱스에 이르기까지 모든 여타 과학 분야에서 근본적인 역할을 담당하게 되었다.

18. Ibid., p.345.

19. Ibid., p.594.

20. 스메로-바빌로니안(Sumero-Babylonian)의 60진법 식 수리적 사고방식은 시간 기하학(chronogeometric) 시스템을 지원하고, 하나의 이상적인 360일 모델이 12궁계(zodiacal circle) 상에 도식화되었다. 현대의 시계-시간(clock-time)과 기하학은 여전히 이 같은 방법, 즉 시간을 분배하고 기하학적 위도를 분과 초로 나누는 방법으로 계산되고 있다.

21. Charles Seife, *Zero: The Biography of a Dangerous Idea* (New York: Viking, 2000), p.15.

22. Ifrah, *The Universal History of Numbers: From Prehistory to the Invention of the Computer*, p.342.

23. 마야족(Mayans) 역시 자릿수 기수법에서 '0'에 대한 부호로 가지고 있었다. 마야문명(500-925 CE)은 특히 그들의 시간기록 실체에 산술적 정교성에서 놀라운 수준에 이르렀다. 고도로 주문형인 마야 달력은 마

야문명에 난해한 리듬을 표시하는 복잡한 주기로 꾸며졌을 뿐만 아니라, '0' 부호도 도입되었다.

24. Ifrah, *The Universal History of Numbers: From Prehistory to the Invention of the Computer*, p.346.
25. McLeish, *Number*, p. 115-116.
26. John D. Barrow, *The Book of Nothing* (London: Jonathan Cape, 2000), p.37.
27. Ibid., p.37.
28. Ibid., p.38.
29. Seife, *Zero: the Biography of a Dangerous Idea*, p.2. – 도무지 납득되지 않는 이러한 이상야릇한 결과는 Seife로 하여금 "한번만 '0'으로 나눔으로써 수학의 모든 기초를 파괴 한다."고 주장하였다.
30. Florian Cajori, *A History of Mathematics* (New York: Macmillan, 1894), p.100.
31. Robert Logan이 다음에서 인용: Barrow, *The Book of Nothing*, p.13.
32. Seife, *Zero: the Biography of a Dangerous Idea*, p.34.
33. Gilles Deleuze and Felix Guattari, *A Thousand Plateaus*, trans. Brian Bassumi (Minneapolis: University of Minnesota Press, 1987), p.389.
34. Proclus and Glenn R. Morrow, *A Commentary on the First Book of Euclid's Elements* (Princeton, NJ: Princeton University Press, 1970), p.52.
35. Deleuze and Guattari, *A Thousand Plateaus*, p.389.
36. Ibid., p.388.
37. Cajory, *A History of Mathematics*, p.85.
38. Seife, *Zero: The Biography of a Dangerous Idea*, p.70.

39. Ibid.

40. Barrow, *The Book of Nothing*, p.42.

41. 쉰야(shunya, 空)에는 형태도, 감정도 없으며, 개념도, 의지도, 양심도 없다. 눈도, 코도, 귀도, 혀도, 육체도, 마음도 없으며, 색도, 맛도, 냄새도, 촉감도, 그 어떤 감각도 없다. 쉰야에는 무시함도, 지식도, 무시의 끝도 없으며, 노쇠도, 죽음도, 지식도, 지식의 습득조차도 없다. – Ibid., p.496.

42. Ifrah, *The Universal History of Numbers: From Prehistory to the Invention of the Computer*, p.507.

43. Barrow, *The Book of Nothing*, p.42.

44. *Seife, Zero : The Biography of a Dangerous Idea*, p.65이 주기적인 마음의 형체는 시간에 대한 인도철학이나 요가 원리에서 찾아볼 수 있다. 요가는 4개의 수를 이용하여 마하유가(또는 대(Great) 유가, 4,320,000년)를 십진법에 따라 4:3:2:1의 비율로 나눈다. 요가의 축적은 새로운 시대를 향한 점진적 과정과 급작스런 변환기의 동시적 완성을 각각 이끌어내는 끝점의 일련의 '0'들로 기록되는 주기적 반복과 연속적 단절 두 가지를 포함한다.

45. Ifrah, *The Universal History of Numbers: From Prehistory to the Invention of the Computer*, p.495.

46. Georges Ifrah, *The Universal History of Computing: From the Abacus to the Quantum Computer* (New York: John Wiley, 2001), pp.244~245.

47. Ibid.

48. Barrow, *The Book of Nothing*, p.44.

49. Ibid., p.40.

50. Ifrah, *The Universal History of Computing: From the Abacus*

to the Quantum Computer, p.510.

51. Seife, *Zero: The Biography of a Dangerous Idea*, p.2.

52. Ibid., p.63.

53. Ibid., p.39.

54. 플라톤의 인용: Barrow, *The Book of Nothing*, p.45.

55. Seife, *Zero: The Biography of a Dangerous Idea*, p.2.

56. Ibid.

57. John Milton, *Paradise Lost and Paradise Regained, The Signet Classic Poetry Series* (New York: New American Library Inc, 1968), pp.93~94.

58. Barrow, *The Book of Nothing*, p.42.

59. Ibid.

60. Ifrah, *The Universal History of Computing: From the Abacus to the Quantum Computer*, p.588.

61. Barrow, *The Book of Nothing*, p.74.

62. Ibid.

63. Seife, *Zero: The Biography of a Dangerous Idea*, p.23.

64. Ifrah, *The Universal History of Computing: From the Abacus to the Quantum Computer*, p.588.

65. Ibid., p.510.

66. 알고리즘이라는 단어는 그들의 응용을 일반화한 최초의 이슬람 학자인 al-Khurwarizmi에게서 비롯되었다. "그것은 서방이 결국은 유클리드, 아르키메데스, 프톨레마이오스, 아리스토텔레스, 알 쿠르와리지미(al-Khurwarizmi), 알 비루니(al-Biruni), 이반 시나(Iban Sina), 그리고 수많은 이들의 다른 업적과 친숙하게 된 아라비아문자의 번역을 통해 이루어진 것이다." – Ibid.

67. Ibid., p.586.

68. Ibid., p.588.

69. Barrow, *The Book of Nothing*, p.49.

70. Ibid., p.48.

71. Ifrah, *The Universal History of Computing: From the Abacus to the Quantum Computer*, p.577.

72. Seife, *Zero: The Biography of a Dangerous Idea*, p.25.

73. 그레고리식 달력은 1699년에 청교도인 게르만 국가들에 의해 채택되었다. 그 후 1752년에는 영국과 그 식민지에서, 1873년에는 스웨덴과 일본에서, 1912년에는 중국에서, 그리고 1918년에는 소련에서 채택되었다.

74. McLeish, *Number*, p.5.

75. Seife, *Zero: The Biography of a Dangerous Idea*, p.2.

76. Conrad Joseph, *The Secret Agent* (Hertfordshire: Wordworth Classics, 1993), p.35.

77. Ibid., p.36.

78. Barrow, *The Book of Nothing*, p.46.

79. Ifrah, *The Universal History of Computing: From the Abacus to the Quantum Computer*, p.594.

80. Benjamin Barber, 'Jihad Versus McWorld', in *Globalization and the Challenges of the New Century: A Reader*, ed. Howard D. Mehlinger, Mathew Krain and Patrick O'Meara (Bloomington Indiana University Press, 2000), p.26.

● 우광방

연세대학교 전기공학과를 졸업하고, 미 오레곤주립대학교에서 석 · 박사학위(전기공학)를 취득하였다. 연세대학교 자동화기술연구소 소장을 역임하였으며, 현재 연구교수로 재직 중이다.
연세대학교 전기전자공학부 교수, 미국 Washington University St. Louis 전기공학과 교수, 미국 National Cancer Institute 책임연구원, 국제 IMS프로그램 국제집행위원회 한국대표단, 재미한국과학기술자협회 회장, (사)제어 · 자동화 · 시스템공학회 초대회장 등을 역임하였다.

인도와 IT 혁명 - 글로벌 문화 네트워크

지 은 이 Anna Greenspan
옮 긴 이 우 광 방
펴 낸 곳 연세대학교 출판부
주　　소 서울특별시 서대문구 신촌동 134
전　　화 02) 392-6201, 2123-3380~2
팩　　스 02) 393-1421
E-mail ysup@yonsei.ac.kr
홈페이지 http://www.yonsei.ac.kr/press
연세대학교 출판부
등　　록 1955년 10월 13일 제9-60호
인　　쇄 네오프린텍(주)

2007년 5월 20일 1판 1쇄
ISBN 978-89-7141-778-2 (03320)

값 12,000원